新闻传播学系列教材

网络舆情分析

案例与方法

高山冰 ◎ 主编

中国传媒大学出版社
·北 京·

目　录

基础篇

分析篇

应用篇

拓展篇

基础篇

第一章　网络舆情文本分析

本章概述

文本挖掘（Text Mining）也称文本分析，是一个多学科交叉的研究领域，涵盖数据挖掘、机器学习、自然语言处理、图论、数据统计分析等多个领域的知识和方法，旨在从大量非结构化文本数据中抽取有价值的信息和知识。本章首先简单介绍文本及文本分析法的概念内涵，其次对文本分析法在网络舆情分析中的具体应用场景进行介绍，再次对网络舆情文本分析的方法体系和分析流程进行详细梳理，最后通过实际案例进一步加深对上述方法流程的应用与理解。

教学目标

使学生了解文本分析法的基本概念及文本分析法可以解决的网络舆情问题，并掌握网络舆情文本分析的方法体系及应用相关方法进行网络舆情分析的流程，最终能够运用文本分析的方法独立地开展网络舆情的分析与研究。

学习建议

对于文本分析相关概念、网络舆情分析应用场景及方法体系的学习，建议学生结合相关案例理解其内容，不建议死记硬背。对于网络舆情文本分析的实践，建议学生从实际需求和问题出发。新闻传播学专业的学生可结合相关专业知识与背景进行实践，通过不断尝试、积极实践，把文本分析的相关知识领悟得更深刻、更透彻，从而更加有效地学以致用。

第一节 文本分析法的相关概念

一、文本的概念

广义的文本指任何由书写固定下来的话语，狭义的文本指书面语言的表现形式，通常是具有完整、系统含义的一个句子或多个句子的组合。本章所指的文本可以是一个或多个短语、句子、段落或者包含文本段落的整篇文档等。

二、文本分析法的概念

信息分析以解决特定问题为导向，采用定性和定量研究方法对大量相关信息进行深层次的加工和分析，从而为科学决策提供支撑。近年来，内容分析法与文本分析法作为信息分析的关键技术手段得到广泛应用和推广。20 世纪初，人们为弥补常规文献阅读获取信息的局限，开始采用半量化的统计学方法对文献内容进行系统、客观的量化统计和分析，内容分析法的雏形开始形成。美国学者贝雷尔森将“内容分析法”定义为一种清晰的编码规则，即一种将文本中的众多词语压缩成少量内容的、系统的、重复进行的技术①。随着网络时代的到来及计算机处理技术的不断发展，手工标引量化无法满足日益增长的文献总量和文本数据对更高效、更低成本的信息分析方法的需求，文本分析法正是在这种背景下产生的。文本分析法帮助我们从文本的表层深入文本的深层，从而发现那些不能为普通阅读所把握的深层意义。进一步地，我们可将文本分析法分为量化文本分析法和质化文本分析法。我们从样本规模、抽样手段等方面对两种容易混淆的分析方法“文本分析法”和“内容分析法”的异同点进行归纳梳理，结果如表 1-1 所示。我们发现，首先，内容分析法在样本选择、编码表制定等方面均需要具备丰富经验和充足知识的专家参与，而量化文本分析法则更加侧重计算机辅助分析技术的应用，在海量文本处理方面具有很大优势；其次，质化文本分析法与其他两种方法最明显的区别在于个案数的多少，其他两种方法需要具备一定规模的研究样本才能建立有效的推论，而质化文本分析法更加看重分析对象的质量和解读的深度。本章涉及的文本分析法若不加特殊说明，主要指量化文本分析法。

表 1-1 内容分析法与文本分析法的异同

比较维度	内容分析法	量化文本分析法	质化文本分析法
样本规模	大	大、小皆有	小，大多是个案研究
抽样手段	非概率抽样和概率抽样	非概率抽样	非概率抽样

① BERELSON B B. Content analysis in communication research［J］. American political science association，1952，46（3）：869.

续表

比较维度	内容分析法	量化文本分析法	质化文本分析法
资料分析手段	数理统计	数理统计与解读结合	解读
研究目的	从样本推断总体	理解文本内容	理解文本内容
研究对象	文本内容的表面意义	文本内容的深层意义	文本内容的深层意义

第二节　文本分析法在网络舆情分析中的应用场景

舆情是指公众对现实社会各种现象、问题所表达的信念、态度、意见和情绪表现的综合，是实现社会调控管理不可缺少的制约力量。舆情信息是对舆情的一种描述和反映，是民众思想状况的一种反映方式①。网络舆情作为社会舆情的一种表现形式，是指在一定的社会空间内，针对某个社会事件的整个过程，普通民众通过互联网表达出的对于国家管理者所持的社会政治态度②。网络舆情文本分析是以网络舆情数据为研究对象，采用文本挖掘技术对网络舆情内容、类型、趋势预测等的剖析。目前，文本分析法在网络舆情分析中的应用包括话题识别、话题跟踪、情感倾向性分析、个体行为预测等方面。

一、话题识别

话题识别，又称话题检测，是指从海量的舆情信息流中识别出描述相同话题的信息并将它们聚合起来的技术，本质上相当于信息检索和文本聚类。网络舆情的话题内容是一段时间内民众在某些公共事件上思想情绪和利益诉求的集中反映，是民众议论和关注的焦点，反映了一个时期内民众对社会问题的所思所想，这些话题或紧扣社会时事，或与群众切身利益密切相关，或代表了当下社会共同关注的问题内容，很容易在短时间内引起网民的广泛关注并产生深刻的社会影响。因此，面对良莠不齐的海量网络舆情文本数据，从中快速发掘民众所关注的热点话题的焦点内容，对于实时准确把握网络舆情热点、了解民意、正确引导网络舆论具有重要现实意义。如齐欣③通过集搜客对新美国安全中心（Center for a New American Security，CNAS）的 28 名专家有效、公开的推特账号进行爬取，并筛选出其中有关中国的推文，以此挖掘智库专家关注的涉华议题，展现其关注热点的变迁，并探索各议题包含的中国观。

该研究通过 LDA 主题模型进行主题挖掘，得到十几个初级议题及相应的关键词，进一步地，通过对关键词所指的内容进行归纳和概括，将这些涉华初级议题划分成 3 大领域：科技、国际外交和意识形态。表 1-2、1-3、1-4 分别为 3 大领域对应的初级议题

---

① 黄晓斌，赵超．文本挖掘在网络舆情信息分析中的应用［J］．情报科学，2009，27（1）：94-99.

② 王来华．舆情研究概论［M］．天津：天津社会科学院出版社，2003：31.

③ 齐欣．基于推特的美国智库专家对华观察视角分析——以新美国安全中心为例［J］．情报理论与实践，2021，44（7）：131-137.

及其中文关键词和次级议题。基于此，我们发现，中美科技“制高点”上实力差距的快速缩小、特朗普政府动摇中美贸易“压舱石”和长期存在的对华意识形态偏见对美国智库专家对华强硬态度的形成有重要影响。单极思维下的“假想敌”视角、霸权意识下的干涉主义视角、道德自负下的意识形态二元对立视角和信息不平衡下的“反华滤镜”视角是美国智库专家对华观察时的重要视角。以上分析有助于我们实时把握美国智库专家对华态度，进一步了解美国政府对华态度，为我国下一步制定相应的中美外交政策等提供参考借鉴。

表 1–2　科技领域初级议题对应的关键词和次级议题①

初级议题 1：航天科技	中文关键词	空间，卫星，发射，火箭，任务，站，轨道，月亮，地球，北斗，航班，月球，航天器，嫦娥，航空航天
	次级议题	北斗导航卫星系统、嫦娥月球探测器、“长征”系列火箭等我国航天领域自主创新成果
初级议题 2：前沿科技	中文关键词	技术，人工智能，中国，研究，美国，发展，全国，中国人，量子，科学，系统，创新，数据，军事，大学
	次级议题	我国在人工智能、量子科技领域的创新研究及其军事化运用
初级议题 3：军事科技	中文关键词	军事，武力，防御，能力，导弹，核，中国人民解放军，武器，系统，操作，策略，飞机，天空，美国，战争
	次级议题	我国空中力量、导弹技术和核武器发展
初级议题 4：网络科技	中文关键词	情报，官方，中国人，间谍，安全，公司，美国，信息，部门，代理商，活动，网络，案例，政府，报告
	次级议题	中美网络间谍争端
初级议题 5：医疗科技	中文关键词	基因，胚胎，细胞，规律间隔成簇短回文重复序列，疾病，基因编辑，婴儿，遗传，脱氧核糖核酸，病人，艾滋病毒，疗法，遗传，相同，试验
	次级议题	我国基因编辑婴儿事件

表 1–3　国际外交领域初级议题对应的关键词和次级议题②

初级议题 6：台湾地区问题	中文关键词	台湾，台湾人，蔡英文，大陆，台北，海峡，航空公司，两岸，民进党，国民党，假消息，包裹，岛屿，旅游业，爱德华·卢斯
	次级议题	台湾大选，台湾旅游业
初级议题 7：美国对华外交战略	中文关键词	中国，美国，中国人，国家，总统，特朗普，经济，安全，国际，权力，管理，亚洲，华盛顿，国家，官方
	次级议题	美国政府对华经济、安全战略
初级议题 8：中国石油政策及中东外交	中文关键词	石油，伊朗，原油，沙特，阿拉伯，中东，气体，制裁，桶，反应堆，燃料，埃及，能量，德黑兰
	次级议题	中国原油期货上市，中国与伊朗、沙特阿拉伯、埃及外交关系

① 齐欣 . 基于推特的美国智库专家对华观察视角分析——以新美国安全中心为例［J］. 情报理论与实践，2021，44（7）：131–137.

② 齐欣 . 基于推特的美国智库专家对华观察视角分析——以新美国安全中心为例［J］. 情报理论与实践，2021，44（7）：131–137.

续表

初级议题 9：朝鲜半岛问题	中文关键词	朝鲜，核，韩国，朝鲜人，金，平壤，制裁，导弹，首尔，韩国人，北部，测试，萨德
	次级议题	朝核问题，“萨德”入韩，朝鲜导弹实验
初级议题 10：“一带一路”倡议	中文关键词	“一带一路”，项目，国家，印度，基础设施，非洲，巴基斯坦，倡议，发展，道路，投资，合作，港口，银行
	次级议题	亚洲基础设施投资银行，我国在印度洋地区的港口建设
初级议题 11：中美贸易关系	中文关键词	美国，中国，中国人，贸易，公司，特朗普，市场，十亿，关税，百分之，投资，业务，经济，政府，商行
	次级议题	中美关税问题、知识产权之争
初级议题 12：中美企业合作	中文关键词	海航集团，太平洋美洲公司，凯迪拉克，海南航空，联合主席，管俊，卫星，品牌，知识产权，约翰·德尼申，骆家辉，迈克尔·邓恩，陈国庆，创始人，奢侈
	次级议题	美国凯迪拉克的中国市场，海航集团控股权问题

表 1-4　意识形态领域初级议题对应的关键词和次级议题①

初级议题 13：女权问题	中文关键词	女人，女权主义者，吴健雄，女性，运动，性，男人，性别，吉娜，活动家，兄弟，骚扰，女权五人，男性，平等
	次级议题	广州“女权五人”被捕事件
初级议题 14：互联网治理	中文关键词	公司，政府，谷歌，数据，互联网，信息，华为，安全，中国人，中国，服务，用户，网络，法律，搜索
	次级议题	谷歌搜索引擎争端，我国互联网审查法律制度
初级议题 15：政权形态	中文关键词	中国人，中国，政党，人民，政府，中等，状态，大学，共产党，官方，国家，社交，领导者，权力，学生
	次级议题	中国共产党

二、话题跟踪

话题跟踪是指对于某一特定的话题，在海量的舆情信息流中追踪它的后续发展动态，故本质上相当于信息过滤和文本分类。当重大事件发生时，各大媒体网站会发布大量的相关新闻报道，这些大量的新闻报道中既存在着正能量的有利信息，也可能隐藏着负面或者敏感的信息。一条普通新闻一旦被关注便可在极短的时间传播开来，并往往会从普通事件演变成爆点事件，继而引发政府公信力下降等问题。话题跟踪能够依据给定的新闻集合或描述在后续报道中辨认出话题相关报道，快速获取话题信息，这对于协助有关部门进行舆情监测和分析具有重要意义。

① 齐欣．基于推特的美国智库专家对华观察视角分析——以新美国安全中心为例［J］．情报理论与实践，2021，44（7）：131-137.

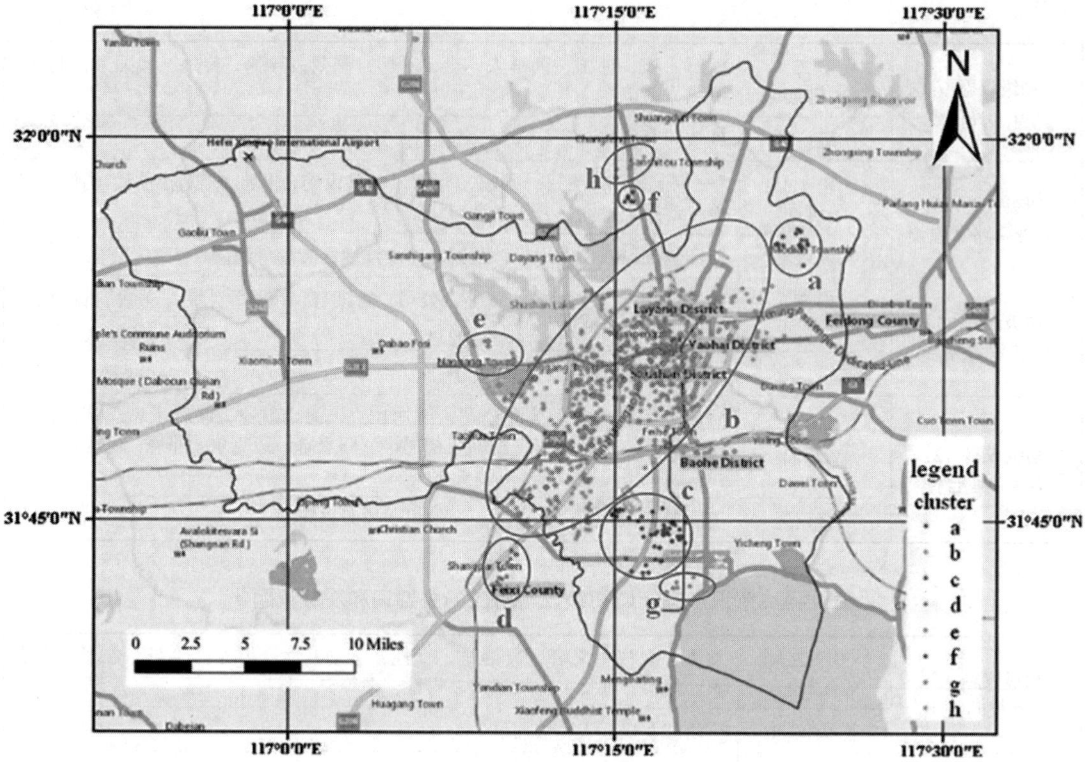

图 1-1 暴雨期间合肥各地区社交媒体主题聚类结果 ①

Wu 等 ② 以 2016 年合肥暴雨洪涝灾害为例，跟踪微博中带有地理标签的话题的变化趋势，对不同时期不同焦点话题的转移和演变进行分析，为相关决策部门通过社交媒体确认信息，了解不同地理区域事件的风险程度并作出适当的应急响应提供了新的思路。首先，研究者结合了 DBSCAN 空间聚类和 LDA 主题模型，对 6 个主题下的子主题进行了空间聚类，用以揭示不同地区公众对暴雨灾害的反应。以暴雨期间的微博主题为例（见图 1-1），子类别 a 位于合肥的两所学校附近，7 月初，正值暑假时间，大雨给返校的学生带来了很大的困难（“出发”“勇敢”“火车”“车站”“行李”）。而子类别 g 位于湖畔湿地附近，我们可以清楚地观察到，社交媒体信息主要关注了暴雨对水势的影响（“海”“洪水”）。随后，研究者利用马尔科夫状态转移概率矩阵（见表 1-5、1-6、1-7）分析合肥暴雨的微博主题在灾害发展的 3 个阶段的变化。在表 1-5、1-6、1-7 中，研究者计算了 3 个过渡期内 7 类主题（警告与救援、受灾人员、基础设施和公共服务、天气与环境、教育与学校、其他、无微博）的马尔科夫转移概率矩阵。概率值越大，在这个过渡期中，一个主题转移到另一个主题的可能性就越大。根据结果可知，“教育与学校”和“天气与环境”是微博主题变化的主要方向，而持续的强降雨导致“警告与救援”主

---

① WU W，LI J，HE Z，et al. Tracking spatio-temporal variation of geo-tagged topics with social media in China：a case study of 2016 hefei rainstorm［J］. International journal of disaster risk reduction，2020，50：101-737.

② WU W，LI J，HE Z，et al. Tracking spatio-temporal variation of geo-tagged topics with social media in China：a case study of 2016 hefei rainstorm［J］. International journal of disaster risk reduction，2020，50：101-737.

题在中期开始占主导地位。在后期，群众对灾难的反应增加了对“受灾人员”话题的关注。

表 1–5　微博主题从暴雨前至暴雨中变化的转移概率矩阵①

Before	During						
	Caution & Rescue	**Affected People**	**Infrastructure & Utilities**	**Weather & Environment**	**Education & School**	**Other**	**No Micro Blog**
Caution & Rescue	**6.72%**	2.40%	0.25%	*2.83%*	3.11%	1.45%	83.24%
Affected People	**6.63%**	2.54%	1.12%	*2.93%*	3.69%	1.92%	81.18%
Infrastructure & Utilities	**10.03%**	1.14%	0.70%	*2.85%*	3.40%	0.98%	80.90%
Weather & Environment	**6.35%**	2.41%	1.27%	*2.85%*	3.88%	0.94%	82.32%
Education & School	**7.79%**	2.79%	1.09%	*3.28%*	4.43%	1.23%	79.39%
Other	**7.95%**	2.65%	0.91%	*2.82%*	3.88%	1.57%	80.22%
No Micro Blog	**17.22%**	3.76%	2.37%	*5.71%*	7.26%	2.33%	61.35%
Total	**10.76%**	2.86%	1.48%	*3.89%*	4.99%	1.74%	74.28%

注：每行中的最大、第二大和第三大值分别以粗体、下划线和斜体突出显示，表 1–6、1–7 同。

表 1–6　微博主题从暴雨中至暴雨后变化的转移概率矩阵②

During	After						
	Caution & Rescue	**Affected People**	**Infrastructure & Utilities**	**Weather & Environment**	**Education & School**	**Other**	**No Micro Blog**
Caution & Rescue	4.44%	**14.59%**	1.91%	11.04%	*4.45%*	3.20%	60.37%
Affected People	*6.83%*	**18.17%**	4.11%	10.58%	4.84%	3.61%	51.86%
Infrastructure & Utilities	4.87%	11.91%	2.36%	**17.72%**	*5.09%*	3.12%	54.94%
Weather & Environment	*6.09%*	**15.10%**	2.49%	8.39%	4.40%	3.67%	59.85%
Education & School	*5.58%*	**14.18%**	1.58%	11.24%	4.07%	4.32%	59.05%
Other	4.88%	**18.17%**	3.99%	16.06%	*6.28%*	4.21%	46.41%
No Micro Blog	*6.13%*	**19.97%**	2.67%	17.06%	5.01%	4.36%	44.79%
Total	*5.90%*	**18.71%**	2.59%	15.59%	4.90%	4.17%	48.14%

① WU W，LI J，HE Z，et al. Tracking spatio–temporal variation of geo–tagged topics with social media in China：a case study of 2016 hefei rainstorm [J] . International journal of disaster risk reduction，2020，50：101–737.

② WU W，LI J，HE Z，et al. Tracking spatio–temporal variation of geo–tagged topics with social media in China：a case study of 2016 hefei rainstorm [J] . International journal of disaster risk reduction，2020，50：101–737.

表 1–7 微博主题从暴雨前至暴雨后变化的转移概率矩阵[1]

After	Before						
	Caution & Rescue	**Affected People**	**Infrastructure & Utilities**	**Weather & Environment**	**Education & School**	**Other**	**No Micro Blog**
Caution & Rescue	*5.08%*	**11.24%**	1.57%	6.01%	2.91%	4.11%	69.07%
Affected People	*5.34%*	**15.18%**	2.13%	9.67%	4.10%	3.68%	59.89%
Infrastructure & Utilities	*4.25%*	**12.90%**	2.33%	11.00%	3.67%	3.44%	62.41%
Weather & Environment	*3.92%*	**13.80%**	1.73%	9.53%	3.36%	3.38%	64.28%
Education & School	*4.92%*	**16.84%**	2.51%	11.31%	4.89%	3.79%	55.73%
Other	*4.50%*	**14.58%**	2.05%	10.62%	4.24%	4.12%	59.88%
No Micro Blog	*8.15%*	**26.47%**	3.49%	26.21%	6.56%	5.06%	24.07%
Total	*5.90%*	**18.71%**	2.59%	15.59%	4.90%	4.17%	48.14%

三、情感倾向性分析

情感倾向性分析，也称意见挖掘分析，是指对带有情感色彩的文本内容，比如评论、Twitter 文本、微博文本等，进行挖掘分析。目前该方法有着广阔的应用场景。企业可以准确获取客户对于产品的反馈信息，根据反馈信息进一步提高产品质量，制定更高效的产品推广方案[2]。政府通过舆情监督可以对公共事件作出快速应答，并利用社交网站上的社会关系数据进行情感分析，实现对互联网用户的情感疏导[3]，针对用户在平台上的交流和情感特点检测网络暴力或网络欺凌，营造更加友好的网络生态环境[4]。新浪微博发布以后，该平台的海量数据成为国内文本情感分析的主要数据源之一，政府和企业通过监测微博热点话题可以分析用户的观点和立场，还可以监控和引导网络舆情，在舆情之初掌握并预测用户的情感倾向，以便对虚假信息及时澄清[5]。此外，当前网络背景下人们的心理健康与精神问题也备受关注，政府利用社交媒体数据可以预测用户的抑郁倾向[6]，通过意见领袖或有影响力的公众人物可以对个人抑郁态度和社会包容性进行适当引导。

---

① WU W，LI J，HE Z，et al. Tracking spatio–temporal variation of geo–tagged topics with social media in China：a case study of 2016 hefei rainstorm［J］. International journal of disaster risk reduction，2020，50：101–737.

② YU J，AN Y，XU T，GAO J，ZHAO M，YU M. Product recommendation method based on sentiment analysis［C］// In international conference on web information systems and applications，2018：488–495.

③ HASEGAWA S，SUZUKI T，YAGAHARA A，et al. Changing emotions about fukushima related to the fukushima nuclear power station accident–how rumors determined people's attitudes：social media sentiment analysis［J］. Journal of medical internet research，2020，22（9）：e18662.

④ BALAKRISHNAN V，KHAN S，ARABNIA H R. Improving cyberbullying detection using twitter users' psychological features and machine learning［J］. Computers & security，2020，90：101–710.

⑤ 任中杰，张鹏，兰月新，等. 面向突发事件的网络用户画像情感分析——以天津“8・12”事故为例［J］. 情报杂志，2019，38（11）：126–133.

⑥ 陈盼，钱宇星，黄智生，等. 微博 " 树洞 " 留言的负性情绪特征分析［J］. 中国心理卫生杂志，2020（5）：437–444.

张云中等[①]借助后羿采集器对瞭望智库、人民网新媒体智库、光明智库、中国经济趋势研究院等 8 大智库在官网、新浪微博、今日头条、微信公众号等媒体平台上的文章及其评论文本进行采集，采用 ROST 进行文本情感倾向性分析，通过将评论文本与智库文章情感倾向进行一致性分析比对，判断评论的情感倾向趋近于智库文章的程度，进而达到测度媒体型智库舆论引导力的目的。图 1–2 是 8 大智库在最终筛选出的当下社会关注度和讨论度较高的 5 个热点话题“疫情问题”“廉政问题”“教育问题”“民生问题”和“中美关系问题”上的舆论引导力，我们可以看到，8 家媒体型智库在多数热点话题上均展示出较强的舆论引导作用。一些媒体型智库在自己传统专长话题上的舆论引导力较强，如在廉政问题、民生问题上，政策类、社会类新闻出身的光明智库舆论引导力较强；在疫情问题、中美关系问题上，以新华社为背景的瞭望智库舆论引导力较强。南风窗传媒智库作为国内首家定位于现代化治理研究的媒体型智库，未能表现出较强的舆论引导力。以经济研究为主要职能的第一财经研究院未能就中美关系问题表现出较强的舆论引导作用。以国际化服务为宗旨的凤凰网国际智库也表现较差。该研究通过判定评论的情感倾向趋近于智库文章的程度以及对比平均水平，达到测度媒体型智库舆论引导力的目的，为媒体型智库下一步的工作重点和工作方向提供指引。

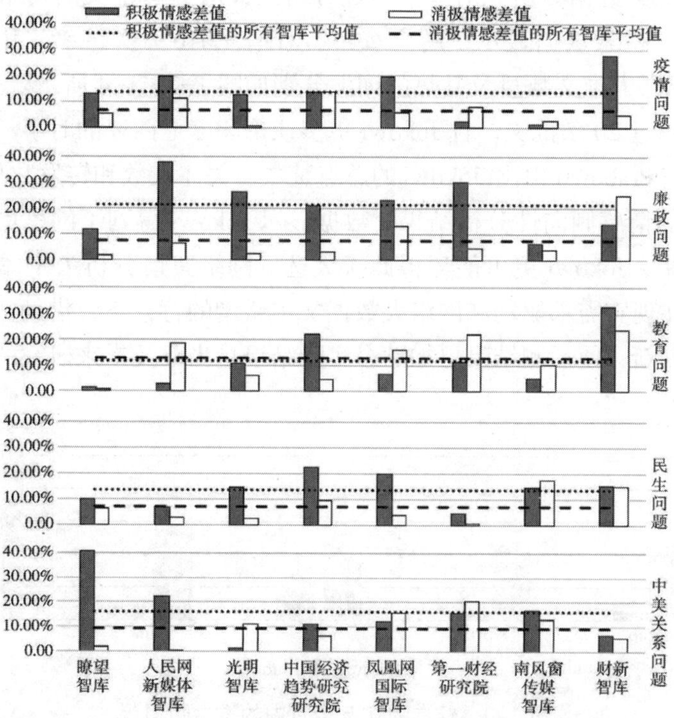

图 1–2　意识形态领域初级议题对应的关键词和次级议题[②]

① 张云中，王依婷，张镕 . 基于情感分析的媒体型智库舆论引导力测度研究［J］. 情报理论与实践，2021，44（4）：130–137.

② 张云中，王依婷，张镕 . 基于情感分析的媒体型智库舆论引导力测度研究［J］. 情报理论与实践，2021，44（4）：130–137.

四、个体行为预测

基于网络舆情文本数据，人们可以预测总统大选中的网民意向、股票的价格和交易量等。作为社会科学预测性研究的重要领域，选举预测是带动政治学理论和方法创新的关键力量。运用科学方法对选举进行精准预测不仅可以指导竞选活动，满足公众对选举结果的好奇心，辅助制定相应的外交策略，同时还可以推进学科研究，提升政治学研究的科学品质和应用价值[①]。选举预测起源于美国，逐渐被应用至预测欧洲及发展中国家的选举活动。最为人熟知的选举预测方法包括民意调查及专家调查，即通过电话、邮寄、入户访谈等方式抽样调查选民的投票意向，以此推测整体的投票趋向。第二种方法是通过分析候选人履历信息、历届选举的波动规律等建立统计学模型预测投票趋向。随着移动终端和社交网络的兴起，民众可以及时通过互联网了解公共事务讯息，也可以对自己感兴趣的候选人的相关讯息进行点赞、评论、转发等，因此通过分析网络舆情信息中的政治情绪以及网民对候选人的评价，该方法可以预测候选人选举支持率，为选举预测提供新的思路，同时该方法也表现出巨大的预测潜力。

Budiharto 等[②]以印度尼西亚总统候选人 Jokowi 和 Prabowo 从 2018 年 3 月至 7 月的相关主题标签的推文数据为研究对象，通过分析网民对这些推文的情绪，预测印度尼西亚总统选举结果。检索数据显示，用户 @Jokowi 有 1,040 万关注者，用户 @Prabowo 有 324 万关注者。候选人推文数量及其热门词汇分别如图 1-3、1-4 所示。与 Prabowo 相比，Jokowi 每月发布超过 20 条推文，且 Jokowi 更多谈论印度尼西亚的时事，而 Prabowo 更多谈论政党信息。与 Prabowo 相比，Jokowi 的总点赞数、关注人数和转发数都非常高。图 1-5 为网民对候选人的情感倾向性分析结果，数据显示 Jokowi 得到了网民更积极的回应。因此，基于分析结果，Jokowi 更可能赢得此次大选。网络舆情分析为个体行为预测提供了新的研究方向，在现实需求驱动和网络大数据文本激增的背景下，借助文本分析的方法手段推进预测范式创新，使预测结果更加贴合实际结果是当下及未来研究的重点之一。

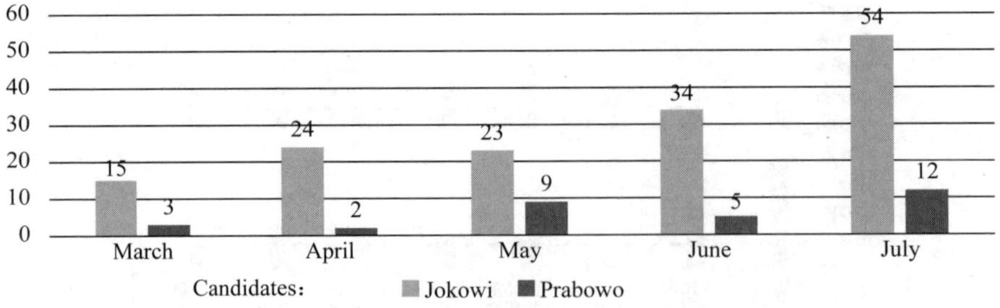

图 1-3 候选人在 5 个月内的推文数量[③]

---

① 王中原，詹世平 . 政治科学预测方法研究——以选举预测为例［J］. 政治学研究，2020（2）：52-64，126.

② BUDIHARTO W，MEILIANA M. Prediction and analysis of Indonesia presidential election from twitter using sentiment analysis［J］. Journal of big data，2018，5（1）：1-10.

③ BUDIHARTO W，MEILIANA M. Prediction and analysis of Indonesia presidential election from twitter using sentiment analysis［J］. Journal of big data，2018，5（1）：1-10.

a　　b

图 1–4　Jokowi 和 Prabowo 推文热门词汇①

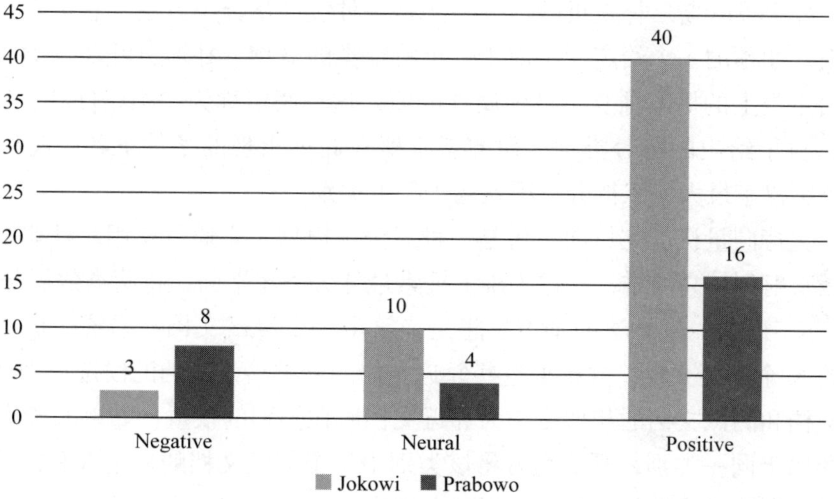

图 1–5　民众对两位候选人的情感倾向性分析②

① BUDIHARTO W，MEILIANA M. Prediction and analysis of Indonesia presidential election from twitter using sentiment analysis［J］. Journal of big data，2018，5（1）：1–10.

② BUDIHARTO W，MEILIANA M. Prediction and analysis of Indonesia presidential election from twitter using sentiment analysis［J］. Journal of big data，2018，5（1）：1–10.

第三节 网络舆情文本分析方法体系

网络舆情文本分析从数据挖掘发展而来，其独特之处在于对海量、异质、分散的网络舆情信息进行挖掘，其涉及的主要方法可概括为文本分类、文本聚类与情感分析3类。具体如下：

一、文本分类

文本分类指在预定义的分类体系下，研究者根据文本的特征（内容或属性），将给定文本与一个或多个类别相关联的过程，即输入内容是需要分类处理的文本，输出内容是与文本相关联的类别。常见的分类算法有朴素贝叶斯（Naive Bayes Model，NBM）、支持向量机（Support Vector Machine，SVM）、K- 近邻（K-Nearest Neighbor，KNN）、决策树（Decision Tree，DT）、人工神经网络（Artificial Neural Networks，ANNs）等。

其一，朴素贝叶斯。朴素贝叶斯分类法是一种统计学分类方法，它可以预测类隶属关系的概率，如预测一个给定元组属于一个特定类的概率。朴素贝叶斯分类法假定一个属性值在给定类上的概率独立于其他属性的值，这一假定称为“类条件独立性”。其核心思想为，对于给出的待分类项，研究者求解在此项出现的条件下各个类别出现的概率，哪个类别概率最大，该待分类项就属于哪个类别。

其二，支持向量机。支持向量机是一种二分类模型，它通过使用一种非线性映射将原训练数据映射到较高的维，在这个维上搜索最佳分离超平面，将两类数据分离开来。

其三，K- 近邻。该方法的基本思想是，给定一个测试文档，系统在训练集中查找离它最近的 K 个邻近文档，并根据这些邻近文档的分类给该文档的候选类别评分。该方法把邻近文档和测试文档的相似度作为邻近文档所在类别的权重，如果 K 个邻近文档中的部分文档属于同一类别，则研究者将该类别中每个邻近文档的权重求和，然后，研究者通过对候选类别评分进行排序，得到一个阈值。

其四，决策树。树中每个分叉对应一个属性值，每个叶子结点代表一个分类。该算法根据属性选择度量值将每个对象划分为不同类别，常用的属性选择度量指标包括信息增益、增益率、基尼系数。

其五，人工神经网络。基于神经网络的文本分类模型包括卷积神经网络（Convolutional Neural Network，CNN）、长短时记忆网络（Long Short Term Memory Network，LSTM）和门控循环单元（Gated Recurrent Unit，GRU）等。CNN 模型包括输入层、卷积层、池化层、全连接层、输出层。卷积层是 CNN 的核心，输入矩阵和卷积核矩阵在卷积层进行卷积操作，得到特征向量。池化层用于提取卷积之后的重要特征，去除无关信息，同时降低特征向量维度。全连接层则将特征向量映射到相应的分类类别来完成分类任务。CNN 模型易于并行操作，能较好地挖掘文本的局部特征。

LSTM 是循环神经网络（RNN）的改进模型。该模型引入“门”机制来控制每个单元的输入和输出。遗忘门决定上一时刻的单元状态有多少保留到当前时刻的单元状态；输入门决定当前时刻的输入有多少保存到单元状态；输出门则决定了 LSTM 当前时刻的单元输出量。LSTM 解决了 RNN 在长序列训练过程中梯度消失与梯度爆炸的问题，能够捕捉语言中的序列信息。GRU 和 LSTM 类似，也是一种循环神经网络，但相较于 LSTM，GRU 是将输入门、遗忘门、输出门修改为两个门——更新门和重置门，同时将单元状态与输出合并为一个状态，这使得模型更为简单、训练所需参数更少、速度更快。

二、文本聚类

文本聚类是一个无监督的学习过程，研究者不需要预先对文档进行手工标注类别，而是根据文档集合内部的文档对象彼此之间的相似度关系并按照某种原则进行文档集合划分。文本聚类基于的假设是：同类文档相似度较大，不同类文档相似度较小。常见的聚类方法可以分为 3 类：划分聚类方法、层次聚类方法、密度聚类方法。

其一，划分聚类方法。该方法将数据划分为 K 个不相交的点集，使每个子集中的点尽可能同质，代表性的算法有 K 均值聚类算法（K-Means Clustering Algorithm，KMCA）。该算法是一种迭代求解的聚类分析算法，研究者随机选取 K 个对象作为初始的聚类中心，然后计算每个对象与各个种子聚类中心之间的距离，把每个对象分配给距离它最近的聚类中心。聚类中心以及分配给它们的对象就代表一个聚类。每分配一个对象，聚类中心就会根据聚类中现有的对象重新计算。这个过程将不断重复直到满足某个终止条件。终止条件可以是没有（或最小数目）对象被重新分配给不同的聚类，或没有（或最小数目）聚类中心再发生变化。

其二，层次聚类方法。该方法对给定的数据集进行层次分解，直到其满足给定条件为止。进一步地，我们又可将其分为凝聚层次聚类、分裂层次聚类。凝聚层次聚类采用自底向上的策略，首先将每个对象作为一个簇，然后合并这些原子簇为越来越大的簇。代表性算法为 AGNES（AGglomerative NESting），其计算所有对象两两间的距离，合并距离最近的两个对象为一新类，重复这一过程，直到所有的类并为一类为止。分裂层次聚类采用自顶向下的策略，首先将所有对象置于同一个簇中，然后逐渐将其细分为越来越小的簇。代表性算法为 DIANA（DIvisive ANAlysis），其首先找到具有最大直径的簇，然后计算该簇中每个样本的平均相异度，并从中挑选一个最大平均相异度的对象将其放入新簇中，将剩余点放入旧簇，重复上述过程，直到旧簇中找不到可放入新簇中的样本为止。

其三，密度聚类方法。该方法以数据集在空间分布上的稠密程度为依据进行聚类，不用预先设定簇的数量，因此特别适合对未知内容的数据集进行聚类。其核心思想为，只要一个区域中点的密度大于某个阈值，研究者就将其加入与之相近的聚类中，对于簇中每个对象，在给定的半径 ε 的邻域中至少要包含最小数目个对象。该方法可发现任意形状的聚类，且对噪声数据不敏感。代表性算法为DBSCAN聚类算法（Density-Based Spatial Clustering of Applications with Noise），其定义对象的ε-邻域为给定对象在半径ε内的区域；如果一个对象的ε-邻域至少包含最小数目个对象，则该对象为核心对象。给定一个对象集合D，如果p在q的ε-邻域内，而q是一个核心对象，我们说对象p从对象q出发是直接密度可达的。聚类任务是使核心对象和它们的邻域形成稠密区域，稠密区域即为簇。

三、情感分析

情感分析指分析者根据文本所表达的含义和情感信息将文本划分成正向或负向两种或多种类型，它是对文本作者倾向性和观点、态度的划分，因此有时也称为倾向性分析。相较于文本分类，情感分类具有隐蔽性、多义性、极性不明显等特征。目前情感分析的方法主要分为4种。

其一，基于情感词典与规则的方法。该方法主要依赖于情感词典的构建，利用情感词典获取文档中情感词的情感值，再通过加权计算确定文档的整体情感倾向。目前被广泛运用的词典包括：知网情感词典（HowNet）、台湾大学简体中文情感极性词典（NTUSD）、英文词典LIWC。HowNet情感分析词表包括主张词语（表示"感知""认为"的词）、正面情感词语、正面评价词语、负面评价词语以及程度级别词语。NTUSD将情感分为两类：积极情感和消极情感。在进行中文情感分析时，HowNet和NTUSD两个词表常组合在一起，去重使用。

其二，基于传统机器学习的方法。该方法本质上是将文本划分为不同的类型，以人工标注的带有情感标签的数据为研究对象，采用分类器训练情感分类模型，通过在测试语料上测试分类模型的分类效果，最终将其应用于预测测试集中新句子的情感倾向。

其三，基于深度学习的方法。随着机器学习模型的深入发展，深度神经网络学习模型逐渐兴起，主要模型包括卷积神经网络（Convolutional Neural Networks，CNN）、循环神经网络（Recurrent Neural Networks，RNN）、长短时记忆网络（Long Short Term Memory Network，LSTM）、双向长短时记忆网络（Bi-directional Long Short Term Memory，BiLSTM）、门控循环单元（Gated Recurrent Unit，GRU）和注意力机制等，其理论基础和分析流程与传统机器学习相似，此处不再赘述。

其四，多策略混合的方法。情感词典对于细粒度文本有较好的分析效果，但只考虑单个词语的情感值，很难判断复杂句或歧义句的情感极性。比较而言，机器学习与深度学习方法有更好的特征提取性能，高质量的带标签数据集可以提高情感分类能力，因此一些研究集成多种方法，以提高对网络文本情感倾向性判断的准确度。

第四节　网络舆情文本分析流程

网络舆情文本分析核心在于分析者将各种半结构化或非结构化的文本进行结构化处理，进而将其转化为计算机可读的数据并进行后续分析处理。具体分析流程包括数据收集、数据预处理、文本表示、文本特征选择、模型选择与分析、模型评估。本小节将对上述分析步骤进行详细梳理总结。

一、文本数据收集

其一，文本数据来源。舆情文本分析数据来源主要包括媒体数据库，如人民日报数据库、纽约时报 API 等；在线社交媒体，如微博、微信、Twitter、Facebook 等；在线论坛，如天涯、贴吧、Reddit、豆瓣等；在线问答平台，如知乎、Quora 等；网络交易与评价平台，如淘宝、京东、亚马逊、大众点评、链家网等；政府网站，如政府留言板、中国裁判文书网等。随着信息技术的发展，文本数据来源得以不断丰富和扩充，音频、视频、图片等多模态数据也成为知识发现的助推剂。

其二，文本数据特征。互联网具有虚拟性、开放性、匿名性、发散性等特点，人们可以通过多种渠道，更加自由地表达其观点，因此网络舆情文本数据具有多来源、非结构化、文本语义复杂等特征。具体而言，首先，网络舆情分析数据可来自多种渠道，如以“民众对新冠肺炎疫情认知度”为研究目标，分析数据可来自在线社交媒体和在线论坛等多种平台上民众关于新冠肺炎疫情的评论和看法，研究者通过对多来源数据进行整合，能够更加全面知悉民意。其次，因网民对于社会问题的看法和态度不同，不同群体价值观和需求不同，同时网络舆情文本是由大量不规则符号和文本信息组成的，故收集的数据多为非结构化数据。最后，文本语义复杂，相同词在不同语境中可能表达不同的含义，不同词在相同语境中也可能表达相同的含义，这对文本分析提出更高的要求。

其三，文本数据采集。舆情分析的结果很大程度上取决于数据搜集和采集的质量，因此，确定数据来源后，使用不同方法和工具采集数据成为后续分析的基础。目前常用的数据采集方式主要包括两种。一是从数据库网站中直接下载数据，包括中国知网、Web of Science、人民日报数据库等专门文献数据库，以及雅虎广告及市场营销数据库、世界卫生组织数据库、英国政府公开数据库等开源数据库。二是使用信息采集工具自动搜集网站或者社交媒体平台发布的信息，如网络爬虫，又称为网络蜘蛛、网络机器人，主要用于网络资源的收集工作。网络爬虫可实现网页内容的自动提取。用户使用搜索引擎从网络上爬取网页地址并抓取相应内容，是网络数据采集的重要组成部分。具体的工具包括八爪鱼、集搜客 GooSeeker、火车采集器、后羿采集器等。自动采集器虽方便快捷，但对网页格式等有较大要求，有时不能获得完全满足现实需求的采集结果，因此用户采用 Python、R、Stata 等软件通过编写代码方式采集所需数据是更为常见的信息获取方式。

二、文本数据预处理

用户在网络上的书写表达形式往往随意多样，存在数字、字母、符号等混杂表述，使用大量重复语句，表达间断不完整等问题，因此分析者需要对所采集的数据进行清洗和预处理。数据预处理指分析者对采集到的舆情数据进行关键字段抽取、清洗和加工，以减少数据维度，为后续的舆情关键信息抽取和内容分析奠定基础，提高后续数据分析效率。由于采集到的大多是非结构化的文本数据，主要预处理步骤包括文本分词、去停用词及标准化处理。

第一，文本分词。文本分词就是把一段文本切割成一个个单独的词。例如，把句子“Sam is a good student”切分为“Sam”“is”“a”“good”“student”。英文分词任务非常简单，常用的英文分词工具包括 NLTK、SpaCy、StanfordCoreNLP 等。

中文分词就是借助计算机自动给中文断句。中文分词是信息提取、信息检索、机器翻译、文本分类、自动文摘、语音识别等自然语言处理领域的基础研究话题。由于词是最小的能独立运用的语言单元，词与词之间没有任何空格之类的标志提示词的边界，因此相较于英文，中文分词更具挑战性，成为文本处理的基础性且重要的环节。如句子“张三是一名中医学者”，可切分为“张三”“是”“一名”“中医”“学者”。中文自动分词主要面临分词规范、歧义切分和未登录词识别等问题。

目前中文分词方法可分为 3 类：基于词表的分词方法、基于统计模型的分词方法和基于理解的分词方法。基于词表的分词方法包括：正向最大匹配法、逆向最大匹配法、双向扫描法、逐词遍历法等。常用的中文分词工具包括 Jieba 分词、snowNLP 分词、Thulac 分词、Pynlpir 分词、StanfordCoreNLP 分词、Hanlp 分词等。随着自然语言处理技术整体水平的提高，尤其是近几年新的机器学习方法和大规模计算机技术在中文分词中的应用，现有的分词系统的性能在不断提升，特别是在新闻文本上。但微博等非规范文本大量涌现，也给分词系统带来一定的困难。基于统计模型的分词方法的主要思想是，上下文中相邻的字同时出现的次数越多，就越可能构成一个词。因此，字与字相邻出现的概率或频率能较好地反映词的可信度。我们可以对训练文本中相邻出现的各个字的组合的频度进行统计，计算它们之间的互现信息。互现信息体现了汉字之间结合关系的紧密程度。当紧密程度高于某一个阈值时，我们便可以认为此字组可能构成一个词。我们使用基于统计模型的分词方法首先需要构建语言模型，常用的语言模型是 N 元文法模型（N-gram），然后在此基础上进行划分，运用统计方法，如隐马尔可夫链（Hidden Markov Model，HMM）、条件随机场（Conditional Random Field，CRF）等计算概率，以获得概率最大的分词方式。目前比较主流的中文切词框架 Jieba 采用的便是 HMM 与词典结合的方法。基于理解的分词方法是通过让计算机模拟人对句子的理解，达到识别词的效果。其基本思想就是在分词的同时进行句法、语义分析，利用句法信息和语义信息来处理歧义现象。

第二，去停用词。在分词步骤结束后，新的文本成为词的组合，但是并不是所有的词都与文档内容相关，这些词往往是语言中一些表意能力很差的辅助性词语，比如中文中“的”“得”“我们”“了”等词，英文中“a”“an”“the”等词。除此之外，一些标点符号以及数字，比如省略号、下划线、破折号等，也需要进行处理。在一般实验应用中，存在一个存放停用词的集合，称为停用词表，其中的停用词往往由人工根据经验加入，具有通用性。这些词和符号往往存储在停用词表的文档中，我们可以参照停用词表对文档进行停用词处理。国内外学者通过研究，也提出了根据训练集自动生成停用词集合的方法。目前主流的通用中文停用词表有百度停用词表、哈尔滨工业大学停用词表以及四川大学机器智能实验室停用词表，表 1–8 列举了一些常用的中文停用词，读者在实际应用中可对这些停用词进行调用，也可以对相关词表进行进一步编辑。

表 1–8 常见中文停用词示例

啊	阿	唉	哎	哎呀	哎哟	俺	俺们	按照	吧
把	罢了	被	本	本着	比	比方	比如	鄙人	彼
彼此	边	不论	不怕	不如	不问	不只	除非	此外	从
从而	但	但是	当	当着	到	的	得	等	第
对于	多少	而且	反之	非但	各位	各种	管	何处	何况

第三，标准化处理。标准化处理的主要目的是对分词后的词语进行归一化处理，从而减少语料体量，降低计算维度，主要包括合并大小写、单复数、词干提取、词性还原等操作。如将大写字母统一变为小写字母，复数统一变为单数，以达到规范化。词干提取和词性还原主要针对英文文本，目的均是通过转换将单词保留至基本形态。词干提取为去掉单词的后缀，寻找词根，将不同形式的单词恢复为词干形式，如将“Effectiveness”和“Effective”转换为“Effect”；词性还原是将不同时态的单词还原为一般形式，如将“Does”和“Did”转换为“Do”。具有相同词意的词通过上述步骤得以合并。

三、文本表示

一个文本表示为一个由文字和标点符号组成的字符串，其中字或字符组成词，词组成句、段、节、篇等结构。要使计算机能够高效地处理真实文本，就必须找到一种理想的形式化表示方法，这种方法能真实地反映文档的内容，区分不同文档。目前，文本表示常采用的是向量空间模型（Vector Space Model，VSM）的方法。VSM 将每一个文本表示为向量空间的一个向量，并以每一个特征项对应向量空间的一个维度，而每个维度的值就是对应特征项在文本中的权重。

文档（Document）通常是指文章中一定规模的字符串，也称文本。

特征项（Feature Term）是 VSM 中最小的不可分的语言单元，可以是字、词、短语等。一个文档的内容可以看作它含有的特征项所组成的集合，表示为：Document=D（t_1，

t_2，…，tn），其中 t_k 是特征项，$1 \leqslant k \leqslant n$。

项的权重（Term Weight）：对于含有 n 个特征项的文档 D（t_1，t_2，…，tn），每一个特征项 t_k 都依据一定的原则被赋予一个权重 w_k，表示它们在文档中的重要程度。这样一个文档 D 可用它含有的特征项及其对应的权重来表示：D=D（t_1，w_1；t_2，w_2；…；t_n，w_n），其中 w_k 就是特征项 t_k 的权重，$1 \leqslant k \leqslant n$。

一个文档在上述约定下可以看成 n 维空间中的一个向量，这就是向量空间模型的由来。向量空间模型（VSM）定义为，给定一个文档 D（t_1，w_1；t_2，w_2；…；t_n，w_n），D 符合以下两条约定：特征项 t_k 互异；特征项 t_k 无先后顺序关系。在以上两条约定下，我们可以把特征项 t_1，t_2，…，t_n 看成一个 n 维坐标系，而权重 w_1，w_2，…，w_n 为相应的坐标值。因此，一个文本就表示 n 维空间中的一个向量。我们称 D=D（w_1，w_2，…，w_n）为文本 D 的向量表示或向量空间模型。

四、文本特征选择

有效地降低维数并尽可能减少噪声数据对分类效果的影响是文本特征提取的关键。大量的文本在分词后的词汇量是数以万计或者更多的，在文本分析中就表现为数以万计的维数，所以有效地降低数据维数、去除噪声数据就尤为必要。在向量空间模型中，表示文本的特征项可以是字、词、短语，也可以是其他因素。如何选择合适的特征对文本进行表示，选定好特征项后赋予各特征多大的权重，是向量空间模型涉及的两个关键技术问题，前者属于特征选择，后者属于特征权重计算。

（一）特征选择

特征选择指从原始候选特征集中选择或提取与任务最相关的特征集，也就是说从总体的属性集合中挑选出一些具有较强“类别区分”能力的属性或生成这样的属性。通过特征抽取，我们将高维的原始特征集投射到低维的选定特征集中，可提高分类器的准确度和效率，这也是自动分类的关键步骤。特征抽取有两种方式：特征重构与特征子集选取。前者通过对原始特征集进行组合或变换，产生新的低维特征，如主成分分析、主题模型等。后者则是直接从原始特征集中挑选与任务高度相关的特征①。常用的特征选择方法包括：基于文档频率的特征提取法、信息增益法、χ^2 统计量、互信息法、主成分分析法等。除主成分分析法属于特征重构外，其余方法均属于特征子集选取。

其一，基于文档频率的特征提取法。某一组词在文档中出现的频率为文档频率，其为出现词组 T 的文档数与文档总数的比值。因出现次数过于频繁的词组区分度不高，出现次数过于稀疏的词组独立表达类别信息的能力不强，故我们首先设定文档频率的上、下界阈值，将文档频率在两个阈值之间的词组作为特征项。该方法简便易行，但也存在一些问题，比如有些词组出现频率低，却包含较多信息，因此我们可能误删有价值的特征项。

---

① 胡正银 . 基于个性化语义 TRIZ 的专利技术挖掘研究［D］. 北京：中国科学院大学，2015：100.

其二，信息增益法。该方法通过评估特征项为分类系统带来的信息量来衡量该特征项的重要性。词组带来的信息越多，该词组越重要，反之则越不重要。信息量的多少可以用熵来衡量，熵的差值即不考虑该词组时文档的信息熵与考虑该词组后文档的信息熵的差值。

其三，χ^2 统计量。该方法源于统计学中的卡方分布，用于度量特征项与类别的独立性。χ^2 越大，两者独立性就越小，相关性就越大。在文本挖掘领域，该方法主要从类别与特征项关联表出发，基于特征项与类别间的关联性来量化计算特征项的重要度。特征项与类别间关联性越强，特征项得分越高，该特征项就越应该被保留[①]。

其四，互信息法。该方法以信息论为基础来度量两个变量间的相关性。其核心思想为，在类别 X 中出现频率较高，而在其他类别中出现频率较低的词组 T 与类别 X 的互信息较大，即互信息越大，词组 T 与类别 X 越可能共同出现。该方法适用于文本分类的特征选择，但分类正确率偏低。

其五，主成分分析法。该方法是一种建立在统计技术基础上的降维方法，旨在最小化原始数据中的方差损失。作为一种特征抽取方法，主成分分析法通过最大化离差将高维向量空间中的数据投影到低维向量空间中，使几个较少变量能够在很大程度上反映原始变量信息[②]。

（二）特征权重计算

该方法用于衡量某个特征项在文档表示中的重要程度或区分能力的强弱。特征权重计算方法一般是利用文本的统计信息，主要是词频，赋予特征项一定的权重。特征权重计算方法包括：布尔权重、绝对词频（TF）、逆文档频率（IDF）、TF-IDF、TFC、ITC、熵权重、TF-IWF 等。其中，基于词频－逆文档频率（Term Frequency-Inverse Document Frequency，TF-IDF）的权重计算方法在文本挖掘中最为常见，计算公式如下：

$$TF\text{-}IDF = (1+\log(TF)) * \log(N/DF)$$

TF 表示词频，即词项在一篇文档中出现的频率，TF 越大，说明这篇文档与该词项的相关性越大。DF 表示文档频率，即出现词项的文档的频率，DF 越大，说明该词项越可能是一个常见词。因此使用逆文档频率 IDF 可以表示词项的重要性，IDF 的计算公式如下：

$$IDF = \log N/DF$$

N 代表文档集合中文档的数目。

五、模型选择与分析

第三节对舆情文本知识发现过程中常用的分类、聚类算法等进行了归纳总结，数据准备好后研究者根据研究目的可采用不同的建模与分析方法。分类方法可将舆情信息分

---

① 胡正银 . 基于个性化语义 TRIZ 的专利技术挖掘研究［D］. 北京：中国科学院大学，2015：101.

② LEHMANN N. Principal components selection given extensively many variables［J］. Statistics & probability letters，2005，74（1）：51–58.

为政治舆情、经济舆情、文化舆情等不同类型。聚类方法可对舆情热点主题进行归纳与梳理。情感分析则可对带有情感色彩的主观性文本进行分析、处理、归纳和推理，了解人们对产品、服务、组织等实体的态度。不同方法又包括多种不同算法，不过每种算法均有其自身适用性和适用范围，如决策树算法只能给出最终的分类结果，无法输出所有类别的概率值；高斯过程回归、支持向量机等适用于数千至数万个节点；深度神经网络可应对大规模数据集，但模型可解释性较差。因此，根据研究目的、数据规模等选择合适方法与算法是使模型呈现优良性能的关键。

六、模型评估

模型构建完成后，需要对模型的效果进行评估，根据评估结果来继续调整模型的参数和特征，若模型效果太差，则需考虑采用其他算法，以达到较为满意的分析结果。对于文本分类方法、情感分析方法来说，常用的评价指标为准确率（Accuracy）、精准率（Precision）、召回率（Recall）、F1 值和 AUC 值，指标混淆矩阵及各指标的计算公式分别如下。其中，准确率是评价一个模型好坏最简单也最常用的指标，是分类模型正确分类的样本数占总样本数的比例，但在数据集不平衡的情况下，准确率往往不能反映模型性能的优劣；精准率是分类模型预测的正样本中真正的正样本的比例；召回率是正样本中被分类模型预测成功的正样本比例；F1 值综合考虑精准率和召回率，更加全面；AUC 值能兼顾数据不平衡的情况，适用范围更广。实际分析中，用户可根据数据集的特点和研究重点，有针对性地选择一个或多个评估指标对模型性能进行评估。

表 1–9　评估指标混淆矩阵

	属于	不属于
标记为 YES	TP	FP
标记为 NO	FN	TN

$$Accuracy=(TP+TN)/(TP+TN+FP+FN) \quad (1)$$

$$Precision=TP/(TP+FP) \quad (2)$$

$$Recall=TP/(TP+FN) \quad (3)$$

$$F1=(2*Precision*Recall)/(Precision+Recall) \quad (4)$$

实际数据集中经常会出现类不平衡现象。ROC 曲线在类分布变化时，仍能保存不变。ROC 曲线是以假阳性率（False Positive Rate，FPR）为横坐标，以真阳性率（True Positive Rate，TPR）为纵坐标的各点的连线。ROC 曲线下的面积即为 AUC 值，其取值范围为［0，1］，该值越大，与之对应的分类模型效果越好①。FPR 和 TPR 计算公式如下。

① JENSEN K，MÜLLER H H，SCHÄFER H. Regional confidence bands for ROC curves［J］. Statistics in medicine，2000，19（4）：493–509.

$$FPR=FP/(FP+TN) \quad (5)$$

$$TPR=TP/(FP+FN) \quad (6)$$

其中，TP 为被模型预测为正的正样本，FP 为被模型预测为正的负样本，FN 为被模型预测为负的正样本，TN 为被模型预测为负的负样本。

定量化的结果只能反映数据的客观特征，而在实际应用中，需要进一步考虑不同模型及评估指标的计算复杂度、可解释性等。为使分析结果更具说服力，需要邀请同行专家对结果进行评估及解读，以选择最适用的模型评估指标。如在商品推荐中，我们更关心有多少商品是用户真正喜欢的，这涉及精准率指标；在银行用户风险识别中，我们更关心有多少风险用户可被模型识别出来，这涉及召回率指标。

第五节　网络舆情文本分析案例

一、案例简介

新冠疫情作为国际突发公共卫生事件引发媒体广泛关注，部分谣言的广泛传播，造成了民众恐慌，对社会稳定带来不利影响。本案例以微博中 2020 年 2 月 2 日至 2020 年 5 月 2 日的疫情相关内容为数据源，开展谣言检测，然后进行主题聚类，分析民众关心的疫情相关话题，这有助于我们及时了解民众关切，降低谣言澄清成本，避免给防疫工作带来不利影响。

分析目的：对新闻文本分别进行分类、聚类分析，以剖析文本内容所反映的舆情主题，为有效认识热点网络舆情内容提供参考。

二、分析过程

（一）数据介绍

本案例所使用的数据来自公开数据集①。该数据集是 2020 年 2 月至 5 月间有关新冠疫情谣言的文本数据，并经过了筛选过滤处理。数据集共包含 699 篇文档，具体信息包括标题、辟谣状态、时间与全文 4 项内容。

（二）数据预处理

在本案例中，对数据预处理的流程包括文本分词、去除停用词和特殊字符。

文本分词。中文通常以词语作为表达语义的完整单元，本案例采用目前广泛使用的结巴分词作为分词工具。

去除停用词和特殊字符。停用词和网络中广泛存在的特殊字符通常不表达或表达非

---

① 疫情谣言舆论分析系统［EB/OL］.（2021-07-10）［2021-12-24］.https：//github.com/yyw1591 0852287/findrumor.

常有限的具体含义，可能对文本的聚类分析造成影响，因此需要对这部分字词进行去除。

（三）文本分类

谣言检测的本质是二分类的文本分类任务。本案例分析使用上述数据，并将数据中的状态（State）标签作为类别标签供模型进行自动识别。这里使用了共两个类别（谣言与非谣言）的数据，其中训练集和测试集的比例为 3∶1。

本案例使用逻辑回归算法进行文本分类，使用 Precision（精确性）、Recall（召回）、F1-score（F1 值）、Accuracy（准确度）4 种指标对模型进行结果评价，模型在测试集上得到的分类效果如表 1-10 所示。

表 1-10　逻辑回归文本分类结果

指标	数值
Precision	0.85
Recall	0.92
F1-score	0.88
Accuracy	0.83

从上述实验结果来看，本实验所选择的模型能较好地实现谣言检测的任务。

（四）文本聚类

在谣言检测的基础上，对谣言文本进行聚类分析，有助于了解谣言聚集情况，实现针对性澄清，降低谣言澄清成本，避免误导民众。基于上述文本的谣言数据首先被向量化处理。本案例使用 TF-IDF 方法获得文本（d）的向量化表示，其中 TF 为文本中的词语（t）出现的频次，TF 越大，说明词语（t）对文本（d）越重要；IDF 为逆文档频率，IDF 越大，说明包含词语（t）的其他文本数越少，词语（t）对文本（d）越重要。

基于文本的向量化表达，本案例使用 K-means 算法对文本进行聚类分析。K-means 算法假设两个数据距离越近，其相似度越大。我们首先选择 K 个样本作为聚类中心，然后计算其他样本到中心的距离并将每个样本归属到特定类别中，接着重新计算每个类别的中心并重复上面的步骤直到达到设定的终止文件。本案例中的聚类数设置为 3 类。

（五）结果分析

本案例使用 PCA 方法将文本聚类结果中的文本表示降至 2 维，可视化的结果如图 1-6 所示，其中 3 种不同颜色的数据点代表了上述 3 种不同的类别。我们从中可以看到案例中的聚类算法能够较好地将新闻文本聚到所属的类别中，并能够将其和其他类别区分开。

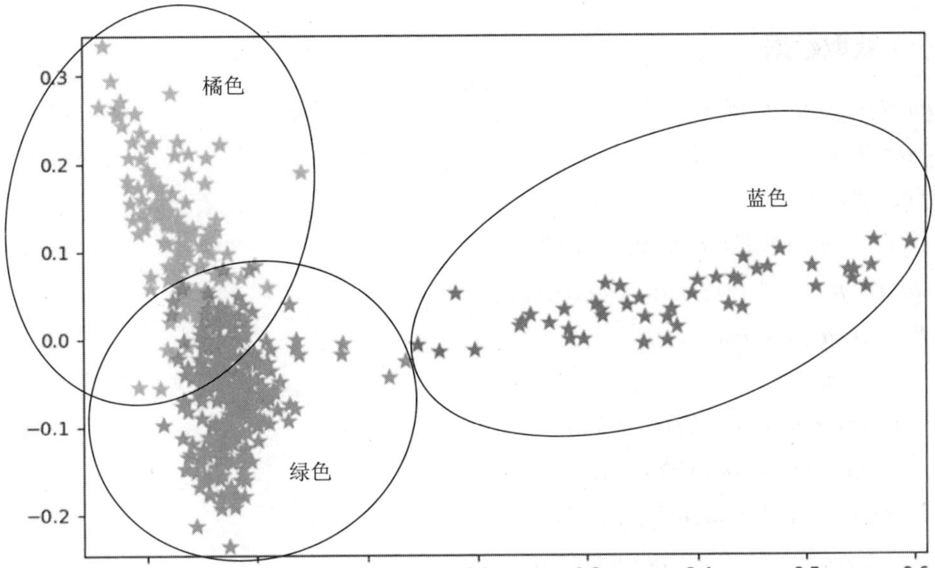

图 1-6　K-means 方法聚类结果示意图

同时，本案例还使用 TextRank4ZH① 输出了每个主题的前 20 个关键词绘制词云，如图 1-7 所示。

图 1-7　主题词词云

通过对谣言文本进行聚类分析，我们可以发现，新冠疫情相关谣言大致可分为以下 3 个类别：一是教育，二是疫情信息发布，三是病毒起源。谣言的 3 个类别反映民众在新冠疫情中最关心的 3 类问题。相关部门及机构应及时通过权威渠道发声，对学生及家长关心的开学时间等问题予以回应，建立疫情防控信息定时发布机制，同时驳斥关于病毒起源的谣言。

三、案例代码②

在程序运行上，我们执行 get_data.py 获取处理好的数据，执行 classify.py 获取分类的结果，执行 cluster.py 获取聚类的结果。

① LETIANTIAN. 从中文文本中自动提取关键词和摘要［EB/OL］.（2021-04-18）［2021-12-24］.https：//github.com/letiantian/TextRank4ZH.

② 疫情谣言舆论分析系统［EB/OL］.（2021-07-10）［2021-12-24］.https：//github.com/yyw1591 0852287/findrumor.

（一）获取数据

```
import pandas as pd
import jieba
def get_data():
    f_res = open("./data/cut.txt","w+")
    data = pd.read_csv("./data/data1.csv")
    for i in range(0,len(data)):
        content = ""
        if type(data["title"][i])!=float:
            content += data["title"][i]
        if type(data["content"][i])!=float:
            content += data["content"][i]

            text = content.replace("\n","").replace(u'\u3000', u' ').replace(u'\u30008', u' ').replace(u'\xa0', u' ').replace(" ","").replace("\t","")
        text_cut = " ".join(jieba.lcut(text))
        if text_cut=="" or len(text_cut)<=0:
            print("content is illegal:",text_cut)
            continue
        save_text = text_cut + "\t" + ("1" if data["state"][i] == "谣言" else "0")
        f_res.write(save_text+"\n")
if __name__ == '__main__':
    get_data()
```

（二）文本分类

```
from sklearn.feature_extraction.text import TfidfTransformer
from sklearn.cluster import KMeans
from sklearn.decomposition import PCA
import matplotlib.pyplot as plt
import pandas as pd
import os
import jieba
import random
import numpy as np
from sklearn.linear_model import LogisticRegressionCV
```

```
from sklearn.metrics import classification_report

def tf_idf(contents):
    # 提取文本特征tf-idf
    vectorizer = CountVectorizer() #min_df=1e-5
    transformer = TfidfTransformer()
    tfidf = transformer.fit_transform(vectorizer.fit_transform(contents))
    return tfidf

def classify():
    all_data = []
    for line in open("./data/cut.txt", "r", encoding='utf-8').readlines():
        line_list = line.strip("\n").split("\t")
        all_data.append([line_list[0],int(line_list[1])])
    random.seed(666)
    random.shuffle(all_data)
    all_data = np.array(all_data)
    tfidf = tf_idf(all_data[:,0])

    len_train = int(len(all_data)*3/4)
    x_train = tfidf[0:len_train]
    # print("x_train.size():",x_train.toarray().shape)
    y_train = all_data[:,1][0:len_train]
    x_test = tfidf[len_train:len(all_data)]
    y_test = all_data[:,1][len_train:len(all_data)]

     lr_model = LogisticRegressionCV(solver='newton-cg', multi_class='multinomial',
cv=5, n_jobs=-1)
    lr_model.fit(x_train, y_train)
    preds = lr_model.predict(x_test)
    report = classification_report(y_test, preds)
    print(report)

if __name__ == '__main__':
    classify()
```

（三）文本聚类

```
from sklearn.feature_extraction.text import CountVectorizer
from sklearn.feature_extraction.text import TfidfTransformer
from sklearn.cluster import KMeans
from sklearn.decomposition import PCA
import matplotlib.pyplot as plt
import pandas as pd
import os
import jieba
import random
import numpy as np
from sklearn.linear_model import LogisticRegressionCV
from sklearn.metrics import classification_report

def labels_to_original(labels, forclusterlist):
    assert len(labels) == len(forclusterlist)
    maxlabel = max(labels)
    numberlabel = [i for i in range(0, maxlabel + 1, 1)]
    # numberlabel.append(-1)
    result = [[] for i in range(len(numberlabel))]
    for i in range(len(labels)):
        index = numberlabel.index(labels[i])
        result[index].append(forclusterlist[i])
    return result

def cluster():
    num = 3
    #读取语料库
    corpus = []
    data = open("./data/cut.txt", "r", encoding='utf-8').readlines()
    for line in data:
        line_list = line.strip("\n").split("\t")
        assert len(line_list)==2
        if line_list[1] == "0":
            continue
```

```
    corpus.append(line_list[0])
  # txt = open("./all_data/cut.txt", "r", encoding='utf-8').read().split("\n")
  # for str in txt:
  #     corpus.append(str)
  # print("len(corpus):",len(corpus))
  # 该类会将文本中的词语转换为词频矩阵，矩阵元素a[i][j] 表示j词在i类文本下的
词频
  vectorizer = CountVectorizer() # max_features=20000
  # 该类会统计每个词语的tf-idf权值
  tf_idf_transformer = TfidfTransformer()
  # 将文本转为词频矩阵并计算tf-idf
  tfidf = tf_idf_transformer.fit_transform(vectorizer.fit_transform(corpus))
  # 获取词袋模型中的所有词语
  tfidf_matrix = tfidf.toarray()
  # 获取词袋模型中的所有词语
  word = vectorizer.get_feature_names()
  # print(word)
  # # 统计词频
  # print(tfidf)

  # 聚成num类
  clf = KMeans(n_clusters=num)
  s = clf.fit(tfidf_matrix)

  # 每个样本所属的簇
  label = []
  i = 1
  while i <= len(clf.labels_):
      label.append(clf.labels_[i - 1])
      i = i + 1
  # 获取标签聚类
  y_pred = clf.labels_

  # pca降维，将数据转换成二维
  pca = PCA(n_components=2)  # 输出二维
  newData = pca.fit_transform(tfidf_matrix)  # 载入N维
```

```
    xs, ys = newData[:, 0], newData[:, 1]

    df = pd.DataFrame(dict(x=xs, y=ys, label=y_pred, title=corpus))
    groups = df.groupby('label')

    fig, ax = plt.subplots(figsize=(8, 5))  # set size
    ax.margins(0.02)
    for name, group in groups:
        ax.plot(group.x, group.y, marker='*', linestyle='', ms=10, mec='none')
    plt.show()
    plt.savefig("cluster.jpg")
    res = labels_to_original(y_pred , corpus)
    for i in range(len(res)):
        f = open("./data/clusetr_{}.txt".format(i),"w+")
        for j in range(0,len(res[i])):
            f.write(res[i][j].replace("\n","")+"\n")

        for j in range(5):
            try:
                print(res[i][j])
            except:
                continue
        print("========================")

def tf_idf(contents):
    # 提取文本特征tf-idf
    vectorizer = CountVectorizer() #min_df=1e-5
    transformer = TfidfTransformer()
    tfidf = transformer.fit_transform(vectorizer.fit_transform(contents))
    return tfidf

def get_key_words():
    from textrank4zh import TextRank4Keyword, TextRank4Sentence
    tr4w = TextRank4Keyword()
    num = 3
```

```
    num_temp = 0
    stop_words =[line.replace("\n","") for line in open("./data/stop_words.txt").readlines()]
    stop_words = set(stop_words)
    for i in range(0,num):
        file_name = "./data/clusetr_{}.txt".format(i)
        corpus = []
        txt = open(file_name, "r", encoding='utf-8').read().split("\n")
        for str in txt:
            str_res = []
            for temp in str.split(" "):
                if temp not in stop_words:
                    str_res.append(temp)
            corpus.append(" ".join(str_res))
        tr4w.analyze(text=" ".join(corpus), lower=True, window=2)
        print("主题为",i,"的前20个关键词为：")
        for item in tr4w.get_keywords(20, word_min_len=2):
            print(item.word,end=" ")
        num_temp += 1
        print("\n")
        if num_temp>=num:
            break

if __name__ == '__main__':
    cluster()
    get_key_words()
```

思考题

1. 什么是文本分析法？文本分析法与内容分析法有什么区别？
2. 文本分析法可以解决网络舆情中的哪些问题？请举例说明。
3. 网络舆情文本分析的常见方法有哪些？
4. 任选一个网络舆情事件，对网民讨论的话题及情感倾向进行分析。

第二章　网络舆情信息语义角色标注

本章概述

语言所蕴含的意义就是语义（Semantic）。语义可以分成两部分：单个词的语义（词义）以及单个词联合起来组成的句子（或者更大的单位）的含义，因此，语义分析是一个非常宽泛的概念，任何对语言的理解都可以归为语义分析的范畴。从分析粒度上可以将语义分析分为词语级的语义分析、句子级的语义分析、篇章级的语义分析。语义角色标注属于句子级的语义分析。本章主要介绍语义角色标注的概念、理论基础和其在网络舆情挖掘中的运用。

教学目标

使学生理解语义角色标注的主要目标，熟悉汉语短语类别、汉语中常见的语义角色，理解 Stanford 依存结构树与哈工大 LTP 依存句法树的异同点，学会借助 Python 接口搭建哈工大本地 LTP 环境，实现网络舆情信息的语义挖掘。

学习建议

先借助哈工大云平台（Language Technology Platform，LTP）进行句子语义角色标注，学习了解汉语中常见的语义角色，再掌握本地平台搭建，进行实验。

语义角色标注（Semantic Role Labeling，简称 SRL）是浅层语义分析（Shallow Semantic Parsing）的一种实现方式，是指分析给定句子中的每个谓词（如动词）在句子中的相应语义成分，并作相应语义标记，如施事、受事、工具或附加语等[①]。浅层语义分析是指根据句子的句法结构和句中每个实体的词义推导出能够反映这个句子意义的某种形式化表示。语义角色标注不对整个句子进行详细的语义分析，只分析句子中各成分与谓词之间的关系，标注句子中某些短语承担的语义角色，这些短语作为给定谓词的框架的一部分被赋予一定的语义含义。

第一节　语义角色标注概述

语义角色标注在自然语言处理（Natural Language Processing，NLP）中的作用如图 2-1 所示[②]。图中，左侧是语法层面的模块，包括中文分词、词性标注及句法解析。右侧偏重于语义层面，包括命名实体识别、语义组块、语义角色标注。

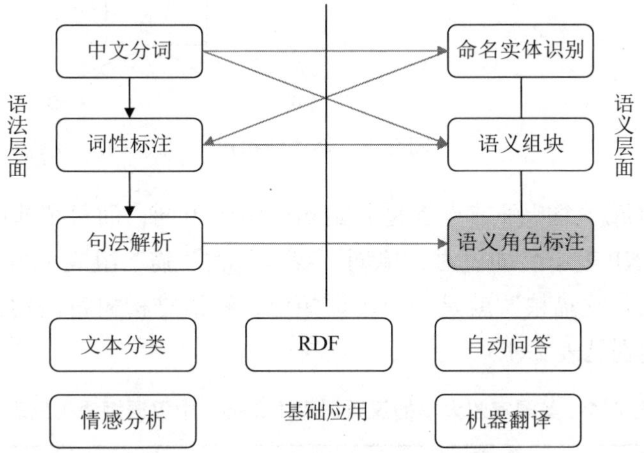

图 2-1　自然语言处理的一般架构

图中各个主要模块内容如下：

中文文本中词（词是自然语言中能够独立运用的最小单位，是自然语言处理的基本单位）与词之间没有明确的分割标记，它们以连续字符串形式呈现。所以，任何中文自然语言处理任务都必须解决中文序列切分的问题。中文分词是通过某种方法或方法的组合，将输入的中文文本基于某种需求并按照特定的规范划分为“词”的过程[③]。由于任务不同、视角不同、准则不同，不同人对“词”的定义持有不同意见，这也成为中文分词需要解决的一个难题。中文分词已有 30 余年的研究历史，相应的中文分词研究成果被

① 祝娜，王效岳．语义角色标注研究综述［J］．山东理工大学学报：自然科学版，2011，25（6）：19-24.

② 郑捷．NLP 汉语自然语言处理原理与实践［M］．北京：电子工业出版社，2017：8.

③ GB/T 13715-1992，信息处理用现代汉语分词规范［S］．北京：中国标准出版社，1993.

应用到自然语言处理的不同任务中，包括信息检索、机器翻译、语音识别、文本错误识别、中文繁简自动转换、自动问答等。

词性标注（Pos Tagging，又称词类标注或简称标注）是指为分词结果中每个单词标注一个正确的词性的过程，即确定每个词是名词、动词、形容词还是其他词性[①]。常见的词性标注算法包括隐马尔可夫模型（HMM）[②]、条件随机场（CRF）[③]等。

句法解析是 NLP 中的一项关键技术，可以帮助分析句子的成分结构及单词之间的依存关系。句法分析树主要分两大类：短语结构树、依存结构树。其中，短语结构树不断地将句子的成分（包括短语和句子）按照规则组成新的短语，从而得到句子的结构。例如我们对"我的猫喜欢吃猫粮"进行解析，首先可以得到短语［我的猫］和［吃猫粮］，然后又可以得到短语［喜欢［吃猫粮］］。短语结构树如图 2-2 所示。

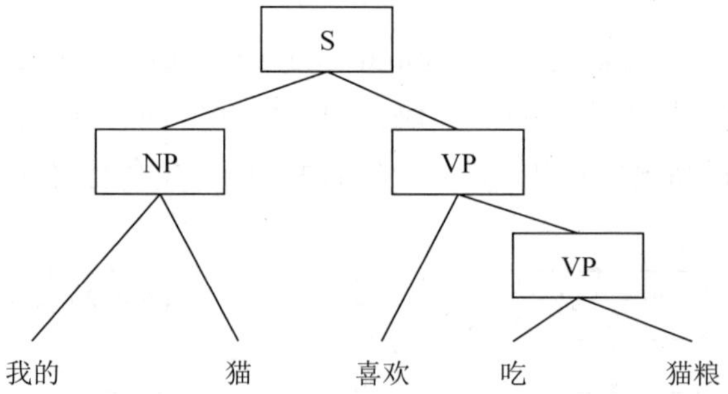

图 2-2　短语结构树

短语结构树的每一个叶子节点都是原始句子中的单词，而每个非叶子节点都是用于标记短语结构的。NP 表示名词短语，单词"我的"和"猫"组成了名词短语"我的猫"。VP 表示动词短语，"吃猫粮"就是一个动词短语，短语结构树将语句视为嵌套的短语组合，其汉语短语类别见表 2-1。

表 2-1　美国宾州大学的汉语树库（CTB）中汉语短语类别表[①]

标注	英文说明	中文说明
NP	Noun phrase	名词短语
VP	Verb phrase	动词短语
PP	Preposition phrase	介词短语
ADJP	Adjective phrase	形容词短语
ADVP	Adverbial phrase headed by AD	由副词开头的副词短语、状语
CLP	Classifier phrase	量词短语

① 梁喜涛，顾磊．中文分词与词性标注研究［J］．计算机技术与发展，2015，25（2）：175-180.

② BIKEL D M，MILLER S，SCHWARTZ R，et al. Nymble：a High-performance learning name-finder［J］. arXiv preprint cmp-lg/9803003，1998：194-201.

③ MCCALLUM A，LI W. Early results for named entity recognition with conditional random fields，feature induction and web-enhanced lexicons［J］. Association for computational linguistics，2003，4：188-191.

续表

标注	英文说明	中文说明
CP	Clause headed by C（complementizer）	由补语引导的补语从句，关系从句
DNP	Phrase formed by "XP+DEG"	由 XP+DEG 构成的短语
DP	Determiner phrease	限定词短语
DVP	Phrase formed BY "XP+DEV"	由 XP+DEV 构成的短语
FRAG	Fragment	片段
IP	Inflection phrase	Simple clause headed by I（INFL 或其他曲折成份）
LCP	Phrase formed by "XP+LC"	以处所词为中心词的短语
LST	List marker	解释说明性的列表标记短语
PRN	Parenthetical	插入语
QP	Quantifier phrase	数词短语，由数量词构成的短语结构
UCP	Unidentical coordination phrase	非一致性并列短语

依存结构树和短语结构树不同，依存结构树主要用于表达句子中单词之间的相互依存关系。依存关系中一个词是核心词（或称为支配词，Head），另一个是修饰词（或称为从属词，Dependency）。法国语言学家泰斯尼耶尔（Lucien Tesniere）认为句子的结构表现为各个构成成分之间的层层递进的从属关系，它的顶端就成为一个支配所有成分的"中心结"（根节点）。"中心结"在绝大多数情况下是动词，也就是说，动词是句子的中心[①]。句子中各个成分之间的支配关系与被支配关系是单向的，因此，它们就很自然地构成了一棵以动词为中心的句法树。依存结构树通常可以表示成三元组（单词 1，关系，单词 2），单词 2 依赖于单词 1，例如主谓宾结构等。

依存结构树中子节点依存于父节点，例如"我的"依存于"猫"。nmod，dobj，nsubj 等表示单词之间的依存关系。更多 Stanford 依存句法标注体系见表 2–2。

表 2–2　Stanford 依存句法标注体系（部分）

标注	说明
root	sentence root（根节点）
subj	主语
nsubj	名词性主语（nominal subject）
obj	宾语
dobj	直接宾语
comp	补语
ccomp	从句补语
xcomp	x 从句补语

① 郑捷 . NLP 汉语自然语言处理原理与实践［M］. 北京：电子工业出版社，2017：287.

续表

标注	说明
mod	修饰语
tmod	时间修饰语
nmod	复合名词修饰
amod	形容词修饰

Stanford 依存句法树无法显示依存弧的方向和关系名称，哈工大的 LTP 的图形化显示不仅能够给出树状图，还给出了依存关系，这种句法树称为“依存树”（Dependency Tree）（图 2-3）。

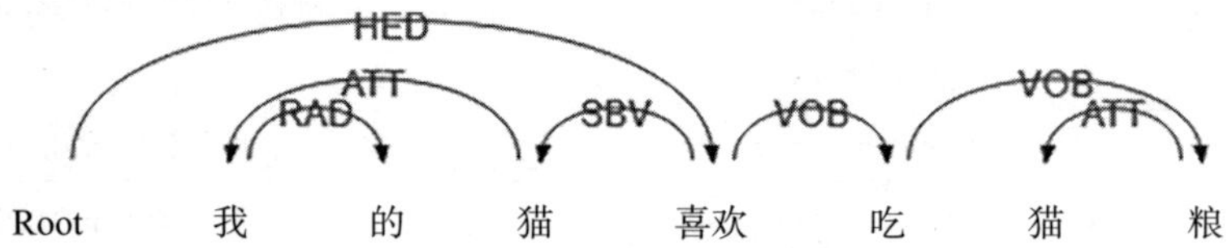

图 2-3　LTP 的依存句法树

依存句法树中标签解析如表 2-3 所示。

表 2-3　LTP 中依存句法解析标签［1］

关系类型	Tag	描述	示例
主谓关系	SBV	subject-verb	我送她一束花（我←送）
动宾关系	VOB	verb-object	我送她一束花（送→花）
间宾关系	IOB	indirect-object	我送她一束花（送→她）
前置宾语	FOB	fronting-object	他什么书都读（书←读）
兼语	DBL	double	他请我吃饭（请→我）
定中关系	ATT	attribute	红苹果（红←苹果）
状中关系	ADV	adverbial	非常美丽（非常←美丽）
动补结构	CMP	complement	做完了作业（做→完）
并列关系	COO	coordinate	大山和大海（大山→大海）
介宾关系	POB	preposition-object	在贸易区内（在→内）
左附加关系	LAD	left adjunct	大山和大海（和←大海）
右附加关系	RAD	right adjunct	孩子们（孩子→们）
独立结构	IS	independent structure	两个单句在结构上彼此独立
核心关系	HED	head	指整个句子的核心

“命名实体”一词最初由第六届信息理解大会[①][②]（The Sixth Message Understanding Conference，MUC-6）提出，用于解决从非结构化文档中识别出结构化信息的问题。在正式定义命名实体识别任务时，人们发现几种特定的信息单元是识别出结构化信息的关键。这些特定的信息单元包括人名、组织名、地名、数字、百分符，其中数字又可以细分为时间、日期、金额，人们将这些信息单元称为实体。实体严格来讲是表示人或者物的名词性词汇。因此，命名实体识别（Named Entity Recognition，NER）任务是一种从非结构化信息中识别出具有指定语义类型的实体的任务，如人名、地名、机构组织名以及包括时间、日期、百分比在内的数字表达式。命名实体识别采用的方法可以分为基于规则特征的方法、基于非监督学习的方法、基于特征的监督学习方法、基于深度学习的方法。

语义组块用来确定由一个以上的词构成的短语结构，它是短语级别的标注，主要识别名词性短语、动词性短语、介词短语等，以及其他类型的短语结构。郑捷[③]将小句结构纳入这一类别。

语义角色标注以句子中的谓词为中心预测出句子各个语法成分的语义特征，是句子解析的最后一个环节，也是句子级别语义研究的重要里程碑。

图 2-1 中的箭头表示“影响关系”，我们可以看出：

①分词与词性标注是自然语言处理的基础工作，是大多数后续工作的前提。

②命名实体识别受到中文分词和词性标注的影响，换句话说，准确的命名实体识别是以准确的分词和词性标注为前提的。语义组块的自动识别来源于中文分词、词性标注和命名实体识别的共同信息。语义角色标注直接受到句法解析和语义组块的影响。

③语义角色标注综合了自然语言处理领域的基础技术，如分词、词性标注、句法分析等，因此研究语义角色标注也为研究机器学习方法和底层的技术应用提供了研究平台。中文分词阶段和语义角色标注阶段之间有 4 到 5 个依次串连的模块，这会导致语义角色标注的精度显著下降。

第二节　语义角色标注理论基础

图 2-4 中的 3 个子图依次为“南京师范大学录取了这名学生”“ 南京师范大学把这名考生录取了”“这名考生被南京师范大学录取了”的句法解析树。

---

① GRISHMAN R. Message understanding conference-6：a brief history［C］// Proceedings of the 16th conference on computational linguistics，1996：466-471.

② SPYROPOULOS C D. Automatic adaptation of proper noun dictionaries through cooperation of machine learning and probabilistic methods［C］// International ACM SIGIR conference on research & development in information retrieval. ACM，2000：128-131.

③ 郑捷 . NLP 汉语自然语言处理原理与实践［M］. 北京：电子工业出版社，2017：8.

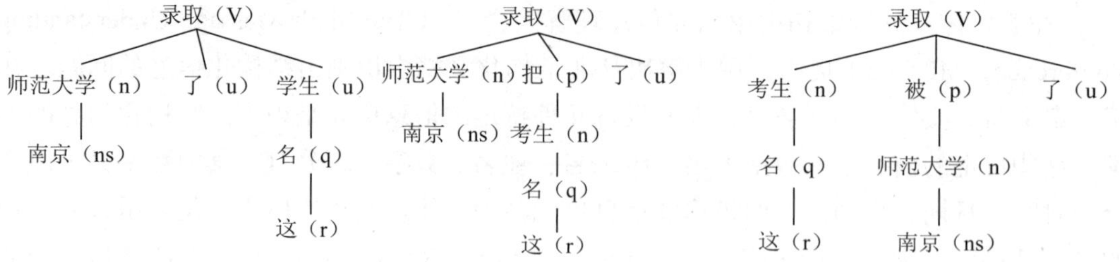

图 2-4　句法树示例

图 2-4 中，每个句法树均不一样，但它们在语义表达上是完全相同的。可见，单纯通过句法分析来实现对语义的获得和运算是不足的。我们需要一种独立于句法树的数据结构来表示语义。

研究句法结构主要有两种视角①：动词中心论和构式中心论。其中，动词中心论认为“在一个句子中，动词处于中心地位”，动词的从属成分分为两类：配角成分、说明成分。构式中心论认为，句法结构的基础不是动词，而是构式。构式是特定形式及意义的配对体，是语言系统中最重要的语言单位②，句子不是以动词为中心扩展形成，而是词项填充构式论元的结果。因此，构式中心论坚持的不是自下而上的组构观，而是非组构观。这也使得构式像词一样，成为基本的语言单位，并且是核心语言单位。而语义角色标注采用的是“动词中心论”视角。配角成分参与句子动词的行为，一般以名词成分出现，配角分为传统语法的主语、直接宾语、间接宾语。说明成分用于说明动词发生的地点、时间、方式和方法。上例的语义角色标注如图 2-5 所示。

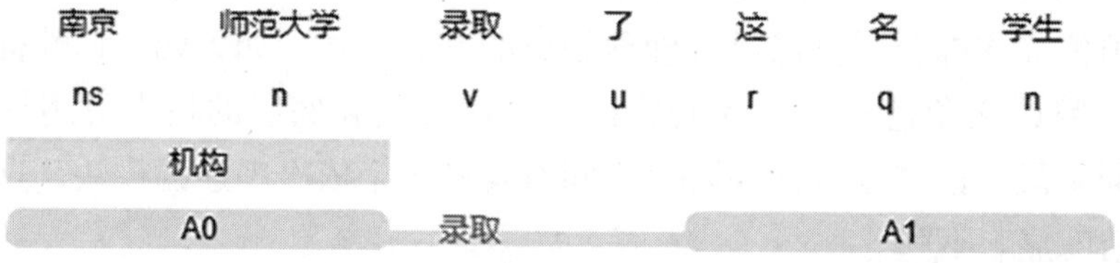

图 2-5　SRL 示例

由此可见，语义角色标注不对句子所包含的语义信息进行深入分析，只以句子的谓词为中心，分析句子中各成分与谓词之间的关系，并用语义角色来描述这些关系，常见的语义角色见表 2-4。

语义角色标注的理论基础来源于美国语言学家菲尔墨（C.J.Fillmore）在 1968 年提出的格语法（Case Grammar），该语法着重探讨句法结构与语义之间关系，该理论认为句子 S（Sentence）是情态 M（Modality）与命题 P（Proposition）的组合，即 S = M + P。情态 M 指言谈者的信念、观点、情绪、态度、立场、语气、意图、观察角度（过去、

① 王洪明，关月月 . 动词中心论和构式中心论——句法结构研究的两种视角［J］. 现代语文，2021（6）：85-90.

② GOLDBERG A E. Constructions：a construction grammar approach to argument structure［M］. Chicago：University of Chicago Press，1995：54.

现在、将来）等。命题 P 由一个动词 V 及与其相关的多个格 C（Case）构成，即 P = V + C1 + ⋯ +Cn。

表 2–4　汉语中常见的语义角色

	语义角色	标准符号	例句
核心论元	施事、感事（认知类心理动词的客事动元称为感事）	Arg0	大家都拥出了教室（大家）
	受事、系事（不具有施动能力）	Arg1	张三打破了窗户
	与事（间接承受者）	Arg2	老人把手艺传给了年青人
辅助论元	方式	ArgM–MNR	他用假声唱歌
	方向	ArgM–DIR	沿着这条路向东走一百米就到了
	处所	ArgM–LOC	老板从墙上取下照片
	时间	ArgM–TMP	我们于 2021 年相见
	目的	ArgM–PNC	为了家人的健康，他不再吸烟
	原因	ArgM–CAU	由于战争的失败，日本全面陷入美国的管制
	程度	ArgM–EXT	作业还没写完
	情态	ArgM–MoD	我们应该原谅他
	否定	ArgM–NEG	张三不喜欢李四
	连接	ArgM–DIS	因此，他失去了上学的机会

此外需要注意的是，语义角色标注不关心谓语发生改变但句子意思不变的情况，例如：

［贝多芬创作了摇篮曲］和［摇篮曲的作者是贝多芬］

虽然二者表达的语义相同，但是谓语不同，因此标注的结果也不同。由于汉语中的谓词并不能体现出时态信息，标注结果会导致一些信息丢失，例如：

［小欧要去美国了］和［小欧去美国了］

这两句话表达的意思不同，但是角色标注的结果是一样的。所以，实际应用中往往需要根据情况对该结果作进一步的处理。由于语义角色标注未对句子所表达的意义进行深层研究，具有问题定义明确、可操作性强、分析结果便于利用等优点，在自然语言处理领域的众多应用中（如问答系统[①]、机器翻译[②]、摘要生成[③]、文本分类[④]等）起着重要的作用。

第三节　语义角色标注的案例应用

一、网络舆情事件数据集

2019 年 12 月暴发的新型冠状病毒肺炎疫情，迅速成为全球性的公共卫生事件。新冠疫情暴发期间的各类舆情事件，很大程度上体现了公众在突发疫情面前的恐慌、愤怒、无奈等。疫情发生后，公众出现了不同程度的急性心理应激反应和心理情绪变化，一部分人甚至出现了睡眠障碍等症状[⑤]。因此，开展突发公共卫生事件中不同民众心理状态成因挖掘研究十分迫切。探究公众在疫情暴发期的心理健康状况及其成因，及时掌握公众心理与行为特点，可以为防疫提供大数据支持，为政府优化疫情防控治理体系提供对策建议。

疫情之下公众普遍会出现焦虑、恐慌、愤怒甚至抑郁的情绪变化，现有这方面的研究主要以问卷调查与访谈方法为主，但近年来学界逐渐开始关注网络环境的研究，为此，我们爬取了疫情暴发初期（2020 年 1 月 20 日至 2020 年 2 月 29 日）关于新冠疫情的原创微博报道及其关联评论作为研究对象。新冠疫情的原创微博报道机构主要包括以央视、《人民日报》为代表的官方媒体和以《三联生活周刊》、财新网为代表的非官方媒体。我们同时爬取了这些评论的评论者信息，包括年龄、性别等。统计发现，青少年评论总数有 15,950 条，我们进一步利用语义角色标注挖掘疫情暴发期青少年正向、愤怒、悲哀和恐惧这 4 类基础情绪状况及其心理成因，评论示例见表 2-5。

---

① SHEN D，LAPATA M. Using semantic roles to improve question answering [C] // EMNLP–CoNLL 2007. Proceedings of the 2007 joint conference on empirical methods in natural language processing and computational natural language learning，June 28–30，2007. Prague：Czech Republic，2007：12–21.

② UEFFING N，HAFFARI G，SARKAR A.Transductive learning for statistical machine translation [C] // Paper presented at the proceedings of the 45th annual meeting of the association of computational linguistics，2007：25–32.

③ BASTIANELLI E，CASTELLUCCI G，CROCE D，et al. Textual inference and meaning representation in human robot interaction [C] //Proceedings of the joint symposium on semantic processing. Textual inference and structures in corpora，2013：65–69.

④ PERSSON J，DISI R J，NUGUES P. Text categorization using predicate–argument structures [C] // Proceedings of the 17th nordic conference on computational lin–guistics（NODALIDA 2009），2009：142–149.

⑤ 尹秀明，杨洪菊，孙玉洁，等 . 居民在新冠肺炎流行期间急性心理应激反应现状调查 [J] . 心理月刊，2020（15）：21–23.

表 2-5　微博评论示例

这才是真正的专家、科研工作者的作风［赞］
我恨那些传谣者！
关键是医疗资源是否会被耗尽、医疗防线是否会被击穿，如果是，那韩国就是无外援的"武汉"。
加油，口罩还是要戴起来，毕竟中国是很好的例子
病毒在扩大［允悲］［允悲］［允悲］
希望有后续。一定要严惩这种发国难财的
刚稳定下来，别再给一线医护人员添乱了
不要不戴口罩乱跑了，不为自己考虑，也为医护人员考虑考虑吧

二、平台配置

NLP 开源系统很多，这里主要介绍比较流行的几个开源的中文 NLP 系统，NLP 全系列处理框架如表 2-6 所示。

表 2-6　NLP 开源系统平台

名词	包含模块和下载地址	开发语言及备注
Stanford NLP	中文分词、词性标注、未登录词识别、句法分析等 https：//nlp.stanford.edu/software/	Java 斯坦福虽然是国外的平台，但是中文支持依然很好，而且斯坦福提供依存句法分析（Parse）与短语结构分析（Universal Dependencies）两种树
哈工大云平台 NLTP	中文分词、词性标注、未登录词识别、依存句法分析、语义角色标注、语义依存分析 http：//www.ltp-cloud.com/	C++ 只包含依存句法分析
百度 NLPC	词法分析、中文词向量表示、词义相似度、中文 DNN 语言模型、依据句法分析、短文本相似度 https：//cloud.baidu.com/doc/NLP/s/tk6z52czc	Java 只包含依存句法分析

本实验使用的是哈工大云平台系统（Language Technology Platform，LTP）。LTP 是哈工大社会计算与信息检索研究中心历时 10 年研制的一整套开放中文自然语言处理系统。该平台集词法分析（分词、词性标注、命名实体识别）、句法分析（依存句法分析）和语义分析（语义角色标注、语义依存分析）等多项自然语言处理技术于一体（其云演示界面如图 2-6 所示）。其中句法分析、语义分析等多项关键技术多次在 CoNLL 国际评测中获得第 1 名。此外，平台还荣获 2010 年中国中文信息学会科学技术一等奖、2016 年黑龙江省科技进步一等奖。

目前，LTP 已同包括清华大学、北京大学、CMU 在内的 600 余国内外知名大学及科研机构签署使用协议，同时对百度、腾讯、华为、讯飞等多家知名公司收费授权。2020 年 6 月，哈工大 SCIR 本科生冯云龙等在车万翔教授指导下，对 LTP 进行了新一轮全面升级，并推出了 LTP 4.0 版本。哈工大语言云演示平台如图 2-6 所示。

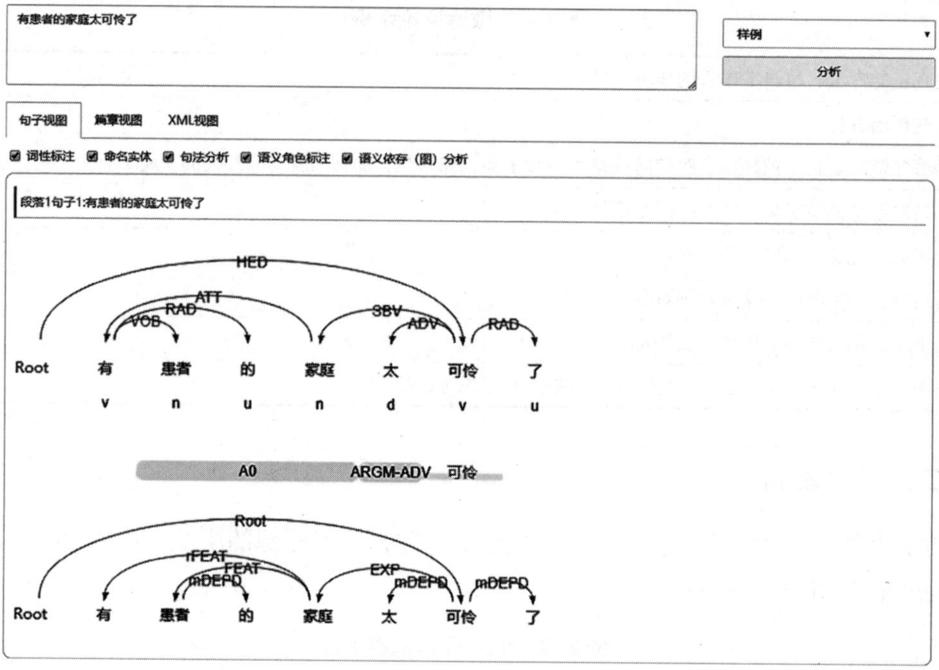

图 2-6　哈工大语言云演示平台

本实验通过其提供的 Python 接口在电脑安装运行 LTP。在 Python3.7 基础之上，我们使用 pip install itp 即可安装使用 LTP。

其调用方式：

```
from ltp import LTP
ltp = LTP() #默认自动下载并加载 Small 模型
segment, hidden = ltp.seg(["他叫汤姆去拿外衣。"])
pos = ltp.pos(hidden)
ner = ltp.ner(hidden)
srl = ltp.srl(hidden)
dep = ltp.dep(hidden)
sdp = ltp.sdp(hidden)
```

三、实验过程及结果

本实验思路如图 2–7 所示。

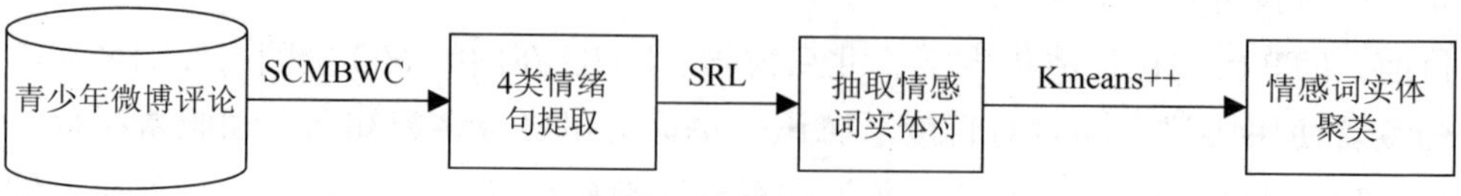

图 2–7　实验思路图

图 2-7 显示的实验主要过程如下：

首先，我们基于 SCMBWC（Simplified Chinese Microblog Word Count）字典中的情感词进行情感句子抽取。SCMBWC 的情感示例如表 2-7 所示。

表 2-7　SCMBWC 字典词类介绍

情感历程词	affect	示例
正向情绪词	posemo	信心、满足、祝福
负向情绪词	negemo	担忧、猜疑、报复
焦虑词	anx	不安、挣扎、紧绷
生气词	anger	可恶、抱怨、破坏
悲伤词	sad	心痛、沮丧、无力

由于负向情绪词集合与焦虑词、生气词、悲伤词有很多重复，为此我们主要利用正向情绪词、3 类负向情绪词进行情感句抽取。

其次，我们基于语义角色标注进行评价对象—情感词对抽取。考虑到微博用户评论中多为动词情感词，我们主要挖掘动词情感词作谓语时的评价对象。

最后，我们基于 Kmeans++ 的情感词进行实体聚类，其中情感词实体对象相似度是基于最长公共子序列（Longest Common Sequence，LCS）[①] 来度量的。LCS 以两个文本的最长公共子文本的长度来表征文本间的相似度。一个序列 S 任意删除若干个字符得到新序列 T，则 T 叫作 S 的子序列，两个序列 X 和 Y 的公共子序列中，长度最长的被定义为 X 和 Y 的最长公共子序列。

我们最终得到的评价对象—情感词对结果如表 2-8 所示，表中括号 3 项依次为评价对象、情感词、词对出现频次。

表 2-8　评价对象—情感词对

情感类别	青少年
正向情绪	（中国，加油，293）（消息，好，81）（英雄，致敬，28）
焦虑	（游轮，恐怖，10）（入境，禁止，9）（出现大规模的群体感染，怕，4）
悲伤	（我们的一线医护人员和工作人员，累，10）（防护，不足，7）（红十字会作风，差，4）
生气	（中国国家主权，侵犯，20）（车牌，烦，9）（中国人，歧视，8）

在完成情感词对抽取之后，我们根据最长公共子序列度量情感词相似度，借 Kmeans++ 进行了情感实体聚类，得到主要聚类结果如表 2-9 所示。

① XU X，CHEN L，HE P. Fast Sequence similarity computing with LCS on LARPBS［C］// International conference on parallel & distributed processing & applications. Berlin，Heidelberg：Springer，2005：168–175.

表 2–9 情感实体聚类

情感类别	青少年
正向情绪	• 疫情 / 疫情早日结束 / 疫情早点结束 / 疫情早日过去 • 医护人员 / 一线医护人员 / 一线工作人员 / 所有医护人员
焦虑	• 医疗条件 / 小城市医疗条件 / 伊朗医疗水平 / 医疗资源 / 海南医疗条件 / 大陆医疗水平 / 本地医疗资源 • 入境 / 政府 / 数字 / 疫情 • 高三学生 / 大学生 / 学校
悲伤	• 医生护士 / 李文亮医生 / 生命和失去权力 / 湖北应届生 / 生命 / 医学研究生 / • 非法野生动物交易 / 野生动物市场 / 地下非法野生动物交易、屠宰行为
生气	• 中国国家主权 / 中国 / 美国 / 各个国家 / 国家 / 中国的言论 • 红十字会 / 红十字会作风 • 外国人永久居留权 / 外国人

结果显示，青少年 4 类情感中，“一线医护人员”的贡献与付出是正向情绪的主要来源，“医疗资源匮乏”是焦虑点，“非法野生动物交易”是其普遍感到悲伤的地方。

思考题

1. Stanford 依存结构树与 LTP 依存句法树的异同主要体现在哪几个方面？
2. SRL 的理论基础是什么？ SRL 在自然语言处理中受哪些因素的影响？

分析篇

第三章　社交媒体用户信息传播行为分析

本章概述

近年来，由于突发公共事件的频繁发生和社交媒体的广泛使用，公众越来越多地参与突发公共事件的信息传播。同时，社交媒体用户快速且多样的信息传播行为使得他们在突发事件处理中扮演着越来越重要的角色。因此，有必要对社交媒体用户的信息传播行为进行分析。本章将从突发事件动态演变进程分析、事件中用户信息传播的情感分析、事件中用户信息传播的主题分析、用户特征分析以及真实案例分析等5个方面进行用户信息传播行为分析。

教学目标

使学生了解社交媒体用户信息传播行为分析的维度与流程，理解社交媒体用户信息传播行为分析的关键技术与方法，学会运用相关理论与方法进行真实突发事件的分析。

学习建议

阅读文献，理解突发事件分析、用户行为分析相关理论与研究进展。进行扩展学习，了解并尽可能掌握文本挖掘相关技术。

第一节 突发事件动态演变进程分析

分析突发事件的动态演变进程，是指识别突发事件随着时间推移的舆情变化，从而获取突发事件的关键时间分片，明确事件的舆情热度变化等[①]，其包括3个子任务：获取突发事件的数据，确认事件分析的粒度以及度量事件的舆情热度。

突发事件的分析需要基于事件相关的大量数据，因此获取突发事件的相关数据即为首要任务。得益于互联网的发展，突发事件一旦发生，社交媒体用户将生成大量的、与事件相关的舆情信息。这些舆情信息是公众对突发事件的直接观点与态度，是事件分析的有效数据[②]。因此，我们可以在社交媒体等平台进行事件相关数据的获取，如利用爬虫程序进行数据的批量获取等。在获取初步的语料之后，要进行数据的清洗工作[③④]。所谓数据清洗，是指检测数据中存在的错误与不一致，将原始数据中存在的大量噪音数据剔除，如剔除乱码、广告、不相关的文本等，改正低质量数据，从而提高数据的质量[⑤]。接下来，要依据研究目标进行语料的预处理工作，包括数据抽样、数据标准化等[⑥⑦]。

分析突发事件的演变进程需要确定事件进程分析的时间粒度。不同事件的历时存在差异，因此要根据研究需要确定适合的时间粒度。历时较长的事件，可以"年"为单位进行分析；历时较短的事件，则可以"日"，甚至"时""分"为单位进行分析。

度量突发事件的舆情热度是分析突发事件发展进程的一项重要工作。突发事件对社会的影响，首先表现为舆情的发酵与传播，而影响的程度则和舆情的热度相关。具体而言，与事件相关的语料的数量，如社交媒体中的用户生成内容数量，传播数量，如评论量、转发量、点赞量、阅读量等，以及传播用户数量等都是热度度量的重要指标。

第二节 突发事件中用户信息传播的情感分析

突发事件中用户信息传播的情感分析是指判断参与事件讨论的用户在信息传播中持有的情感倾向，从而明确用户的立场，以支持舆情的针对性引导，进而辅助突发事件的

---

① 高田，杜军平，王肃．基于领域知识本体的突发事件演化［C］// 中国智能自动化会议．2011：847–852.

② XIE Y，QIAO R，SHAO G，et al. Research on Chinese social media users' communication behaviors during public emergency events［J］. Telematics & informatics，2017，34（3）：740–754.

③ 郭志懋，周傲英．数据质量和数据清洗研究综述［J］．软件学报，2002，13（11）：2076–2082.

④ 吴婷婷，张蓓蓓，王曰芬，等．数据清洗研究综述［J］．现代图书情报技术，2007，2（12），50–56.

⑤ RAHM E，HONG H D. Data Cleaning：Problems and Current Approaches［J］. ieee data eng bull，2000，23（4）：3–13.

⑥ 刘明吉，王秀峰，黄亚楼．数据挖掘中的数据预处理［J］．计算机科学，2000，27（4）：54–57.

⑦ 刘莉，徐玉生，马志新．数据挖掘中数据预处理技术综述［J］．甘肃科学学报，2003，15（1）：117–119.

处理[①]。通常来说，情感分析是通过分析用户传播的关于事件的信息（如用户的表述）来判断用户的情感极性，通常包括正面、负面以及中性 3 种极性，如表 3-1 所示[②]。

表 3-1　用户信息传播的情感极性

用户信息传播内容	情感极性
希望车上人员平安［心］	正面
万州一公交车从桥上开入长江，提醒大家，日常出行注意安全	中性
我的天啊，刚刚万州二桥一辆公交车直接冲破栏杆掉进了长江，太可怕了，太突然了，现在吓得我打字都发抖……	负面

情感分析包括篇章级[③]、句子级[④]、属性级[⑤]等多个级别的分析。篇章级情感分析的目的是判断整篇表述的情感倾向。句子级情感分析则是判断用户表述中每个句子的情感倾向。属性级情感分析致力于更细粒度的表述分析，识别表述中提及的属性及其情感。属性级情感分析可进一步分为属性提取与属性情感分类两大子任务。属性提取就是提取表述中提及的属性[⑥⑦]。属性情感分类确定每个属性在句中的情感倾向是正面的、负面的还是中性的。情感分析示例如表 3-2 所示。

表 3-2　用户信息传播不同粒度的情感极性

用户表述	情感分析粒度与结果
这本书整体来说还是不错的，故事情节很有趣，就是价格有点高。	篇章级：正面
	句子级：正面；正面；负面
	属性级：情节为正面；价格为负面

① 赵晓航 . 基于情感分析与主题分析的“后微博”时代突发事件政府信息公开研究——以新浪微博“天津爆炸”话题为例［J］. 图书情报工作，2016，60（20）：104–111.

② BEAUDOUIN V. Note de lecture：bing liu. Sentiment analysis and opinion mining［M］. California：Morgan & Claypool Publishers，2012：10–12.

③ PANG B，LEE L，VAITHYANATHAN S. Thumbs up? sentiment classification using machine learning techniques：10.3115/1118693.1118704［P］. 2002，79–86.

④ WIEBE J，BRUCE R，O'HARA T. Development and use of a gold standard data set for subjectivity classifications［J］. Pediatric clinics of north America，2002，13（3）：835–867.

⑤ YU L，LIU H. KDD–2004–proceedings of the tenth ACM SIGKDD international conference on knowledge discovery and data mining［C］. 2004，168–177.

⑥ BING L. Sentiment analysis and opinion mining［M］. California：Morgan & Claypool Publishers，2012：58–88.

⑦ BAGHERI A，SARAEE M，JONG F. An unsupervised aspect detection model for sentiment analysis of reviews［C］. Berlin Heidelberg:Springer Berlin Heidelberg，2013：140–151.

研究方法主要分为两类：监督学习方法[①②]与非监督学习方法[③④]。此外，集成方法、半监督学习方法也常用于判断用户表达的情感倾向[⑤⑥]。非监督学习方法不需人工标注，但准确率相对低。在进行实际应用时，研究者需要基于情感分析的目标进行方法的选择。图 3-1 为基于监督学习方法进行用户信息传播的情感分析流程图。在获取与事件相关的语料并进行语料的清洗之后，我们需要选择部分语料进行情感标注。然后，对标注后的语料及剩余未标注的语料进行文本表示，从而形成训练数据与待分类数据，其中，训练数据用于情感分析模型的训练。最后，我们基于训练后的模型来判断待分类数据的情感类别。

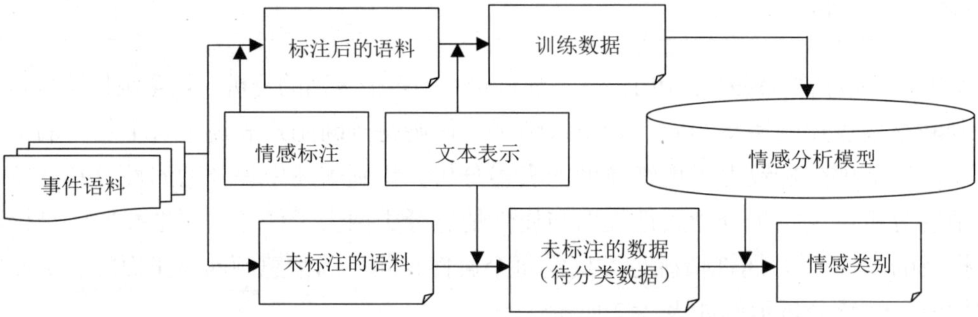

图 3-1　基于监督学习的用户信息传播情感分析流程

第三节　突发事件中用户信息传播的主题分析

用户在传播与突发事件相关的信息时，往往会形成关于事件的多个子主题[⑦]。如公众在传播突发公共卫生事件（如新冠疫情事件）的信息时，会形成疫苗、感染者、医护人员、感染症状等多个子主题。因此，为了深入分析突发事件，有必要对用户的传播内容进行分析以提取传播中涉及的主题，从而识别公众对于各个主题的关注差异等。

---

① BALAHUR A，TURCHI M. Comparative experiments using supervised learning and machine translation for multilingual sentiment analysis［J］. Computer speech & language，2014，28（1）：56–75.

② JOSEF，STEINBERGER，IVAN，et al. Supervised sentiment analysis in Czech social media［J］. Information processing & management，2014，（50）：693–707.

③ PANDARACHALIL R，SENDHILKUMAR S，MAHALAKSHMI G S. Twitter sentiment analysis for large-scale data：an unsupervised approach［J］. Cognitive computation，2015，7（2）：254–262.

④ ALVAREZ LOPEZ T，JUNCAL-MARTINEZ J，et al. Unsupervised method for sentiment analysis in online texts［J］. Expert systems with application，2016，58：57–75.

⑤ ZHANG，Z，MIAO D，WEI Z，et al. Document-level sentiment classification based on behavior-knowledge space method［J］. Expert systems with applications，2012，40（2）：621–633.

⑥ HAJMOHAMMADI M S，IBRAHIM R，SELAMAT A. Graph-based semi-supervised learning for cross-lingual sentiment classification［C］//7th Asian Conference on inteligent information and database systems，2015：97–106.

⑦ ZHOU Q Q，ZHANG C Z. Emotion evolutions of sub-topics about popular events on microblogs［J］. The electronic library，2017，35（4）. 770–782.

当前，突发事件的主题分析研究通常基于各类主题模型[1]。其中，潜在语义索引（Latent Semantic Indexing，LSI）[2]、概率潜在语义索引（Probabilistic Latent Semantic Indexing,PLSI）[3]、潜在狄利克雷分布（Latent Dirichlet Allocation,LDA）[4]、分层狄利克雷过程（Hierarchical Dirichlet Processing，HDP）[5]等均是常用的主题模型。在经典的主题模型基础上，研究人员进行了大量的优化工作，目前已经形成众多性能优良的主题模型[6,7,8]。而不论何种主题模型，都有相同的基本假设，即每个文档包含多个主题，每个主题包含多个单词。基于这两个基本假设，不同的主题模型通过不同方法识别每个文档属于不同主题的概率，并通过不同权重的单词来描述主题。

由于一篇文档通常涉及多个主题，因此突发事件中用户的信息传播（如用户表述）必然也涉及与事件相关的多个主题。因此，在突发事件的信息传播行为分析中，一项重要的任务就是判断每一条传播信息的主题类别。判断用户信息传播的主题类别可以大致分为两种方式。其一为“硬”分类，即根据传播内容的主题概率确定最终的唯一主题类别。其二为“软”分类，即根据传播内容的主题概率确定文档的 N 个（N=2，3，4…）主题类别，如表 3-3 所示。

表 3-3　用户信息传播主题类别判断

<table>
<tr><th>用户表述文档</th><th colspan="2">用户表述主题类别结果</th></tr>
<tr><td rowspan="3">文档一（主题 A：70%。主题 B：20%。主题 C：10%）</td><td colspan="2">“硬”分类：主题 A</td></tr>
<tr><td rowspan="2">“软”分类</td><td>主题 A、主题 B（N=2）</td></tr>
<tr><td>主题 A、主题 B、主题 C（N=3）</td></tr>
<tr><td rowspan="4">文档二（主题 A：15%。主题 B：70%。主题 C：10%。主题 D：5%）</td><td colspan="2">“硬”分类：主题 B</td></tr>
<tr><td rowspan="3">“软”分类</td><td>主题 B、主题 A（N=2）</td></tr>
<tr><td>主题 B、主题 A、主题 C（N=3）</td></tr>
<tr><td>主题 B、主题 A、主题 C、主题 D（N=4）</td></tr>
</table>

① BLEI D. Probabilistic topic models［J］. IEEE signal processing magazine，2011，27（16）：55–65.

② DEERWESTER S，DUMAIS S T，FURNAS G W，et al. Indexing by latent semantic analysis［J］. Journal of the American society for information science，1990，41（6）：391–407.

③ HOFMANN T. Probabilistic latent semantic indexing［C］//Proceedings of the international ACM SIGIR conference on research and development in information retrieval，1999，50–57.

④ BLEI D，ANDREW Y，et al. Latent dirichlet allocation.［J］. Journal of machine learning research，2003，3：993–1022.

⑤ WANG C，PAISLEY J W，BLEI D. Online variational inference for the hierarchical dirichlet process［C］// International conference on artificial intelligence and statistics. JMLR Workshop and Conference Proceedings，2011（15）：752–760.

⑥ SALAKHUTDINOV R，HINTON G E. Replicated softmax：an undirected topic model［C］// International conference on neural information processing systems. Curran Associates Inc.，2009：1–8.

⑦ LAN D，BUNTINE W，JIN H. A segmented topic model based on the two–parameter poisson–dirichlet process［J］. Machine learning，2010，81（1）：5–19.

⑧ QUAN X J，RAO Y H，LIU W Y，et al. Affective topic model for social emotion detection［J］. Neural networks：the official journal of the international neural network society，2014，58：29–37.

在明确了每篇用户表述文档的主题类别之后，我们可以通过统计属于不同主题的文档数量，判断公众对于各个主题的关注程度，进而优化治理资源的分配，提升突发事件的舆情治理效率。

第四节 突发事件中用户特征分析

现有研究已经表明，用户的特征（如性别、年龄、地区等）对用户的信息传播存在显著影响，且这种影响存在于多个方面。如在健康方面，Altinok 等调查了Ⅱ型糖尿病患者的生活质量与抑郁症状，发现女性患者的生活质量更差，抑郁症状更重①。Mantonanaki 等人的研究表明，幼儿园儿童的口腔健康存在社会人口和地区差异②。Zhang 等调查了高中生自杀意念和健康风险行为的性别差异，发现女孩比男孩更容易产生自杀倾向③。姚静等研究了认知功能与年龄、性别及受教育程度的关系，研究结果表明，性别、年龄及受教育年限是影响认知功能的重要因素，比如男性的部分语言功能、视觉空间能力优于女性，受教育程度会影响语言的抽象概括能力等④。在饮食方面，Zhou & Zhang 发现性别和地区对饮食偏好有显著影响⑤。Shin & Mattila 分析并发现了性别对食物选择的显著影响⑥。Zhang 等指出，地理上的邻近性与区域菜肴偏好的差异比气候上的邻近性更相关⑦。在其他方面，Barone & Assirelli 等研究证明了劳动力市场中的性别不平等⑧。Cesare 等基于社交媒体的数据验证了美国体育活动流行率中的性别和地区差异⑨。

众多场景中用户特征的影响表明，突发事件中参与信息传播的用户及其特征的差异同样会影响他们关于事件的观点、态度等，因此在进行突发事件分析时需要考虑用户的特征因素，比如，用户的性别、年龄、地区、受教育程度、职业、影响力等。从性别特

① ALTINOK A，MARAKOĞLU K，KARGIN N. Evaluation of quality of life and depression levels in individuals with type 2 diabetes［J］. Journal of family medicine & primary care，2016，5（2）：302–308.

② MANTONANAKI M，KOLETSI–KOUNARI H，Hatzichristos T，et al. Socio–demographic factors affecting the prevalence of caries among preschool children in greece［J］. Cornmwnity devrt health，2017，34（2）：112–117.

③ ZHANG Y Y，LEI Y T，SONG Y，et al. Gender differences in suicidal ideation and health–risk behaviors among high school students in Beijing，China［J］. Journal of global health，2019，9（1）：010604.

④ 姚静，孙学礼，王洪明 . 正常成人认知功能与年龄、性别、受教育程度的关系［J］. 中国临床心理学杂志，2004，12（004），414–416.

⑤ ZHOU Q，ZHANG C. Detecting users' dietary preferences and their evolutions via Chinese social media［J］. Journal of database management，2018，29（3）：89–110.

⑥ SHIN J，MATTILA A S. When organic food choices shape subsequent food choices：The interplay of gender and health consciousness［J］. International journal of hospitality management，2019，76：94–101.

⑦ ZHANG C，YUE Z，ZHOU Q，et al. Using social media to explore regional cuisine preferences in China［J］. Online information review，2019，43（7）：1098–1114.

⑧ BARONE C，ASSIRELLI G. Gender segregation in higher education：an empirical test of seven explanations［J］. Higher ducation，2020，79（1），55–78.

⑨ CESARE N，NGUYEN Q C，GRANT C，et al. Social media captures demographic and regional physical activity［J］. BMJ open sport & exercise medicine，2019，5（1）：e000567.

征来看，不同性别是否会持有不同的情感倾向？男性与女性在事件中的主、客观程度是否有差异？不同年龄段的用户是否会关注事件的不同方面？青年、中年以及老年用户是否基于不同的视角参与事件传播？就地区特征而言，来自不同地区的用户是否有明显的信息传播意愿差异？境内与境外的用户是否有不同的传播偏好？经济发达地区用户是否比经济欠发达地区用户更愿意在突发事件中发声？事件发生当地用户与其他地区用户是否有明显差异？从受教育程度来看，受教育程度会否影响用户在突发事件中的信息传播？高知人群与一般公众之间存在信息传播偏好差异吗？从职业特征来看，职业特征会影响用户的传播行为吗？事件中涉及的职业是否会引起相关职业人群的高度关注？由于社交媒体的高速发展，海量用户活跃在社交媒体平台，并基于不同的粉丝数等形成了不同程度的影响力。那么不同影响力的用户在突发事件中的信息传播行为是否有差异？他们的行为对于事件的发展有什么影响？

因此，想要获取深度的突发事件分析结果，必须将用户多维度的特征纳入考量，分析用户特征差异可能导致的信息传播行为差异，从而提出更具有针对性的突发事件处理方案。

第五节　突发事件案例分析

本节将通过 3 个突发事件案例分析，识别突发事件中用户信息传播行为[①②③]。

一、“重庆公交坠江”事件用户信息传播行为分析

随着社交媒体的飞速发展，用户可以快速了解全球范围内的突发事件。与此同时，各类用户（包括媒体、公众等）往往力求抢先发布第一手信息，以吸引更多的关注。因此，为了尽快发布信息，用户可能发布未经确认的信息。这导致舆情反转事件的频繁发生。这些导致舆论反转，甚至引发次生舆情的事件，造成社会资源的极大浪费[④]。2018 年的重庆公交坠江事件就是一起典型的舆情反转事件。

（一）事件概述

2018 年 10 月 28 日，重庆市万州区一辆满载乘客的公共汽车与一辆轿车相撞，然后

① ZHOU Q，JING M. Multidimensional mining of public opinion in emergency events［J］. The electronic library，2020，38（3）：545–560.

② ZHOU，Q. Detecting the public’s information behaviour preferences in multiple emergency events［J］. Journal of information science，2023，49（4）：871–886.

③ ZHOU Q，ZHANG C. Breaking community boundary：comparing academic and social communication preferences regarding global pandemics［J］. Journal of information，2021，15（3）：101162.

④ 刘勇，王雅琪 . 公共危机中 " 次生舆情 " 的生成与演化——基于对 "8・12 天津港爆炸事故 " 的考察［J］. 国际新闻界，2017，39（9）：116–133.

冲破护栏掉进长江，导致 13 人死亡。事件发展的关键时间节点如图 3-2 所示。

10 月 28 日，事件一发生，相关信息便被大量传播，舆情快速发酵。其中，事故的起因引起了广泛的讨论。据媒体报道，这起事件是由一名女司机逆向驾驶汽车引起的。大量“小轿车逆行致公交车坠江”的言论被传播，“女司机”“逆行”“马路杀手”等标签，导致轿车司机被大规模谩骂与侮辱。10 月 31 日，打捞工作完成（包括公交车及其黑匣子），公安机关对事故细节进行了调查。11 月 2 日，公安机关公布了事故的真正原因。车内黑匣子监控视频显示，公交车司机和乘客的激烈争执导致公交车偏离行驶方向，最终坠江。随后，舆论发生了逆转。

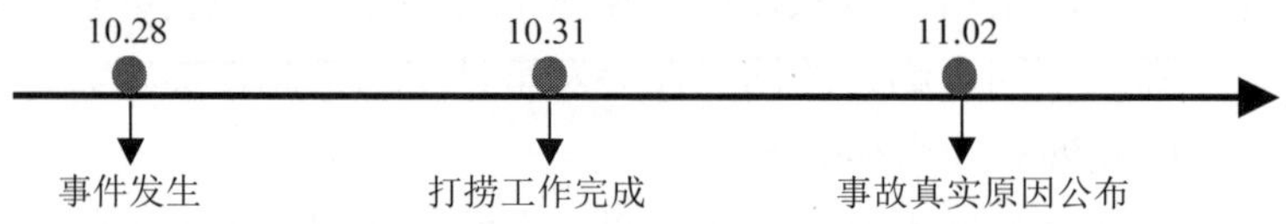

图 3-2　重庆公交坠江事件关键时间节点

（二）问题提出

在对该事件的分析中，研究人员提出了两个问题：

问题一：用户生成内容能否反映突发事件的发展进程？

问题二：用户的特征是否会影响他们在突发事件中的信息传播行为？

（三）数据获取

研究人员收集了与该事件相关的原始微博语料作为实验数据，通过爬虫程序获得了 2018 年 10 月 28 日至 11 月 8 日与事件相关的微博，共计 22,668 条。语料包含用户名、性别、地区、粉丝数、认证类型、微博内容和发布时间等信息。数据样本如表 3-4 所示。

表 3-4　事件相关微博语料样例

用户名	性别	地区	粉丝数	认证类型	微博内容	发布时间
大美涪陵	男	重庆	90	普通用户	万州一公交车从桥上开入长江，提醒大家，日常出行注意安全。	2018/10/28
杜长军	男	北京	9,180,691	名人用户	衰的表情包	2018/10/28

（四）研究结果展示

1. 突发事件发展进程

图 3-3 显示了事件随着舆情的动态变化过程。其中横轴代表事件的发展时间，纵轴代表与事件相关的微博的数量（舆论热度）。从图 3-3 可以看出，该事件持续了大约 12

天。而事发当天，舆论热度即达到了顶峰。由于相关信息的匮乏和用户的好奇，公众渴望获得关于此次事件的更多细节。因此，他们高度关注这一突发事件，并积极参与事件相关信息的传播。随后，事件的热度逐渐下降。事件发生后的第6天（11月2日），警方宣布了事件的真正起因，公众随即对此前关于“女司机”的谣言表示愤慨，并对之前被误传的“肇事者（女司机）”表示同情，事件的热度再次上升。

通常，突发事件只有一个舆情热度高峰，而这一事件有两个高峰，这是因为事件的起因发生了逆转。在此事件中，部分媒体促进了事件谣言的传播，对公众舆论的发酵产生了不良影响，包括公众舆论失控、针对传闻中的“肇事者”的网络暴力的出现以及媒体信誉的下降。因此，媒体应该正确行使其权利以维护其声誉。同时，普通用户应该学会辨别虚假信息，避免盲从。最重要的是，政府需要加强对谣言的打击。鉴于舆情反转事件的高发生率，政府有必要加大对用户（包括公众和媒体）发布未经核实信息（特别是虚假信息）的处罚力度。

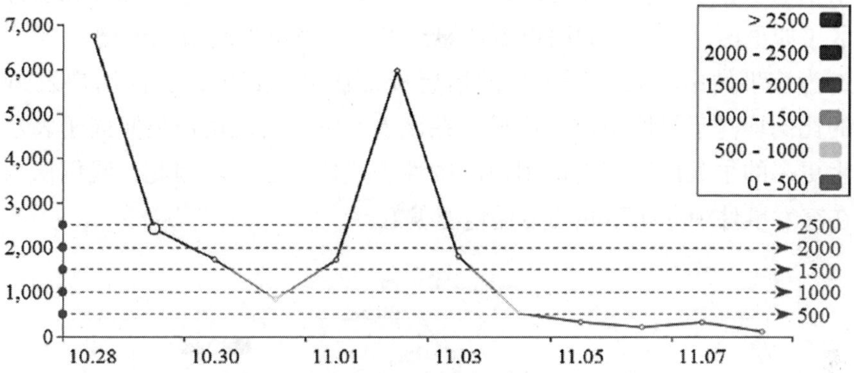

图 3-3　突发事件中的热度演化过程

图3-4为突发事件中公众情感随时间的动态变化。其中，横轴表示事件发展时间，纵轴表示不同情感极性的比例。可见，中性情感的比例明显高于其他两种情感。积极情感的比例在10%上下波动，平均为8.17%。10月28日、11月1日和11月7日的积极情感比例明显高于10%。可能的原因如下：①10月28日是事件的第一天，这是进行救援的最佳时机，大多数用户表示乐观；②11月1日，涉事公交车被打捞上来，公众发布了大量微博为受害者祈福或向救援人员致敬；③11月7日，公众就公交车司机座椅是否应该覆盖防护罩进行了激烈讨论，许多公众表示了积极的态度。事件中用户消极情感在11月1日有明显上升。总的来说，事件的反转往往会导致用户情感的明显变化，尤其是负面情感的爆发。这表明存在舆情反转的突发事件可能会比一般突发事件造成更严重的社会影响。

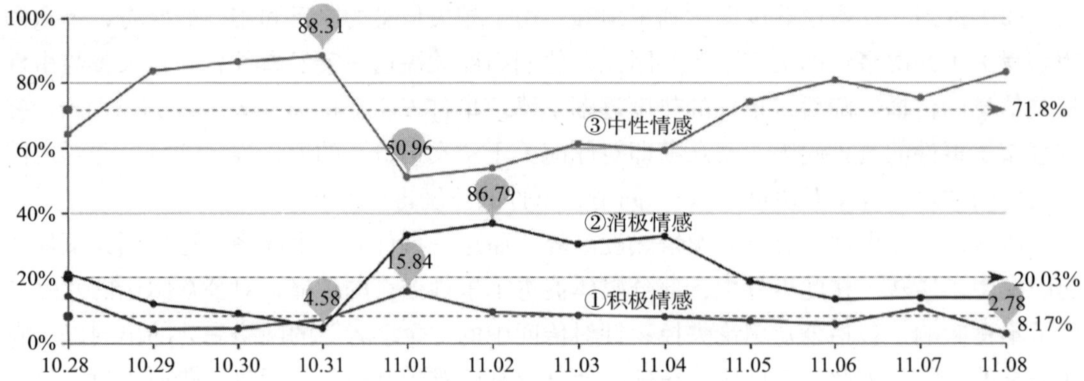

图 3–4　突发事件中的情感演化过程

2. 突发事件中公众特征对舆情的影响

统计结果显示，经济相对发达地区（如北京、广东、浙江、江苏）和事件发生当地及附近地区（如重庆、四川）的用户更加愿意参与突发事件的信息传播。

图 3-5 为该事件中不同性别用户的情感极性比例。其中，女性用户发布的正面和负面信息的比例均高于男性用户。可见，在该事件中，女性用户更倾向于表达自己的态度，并产生更多的主观评论。男性用户的中性表述比例更高。因此，我们认为，不同性别的用户在突发事件中存在不同的传播情感偏好。

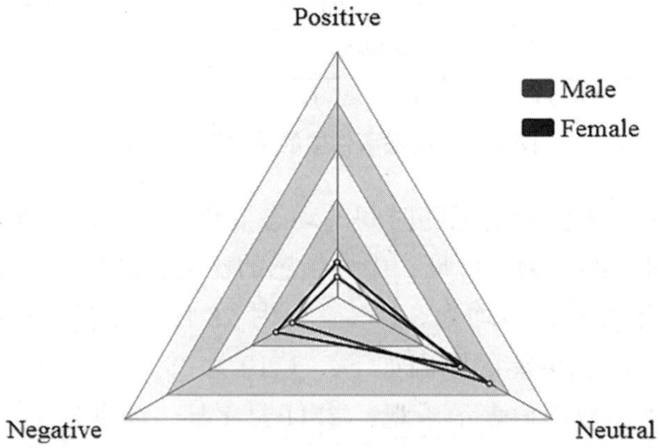

图 3–5　突发事件不同性别用户的情感倾向

参与该事件相关信息传播的用户，其粉丝数从 0 到 1.8 亿不等。我们根据粉丝数量将用户影响力分为 7 个级别。图 3-6 展示了 7 个影响力级别的用户发布的微博数。可见，第 5 级影响力的用户在此事件中最活跃，其次是第 6 级用户，而第 1 级用户最不活跃。研究表明，随着影响力的增加，用户在突发事件中的信息传播意愿也会增加，但影响力达到较高级别后，用户在传播突发事件相关信息时往往会更加谨慎。

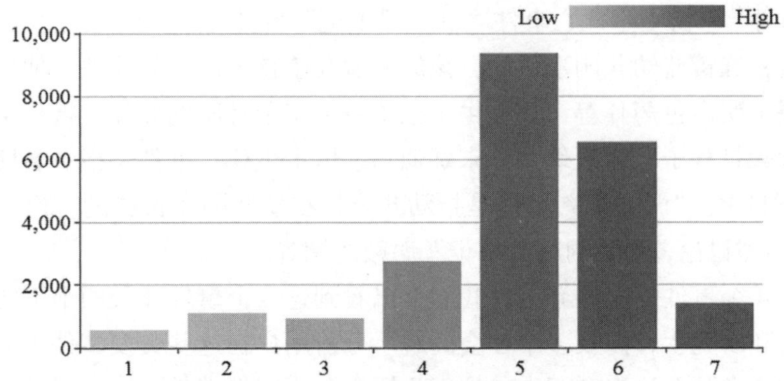

图 3-6　不同影响力级别用户的发文数

（1：0 ≤粉丝数 $<10^2$。2：10^2 ≤粉丝数 $<10^3$。3：10^3 ≤粉丝数 $<10^4$。4：10^4 ≤粉丝数 $<10^5$。5：10^5 ≤粉丝数 $<10^6$。6：10^6 ≤粉丝数 $<10^7$。7：10^7 ≤粉丝数）

基于上述研究，我们发现用户在社交媒体上传播的关于突发事件的信息（如用户生成内容）可以用于反映突发事件的发展进程。在突发事件中，舆论的高峰通常意味着大量持负面情感的信息的传播。同时，用户特征对他们在突发事件中的信息传播有明显的影响。经济发达地区的用户更愿意在突发事件中传播信息。换言之，经济发展水平可以促进公众对社会发展的民主参与。在该事件中，男性用户比女性用户更冷静。高影响力用户具有一定的社会责任感，并倾向于在突发事件中发出相对客观的声音。综上所述，基于社交媒体上的用户生成内容的自动挖掘可以识别公众在突发事件信息传播中的行为偏好，从而能够提供更加丰富的应急处理决策支持。多维度的分析结果有助于相关部门及时有效地应对突发事件，同时也可以帮助公众快速了解事件的进展，避免信息不对称带来的不良后果。

二、教育类突发事件中用户的信息传播行为分析

教育作为一项重大的民生工程，对国家的发展和社会的进步起着重要的作用。近年来，教育界突发事件频发，一些事件涉及侵犯学生权益，大量网民会讨论事件并传播观点，形成大规模的舆论。不及时和正确引导这些舆论，可能会导致恶性后果的发生。因此，分析公众在教育相关突发事件中的信息行为偏好是很有必要的。

（一）事件概述

研究人员选择了教育领域 4 起相近时间发生的突发事件，包括红黄蓝幼儿园事件[①]、

① 百度百科 . 红黄蓝幼儿园虐童事件［EB/OL］.（2021-12-10）［2021-12-24］.https：//baike.baidu.com/item/%E7%BA%A2%E9%BB%84%E8%93%9D%E5%B9%BC%E5%84%BF%E5%9B%AD%E8%99%90%E7%AB%A5%E4%BA%8B%E4%BB%B6/22220134?fr=aladdin.

携程亲子园事件[①]、博士生死亡事件[②]和“严书记”事件。

具体地说，红黄蓝幼儿园事件中，该幼儿园几个孩子的家长反映，他们的孩子遭遇老师扎针、喂不明白色药片等，并提供了孩子身上多个针眼的照片。携程亲子园事件是指亲子园老师殴打孩子，强喂幼儿芥末疑似物。博士生死亡事件是指一名博士生在导师的长期压迫下自杀。“严书记”事件是指幼儿家长在幼儿园家长群的言论引发了网民对“严书记”的热烈讨论，导致对“严书记”腐败的调查。

基于以上4个事件的简要介绍，我们可以看到这4个事件涉及两个不同阶段的学生群体——儿童和研究生，涉及多个社会问题。分析用户在这些突发事件中的信息传播行为，可以识别公众的关注点和观点，从而为深入分析突发事件，进而引导舆论、处理突发事件提供相应的决策参考。

（二）数据获取

研究者收集了关于这4个事件的微博语料作为实验数据，数据总量为4,130,732条微博，如表3-5所示。实验数据包含用户名、地区、微博内容、发布日期以及转发、评论、点赞和阅读数等。

表3-5　突发事件的微博语料采集总量表

突发事件	关键词	微博数
事件1：红黄蓝幼儿园事件	儿童，红黄蓝，颜色幼儿园	4,007,626
事件2：携程亲子园事件	儿童，携程，亲子园	17,214
事件3：博士生死亡事件	博士生自杀，** 大学，***（博士生姓名）	12,298
事件4：“严书记”事件	严书记	93,594
总计		4,130,732

（三）研究结果展示

1. 事件发展进程

图3-7显示了4个突发事件的舆情热度随时间的动态变化。从图3-7我们可以看出，4个事件的持续时长存在差异，但是事件的高热度通常持续约一周。一周后，公众的注意力将被吸引到新的事件上。这表明对突发事件需要及时和有效响应，错过关键时间节

① 百度百科．携程亲子园虐童事件［EB/OL］．（2021-12-12）［2021-12-24］.https：//baike.baidu.com/item/%E6%90%BA%E7%A8%8B%E4%BA%B2%E5%AD%90%E5%9B%AD%E8%99%90%E7%AB%A5%E4%BA%8B%E4%BB%B6/22198348?fr=aladdin.

② 郭路瑶．寒门博士之死［N/OL］．中国青年报，2018-01-17（3）［2018-12-10］. https：//baijiahao.baidu.com/s?id=1589805056937445885&wfr=spider&for=pc.

点可能会影响公众对政府的信任。此外，我们发现事件 2 的传播热度演化过程明显不同于其他 3 个事件。只在事件结束时（调查结果发布时），用户才对事件 2 进行了大量讨论。这是因为事件 1 和事件 2 都与儿童有关。公众已经在事件 1 中充分表达了自己的观点，这大大影响了他们对事件 2 的传播意愿。如果类似负面突发事件频繁发生，且没有对其进行及时有效引导，公众的社会责任感将受到很大影响，这可能会对社会的发展和稳定造成不良影响。

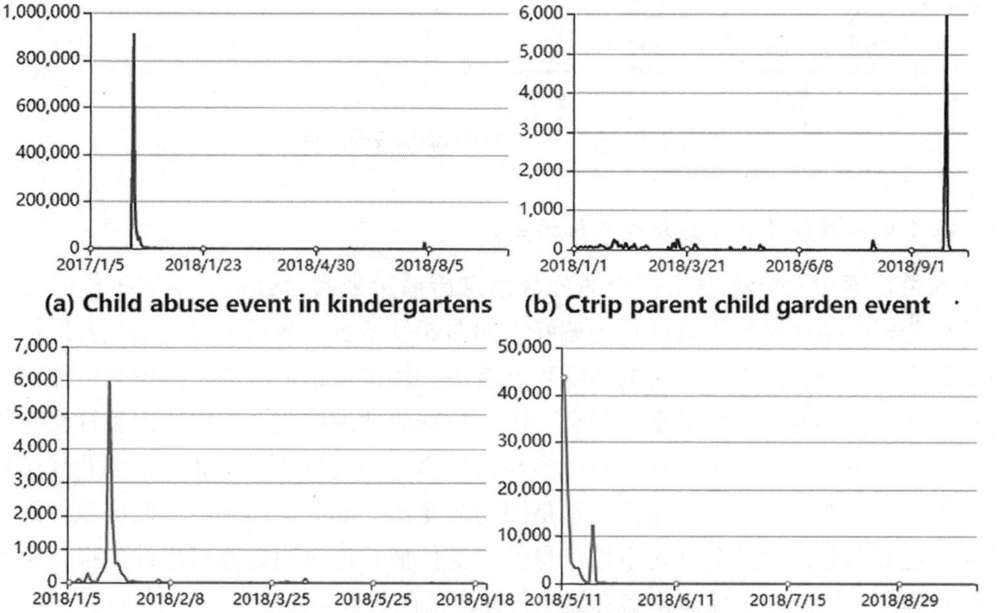

(a) Child abuse event in kindergartens　(b) Ctrip parent child garden event

(c) Death event of phd student　(d) Privilege event of senior officials' children

图 3–7　4 个突发事件的信息传播热度

研究人员统计了参与 4 个突发事件信息传播的用户数量及关于事件的微博数量以度量事件的传播广度，结果如图 3–8 所示。可见，事件 1 传播最广，事件 3 的传播广度排在最后。这或许是因为对公众来说，儿童事件比博士生死亡更易引起公众的共情。在大多数情况下，儿童很难保护自己或有效地寻求帮助，因此一旦儿童出现问题，家长和公众很难查明真相。由于迫切需要探索真相，公众于是传播大量与突发事件相关的信息，以推动事件调查工作的开展。相比较而言，作为成年人，博士生具有一定的自我保护和表达能力，相关部门对此类事件的调查相对快速有效，因此公众对事件的发展保持相对平静。此外，目前，儿童人数明显多于博士生人数。换句话说，儿童事件涉及更多人的切身利益。因此，更多的用户参与了事件 1 的讨论。

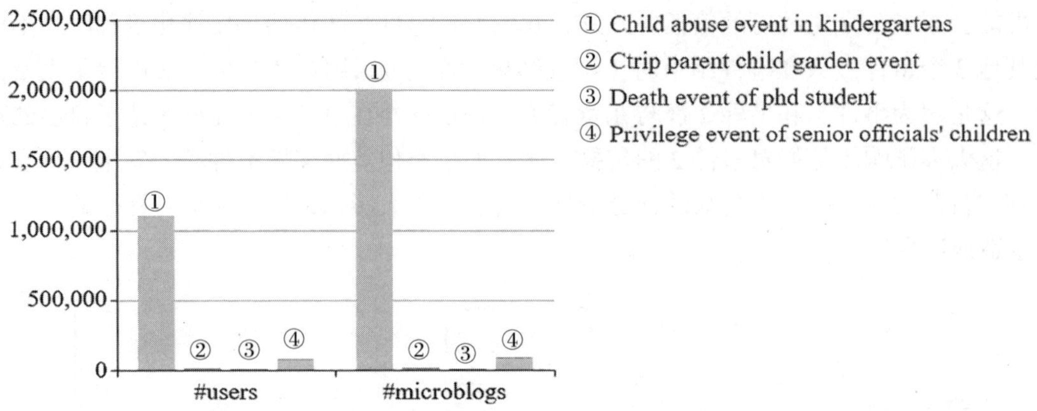

图 3-8　4 个突发事件的信息传播广度

2. 基于地区特征差异的公众信息传播差异

研究人员通过分析突发事件中的公众信息传播量来衡量公众对不同事件的关注差异，从而分析受地区特征影响的行为偏好，如图 3-9 所示。我们可以看出，各地区的经济发展程度与公众在突发事件中的活跃程度有关。经济发达地区的用户更有可能在突发事件中表达自己的意见，传播事件信息。由于特殊的地理位置、历史原因和社交媒体使用差异，我国港澳台地区用户往往较少参与突发事件的信息传播。此外，黑龙江用户对事件 2 的关注度明显高于其他地区，这是因为黑龙江的部分媒体参与了此次事件的讨论和传播，进而引起黑龙江公众对事件信息的广泛传播。这表明媒体对事件的报道会明显影响公众舆论，这就要求媒体正确有效地行使自己的权利。

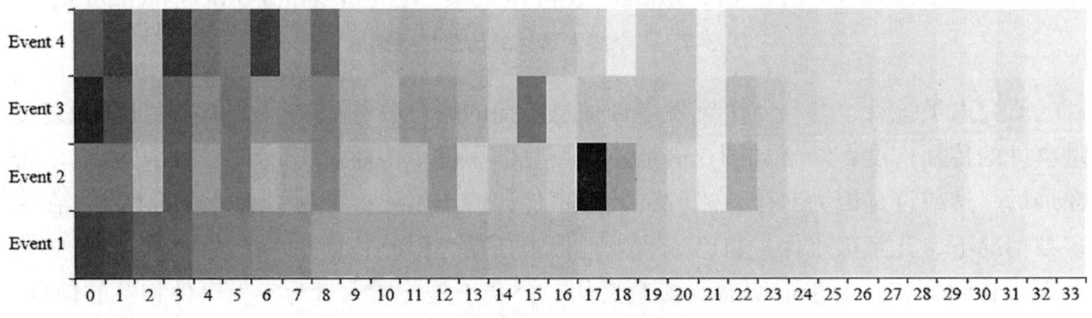

图 3-9　不同地区用户对 4 个事件的关注分布

（注：横坐标上的数字依次代表北京、广东、安徽、江苏、浙江、山东、四川、河南、上海、辽宁、福建、湖北、河北、湖南、江西、陕西、广西、黑龙江、重庆、山西、天津、青海、内蒙古、吉林、云南、贵州、甘肃、海南、新疆、宁夏、台湾、香港、澳门和西藏）

图 3-10 为来自不同地区的用户在 4 个突发事件信息传播中的情感偏好。我们可以看到，除了事件 2 中的微小差异外，不同地区用户的情感倾向是大致相似的。这表明，一旦发生突发事件，来自不同地区的公众的情感是相似的，非事件发生地区的公众也会产生相似的同理心。因此，有必要及时应对突发事件，以避免大规模舆论传播造成恶性后果。

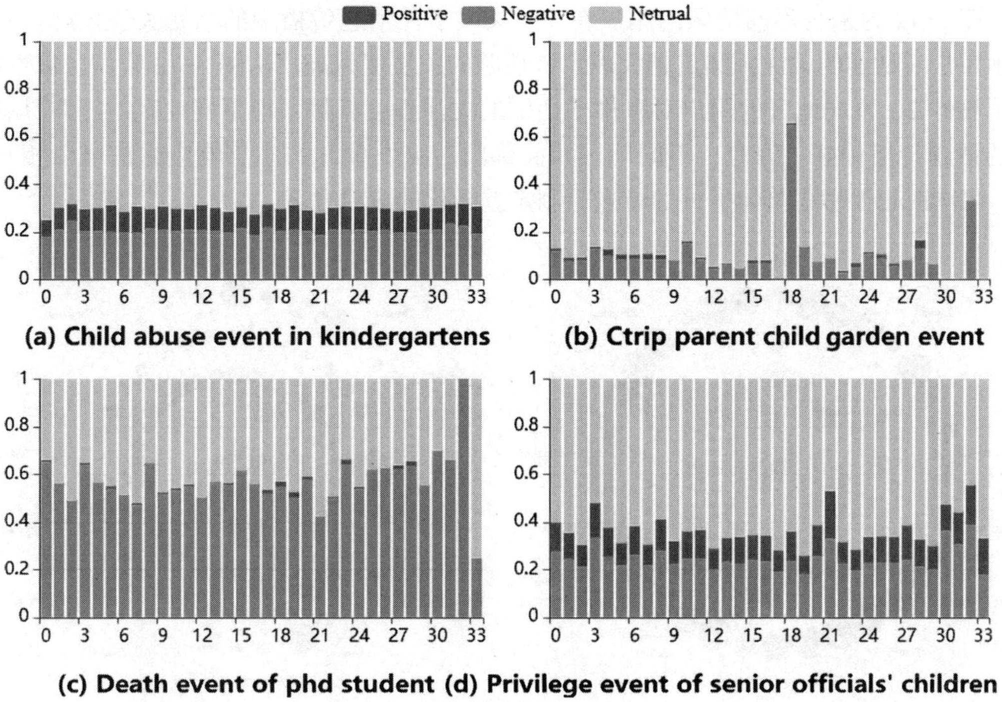

图 3-10　不同地区用户的情感分布

图 3-11 为来自不同地区的用户在 4 个突发事件信息传播中的措辞偏好。横坐标表示不同的区域，纵坐标表示规范措辞的比率。这里将措辞简单分为规范措辞与失范措辞两类。其中失范措辞主要是指人们在传播突发事件相关信息时使用的失范语言，包括对国家、法律、种族等的攻击，对个人的辱骂，以及脏话等。从图 3-11 我们可以看出，不同地区的用户对事件 1 和事件 4 有相似的措辞偏好，用户措辞的规范率是很高的。但在事件 2 和事件 3 的信息传播过程中，部分地区用户的失范措辞比例明显较高。这表明，公众的措辞偏好不仅受到地区特征的影响，还与事件本身的性质有关。

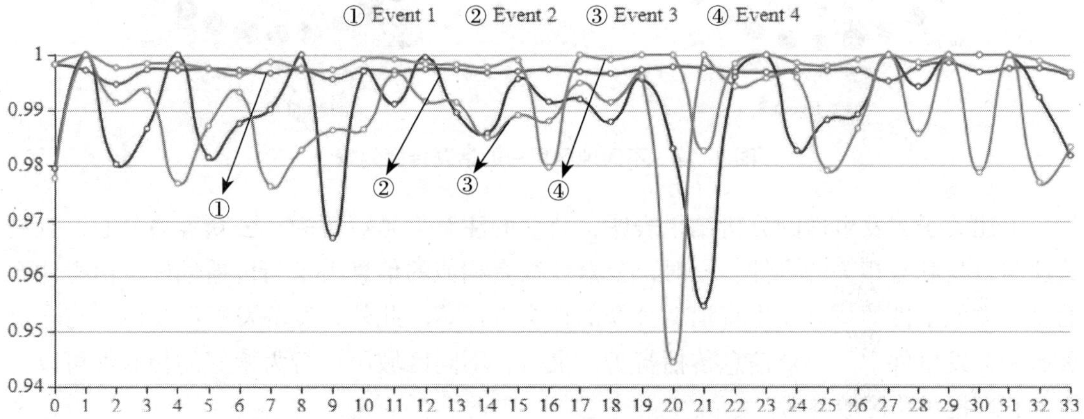

图 3-11　不同地区用户的措辞规范率

图 3-12 为来自不同地区的用户在 4 个突发事件信息传播中的话题关注偏好。圆点表示用户对话题的关注，圆点越大表示该话题的关注度越高。从图 3-12 我们可以看出，除了事件 2，不同地区的用户对事件子话题的关注程度相似，即不同地区的用户具有相似的话题传播偏好。因此，不同地区相关部门对突发事件的应急响应方法可以相互借鉴，但同时也要考虑具体事件的特点，制定差异化的应对方案。

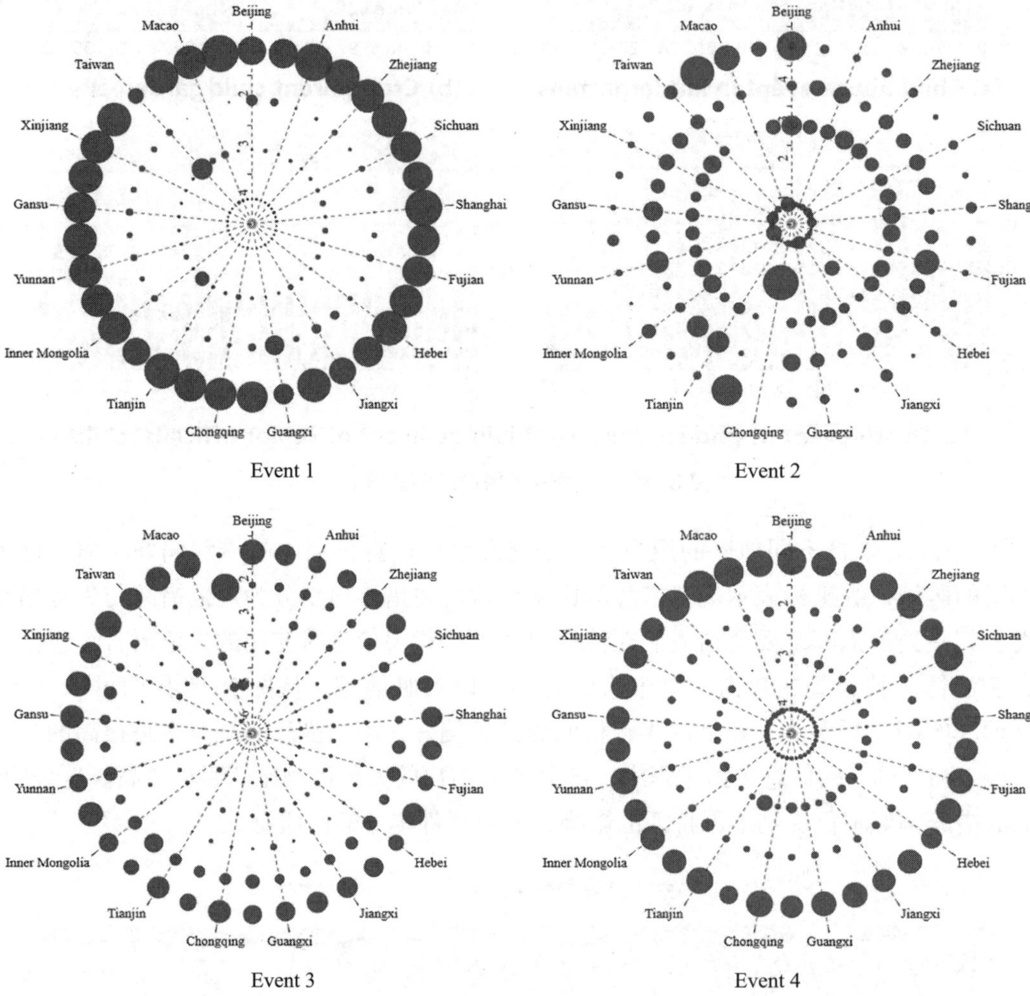

图 3-12 不同地区用户的话题传播偏好

上述关于突发事件的分析结果表明，公众的注意力是短暂的，公众容易分心，且更关注与自身利益相关的事件。同时，公众往往有相似的信息需求与传播偏好。值得注意的是，类似事件的频繁发生将消耗公众的社会责任感。此外，经济发展和媒体参与会显著影响突发事件中的公众信息传播行为。最后，不同区域用户行为偏好的相似性可以为应急管理提供跨区域参考。

三、新冠疫情相关信息传播行为分析

生态与气候的快速变化、人口增长以及复杂的人口流动意味着流行病将变得更加频繁，更难预防和控制[①]。非典型肺炎（Severe Acute Respiratory Syndrome，SARS）[②]，中东呼吸综合征（Middle East Respiratory Syndrome，MERS）[③]以及新型冠状病毒肺炎（Corona Virus Disease 2019，COVID-19）[④]等流行病的暴发对全球经济、政治和社会造成了不可估量的负面影响。

新冠疫情暴发后，许多领域的研究人员都对 COVID-19 作出了迅速反应。他们从多个研究角度进行了大规模的跨学科合作，形成了大量的研究成果，涉及全球健康[⑤]、疫苗开发[⑥]、性别[⑦]和年龄[⑧]对病毒感染的影响等多学科领域。高质量的研究成果在学术界广泛传播，使研究人员能够快速了解流行病的发展过程，掌握有关研究的前沿信息。然而，除了研究人员，公众也处于全球流行病的影响之下。人们迫切需要了解与病毒相关的信息来缓解恐慌。因此，学术界和公众之间的双向信息传播至关重要。那么，两者之间信息传播偏好的差异是否会阻碍他们的交流？学术界和公众对于流行病信息和相关研究成果的传播偏好是否存在差异？换句话说，在学术界广为传播的研究成果能否在社会上引起大规模的讨论？热门的学术研究话题能否引起公众的关注或被公众认可？

（一）问题提出

为了回答上述问题，研究人员提出了关于传播新冠肺炎研究成果的两个问题：

问题一：学术界和社会公众对科学研究成果的态度是否一致？例如，学术界广泛认可的科学文献是否也能引起公众的兴趣？

问题二：学术界和社会公众对与 COVID-19 相关的话题的传播有偏好差异吗？例如，科学研究涉及的话题与社交媒体上流行的话题相似吗？

---

① BEDFORD J，FARRAR J，IHEKWEAZU C，et al. A new twenty-first century science for effective epidemic response.［J］. Nature，2019，575（7781），130-136.

② HE J F，PENG G W，MIN J，et al. Molecular evolution of the SARS coronavirus during the course of the SARS epidemic in China［J］. Science，2004，303（5664）：1666-1669.

③ ZUMLA A，HUI D S，PERLMAN S. Middle East respiratory syndrome［J］. The lancet，2015，386（9997）：995-1007.

④ KAI K，COHEN J. Race to find COVID-19 treatments accelerates［J］. Science，2020，367.（6485）：1412-1413.

⑤ MURDOCH D R，FRENCH N P. COVID-19：another infectious disease emerging at the animal-human interface［J］. The New Zealand medical journal，2020，133（1510）：12-15.

⑥ TETRO J A. Is COVID-19 receiving ADE from other coronaviruses?［J］. Microbes and infection，2020，22（2）：72-73.

⑦ WENHAM C，SMITH J，MORGAN R. COVID-19：the gendered impacts of the outbreak［J］. The lancet，2020，395（10227）：846-848.

⑧ HUANG C，WANG Y，LI X，et al. Clinical features of patients infected with 2019 novel coronavirus in Wuhan，China［J］. The lancet，2020，395（10223）：497-506.

（二）数据获取

本研究的数据包括两个部分，即与 COVID-19 相关的科学文献和提及 COVID-19 的推特数据。数据获取步骤如下：首先，本研究基于 CORD-19 开放研究数据集[①]获取与 COVID-19 相关的科学文献；其次，本研究利用 Dimensions[②] 和 Altmetric[③] 数据丰富 CORD-19 数据集的数据维度[④⑤]；最后，本研究基于从 Altmetric 数据中提取的推特 ID 收集推特数据（例如，推特内容、推特用户等）。

表 3-6 COVID-19 相关数据统计

数据源	数据量
CORD-19 数据	51,843 篇科学文献
Dimensions	50,338 篇（97.10%）科学文献
Altmetric	15,400 篇（29.71%）科学文献
推特	9,088（17.53%）篇科学文献，927,266 条提及了文献的推文
	58,937,258 条关于 COVID-19 的推文

表 3-6 展示了本研究获取的 COVID-19 相关数据，其共包含 51,843 篇与 COVID-19 有关的科学文献。这些科学文献多数被 Dimensions 收录，其中有大约 30% 的文献被 Altmetric 提到，约 17% 的文献在推特上被讨论，产生约 927,266 条推文。此外，研究人员还采集了 2020 年 1 月至 4 月共 58,937,258 条与 COVID-19 相关的推文[⑥]。

（三）研究结果展示

1. COVID-19 相关科学文献的影响力差异

为了识别学术界和社会公众对科学文献的认知一致性程度（回答研究问题一），研究人员对科学文献的学术影响力得分和社会影响力得分进行了相关性分析。其中学术影响力得分与社会影响力得分计算公式如下：

① CORD-19 开放研究数据集［EB/OL］.（2021-10-11）［2021-12-24］. https：//pages.semanticscholar.org/coronavirus-research.

② Dimensions［DB/CD］.［2023-10-31］. https：//docs.dimensions.ai/.

③ Altmetric details page API reference & getting started［DB/CD］.［2023-10-31］. https：//www.altmetric.com/.

④ HERZOG C，HOOK D，KONKIEL S. Dimensions：bringing down barriers between scientometricians and data［J］. Quantitative science studies，2020，1（1）：387-395.

⑤ COLAVIZZA G，COSTAS R，TRAAG VA，et al. A scientometric overview of CORD-19［J］. Plos one，2021，16（1）：e0244839.

⑥ CHEN E，LERMAN K，FERRARA E. Tracking social media discourse about the COVID-19 pandemic：development of a public coronavirus twitter data set［J］. JMIR public health and surveitlauce，2020，6（2）：1973.

$$aca_{imp_i}=\begin{cases}\dfrac{\#citation_i}{t-t_i}, & t\neq t_i\\ \#citation_i, & t=t_i\end{cases} \tag{1}$$

aca_{imp_i} 为文献 i 的学术影响力得分，$\#citation_i$ 为文献 i 的被引次数。t_i 为文献 i 的出版年份，t 表示当前年份。

科学文献的社会影响力包括社会情感影响力以及社会用户影响力，其计算公式为：

$$soc\_senti_{imp_i}=\frac{1}{m_i}\sum_{j=1}^{m_i}(|Senti_{ij}|\times log(retweet_{ij})) \tag{2}$$

$soc\_senti_{imp_i}$ 为科学文献 i 的社会情感影响力得分，m_i 为提及了文献 i 的推文数量，$Senti_{ij}$ 表示推文 j 的情感得分，$retweet_{ij}$ 为推文 j 被转发的次数。

$$soc\_user_{imp_i}=log\sum_{j=1}^{m_i}follower_{ij} \tag{3}$$

$soc\_user_{imp_i}$ 为文献 i 的社会用户影响力得分，m_i 为发表提及文献 i 推文的用户数，$follower_{ij}$ 表示用户 j 的粉丝数。

相关性分析结果如表 3-7 所示。从表 3-7 我们可以看出，科学文献的学术影响力得分与社会影响力得分显著正相关，但相关系数较低。这表明，除了少数科学研究成果之外，学术界和社会公众对科学文献的态度通常是不一致的。换句话说，学术界高度认可的科学文献不一定会在社交媒体上被广泛或积极传播。

表 3-7　学术影响力与社会影响力相关性分析

	社会情感影响力得分	社会用户影响力得分
学术影响力得分	0.176***	0.312***

（说明：*** 显著性水平 $p=0.001$）

这一现象揭示了学术界的研究热情与社会群体的知识需求之间的不匹配，表明了一种群体边界的存在。我们需要考虑这种不匹配是否与现有的学术评价标准有关。基于现有评价标准的高水平学术研究可能无法满足公众的知识需求。这一现象提醒我们要关注当前的学术评价领域。什么样的学术研究才是好的学术研究？什么样的评价体系才是合理的？目前，大多数评价方法是基于学术价值的，如同行评议和引用频次。然而，公众的认可和传播已逐渐成为学术研究的一个重要的评价维度。学术价值和社会价值的综合考虑或许会成为未来科学研究评价的新标准。在此过程中媒体（尤其是社交媒体）作为连接学术界和社会各界的桥梁，要在信息传播中发挥更好的作用。

2. COVID-19 **相关话题传播差异**

为了比较学术界和社会公众对不同研究话题的传播偏好，研究人员从 50,388 篇科学文献中提取了 7 个研究话题，如表 3-8 所示。7 个话题分别包括与 COVID-19 相关的年龄、抗体、性别、全球健康、基因、病毒以及儿童研究。根据这 7 个研究话题，我们可以大致确定 COVID-19 相关科学研究的方向和进展。

表 3-8 COVID-19 相关文献的研究话题

NO.	话题	关键词
1	与 COVID-19 相关的年龄差异研究	老年人；中年人；动物；成人；小孩；老鼠
2	COVID-19 病毒抗体的研究	抗体；冠状病毒感染；老鼠；动物；病毒；细胞系
3	与 COVID-19 相关的性别差异研究	女性；男性；人类；病毒；冠状病毒感染；老鼠
4	与 COVID-19 相关的全球卫生研究	全球卫生；疾病暴发；人类；动物；病毒；老鼠
5	COVID-19 病毒基因序列的研究	RNA；分子序列数据；碱基序列；冠状病毒感染；疾病暴发；细胞系
6	COVID-19 病毒研究	病毒；冠状病毒感染；肺炎；人类；动物；老鼠
7	与 COVID-19 有关的儿童研究	儿童；婴儿；人类；病毒；动物；老鼠

为了比较学术界和社会公众对科学研究话题的关注偏好，研究人员计算了 7 个研究话题的学术关注得分以及社会关注得分，包括一个学术关注指标以及是 3 个社会关注指标，计算公式如下：

$$aca_{con_i} = \#articles_i / \#articles \quad (4)$$

$$Social\ concern\ metric\ 1: soc\_articles_{con_i} = \#articles\_tweet_i / \#articles_i \quad (5)$$

$$Social\ concern\ metric\ 2: soc\_tweet_{con_i} = \#tweet_i / \#articles_i \quad (6)$$

$$Social\ concern\ metric\ 3: soc\_user_{con_i} = \#user_i / \#articles_i \quad (7)$$

学术关注度指标：aca_{con_i} 用于度量话题 i 的学术关注得分，$\#articles_i$ 为与话题 i 相关的科学文献数量，$\#articles$ 表示全部科学文献数量。

社会关注度指标 1：$soc\_articles_{con_i}$ 表示基于科学文献计算得到的话题 i 的社会关注得分，$\#articles\_tweet_i$ 表示在推特上被讨论的关于话题 i 的科学文献数量。

社会关注度指标 2：$soc\_tweet_{con_i}$ 表示基于推文计算得到的话题 i 的社会关注得分，$\#tweet_i$ 表示提及了话题 i 相关科学文献的推文数量。

社会关注度指标 3：$soc\_user_{con_i}$ 表示基于用户计算得到的话题 i 的社会关注得分，$\#user_i$ 表示提及了话题 i 相关科学文献的用户数量。

科学研究的学术关注得分与社会关注得分结果如图 3-13 所示。可见，学术界更关注细节和与技术相关的话题，而公众更可能被宏观、通用和总结性信息所吸引。这种情况可能与两个群体的整体受教育水平和社会身份有关。学术界用户一般都受过高等教育。此外，专业责任和社会责任要求生物学、社会科学和其他领域的学者应当而且必须对该流行病（COVID-19）的许多方面进行详细研究，以增加社会对该疾病的了解。同时，由于社会群体的受教育水平不同，有的群体难以理解详细的学术信息。更重要的是，他们可能对该流行病技术方面的信息不感兴趣而更关心结论性的信息（例如，关于 COVID-19 传播的当前情况）。

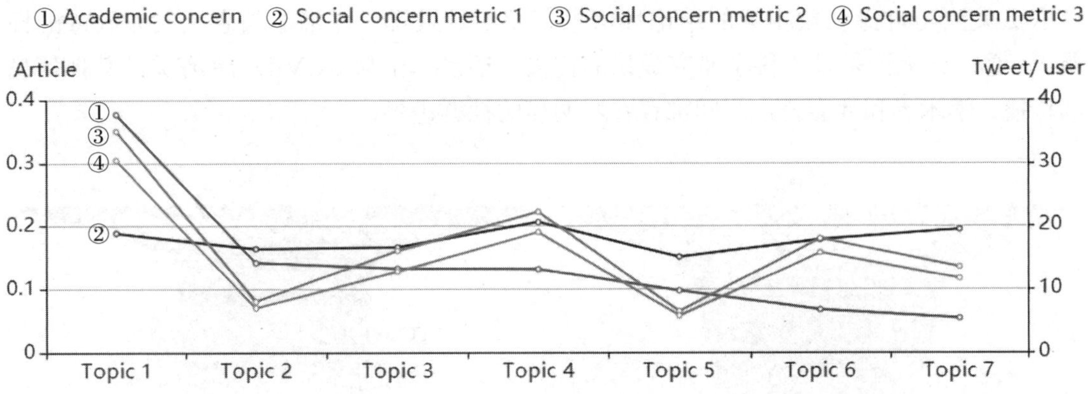

图 3-13　COVID-19 话题关注差异

研究人员对 COVID-19 相关的推特数据进行了分析，获得了社会公众关于 COVID-19 的 5 个传播话题，并将其与科学研究话题进行了对比，如表 3-9 所示。研究人员将学术研究话题与社会传播话题分别进行归类。学术研究话题可分为 3 类：与人口特征相关的话题、与全球健康相关的话题和与病毒性质相关的话题。社会传播话题也可以分为 3 类：人、信息和病毒的性质。表 3-9 中的数据表明，就话题类别而言，公众关注的话题与学术研究的话题之间存在明显差异。学术界传播的话题涉及对病毒传播的深入研究（例如，人口特征、基因测序、抗体等），而社会公众传播的话题则更为分散，涉及不同的人群和信息。此外，即使在类似的话题类别中，例如关于病毒性质的话题，两个群体的讨论视角也不同。学术界试图从病毒感染、基因分析、抗体研究和动物实验的角度研究冠状病毒，而社会公众则从诊断和治疗的角度讨论与 COVID-19 相关的结论性信息。

表 3-9　COVID-19 相关的研究话题与社会话题

<table>
<tr><th colspan="2">研究话题</th><th colspan="2">社会话题</th></tr>
<tr><td rowspan="3">类别 1：人口特征</td><td>话题 1：与 COVID-19 相关的年龄差异研究</td><td rowspan="3">类别 1：人</td><td>话题 1：感染了 COVID-19 的人</td></tr>
<tr><td>话题 3：与 COVID-19 相关的性别差异研究</td><td rowspan="2">话题 4：与 COVID-19 有关的工作人员</td></tr>
<tr><td>话题 7：与 COVID-19 有关的儿童研究</td></tr>
<tr><td rowspan="2">类别 2：全球健康</td><td rowspan="2">话题 4：与 COVID-19 有关的全球卫生研究</td><td rowspan="2">类别 2：信息</td><td>话题 2：COVID-19 相关信息</td></tr>
<tr><td>话题 3：COVID-19 对日常生活的影响</td></tr>
<tr><td rowspan="3">类别 3：病毒性质</td><td>话题 2：COVID-19 病毒抗体的研究</td><td rowspan="3">类别 3：病毒性质</td><td rowspan="3">话题 5：COVID-19 病毒</td></tr>
<tr><td>话题 5：COVID-19 病毒基因序列的研究</td></tr>
<tr><td>话题 6：COVID-19 病毒研究</td></tr>
</table>

此外，该研究还统计了与 COVID-19 相关的研究话题和社会话题的关注度分布，结果如图 3-14 所示。病毒感染、日常生活、关于 COVID-19 病毒的话题关注度都低于其他话题。这些话题越深入，离社会用户的个人兴趣就越远。然而，在学术界，深入的话题则被更广泛传播。可见，学术界和社会公众的话题传播偏好差异是显而易见的。社会

公众更关注与自身利益相关的结论性信息，而不是微观、详细的信息（例如病毒的性质）。总之，无论是基于科学研究成果的传播，还是基于与 COVID-19 有关的其他信息的传播，学术界和社会公众之间都存在着明显的社群边界。

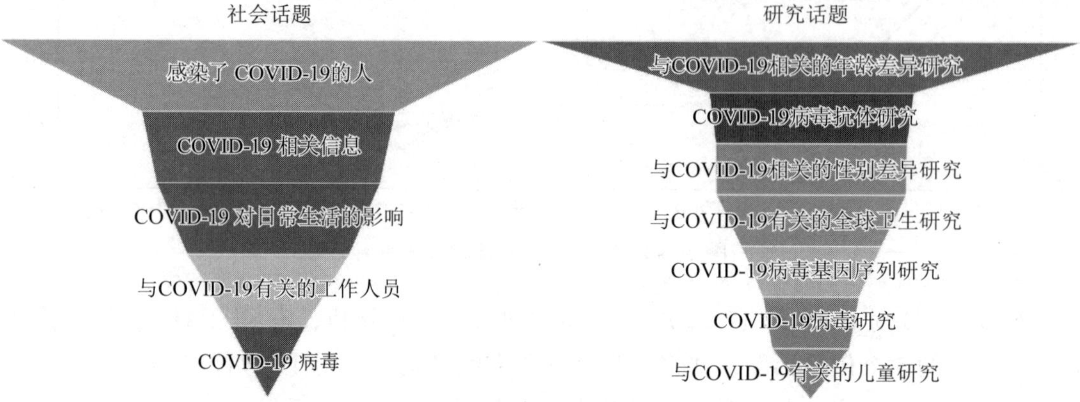

图 3-14　学术界和社会公众对 COVID-19 相关话题关注分布

基于上述研究，我们可以发现学术界和社会公众对 COVID-19 相关研究成果的认知是不一致的，学术界高度认可的研究成果并不一定会在社会群体中广泛传播。同时，学术界和社会公众在 COVID-19 话题传播上也存在明显的偏好差异。学术界更加关注与 COVID-19 有关的具体和详细的研究（如抗体和性别效应），而公众则更加关注宏观形势（如全球健康）。学术界的研究话题与社会公众传播话题之间的差异也验证了社区传播偏好的存在。总之，要使研究成果具有更高的社会价值，研究人员就应该考虑公众的信息需求。同时，公众可以根据学术评估结果获取和过滤与 COVID-19 相关的知识，从而以更高效的方式获得可靠的信息。

思考题

1. 情感分析方法除监督学习和非监督学习之外，还有半监督学习方法和集成学习方法等，这些方法各有何优劣？

2. 突发事件发生舆情反转是否会导致次生舆情的发生？近年来有哪些类似事件？产生舆情反转的原因有哪些？

3. 用户在突发事件的信息传播中有不同的行为和偏好，影响用户行为和偏好的因素有哪些？

第四章　应急信息管理政策分析

本章概述

本章将系统介绍应急信息管理政策分析方法、研究现状、常用工具、基本流程，并通过实例进行具体说明。高效的应急信息管理有助于政府快速掌握危机发展状况，合理配置应急物资和其他应急资源，作出科学可靠的决策以促进危机快速、有序化解。突发事件应急信息管理是一项涉及多领域、多学科、多主体的工作，做好应急信息管理工作是科学预防和有效应对突发事件的关键。

教学目标

使学生掌握应急信息管理政策及其分析方法、工具，具体可以分为3个子目标：①掌握应急信息管理相关概念和基础知识；②掌握应急信息管理政策定量分析的数据源、一般方法和工具；③通过实践案例掌握应急信息管理政策分析方法通用流程，以及实际案例中相关政策结果的解读重点和要点。

学习建议

建议按照先理论再实践的顺序进行学习，先对应急信息管理政策相关研究进行了解，然后熟悉政策量化分析方法与工具，如基于Python等工具的自然语言处理、数据挖掘和可视化方法，最后参考本章案例选择合适的角度及数据进行应急信息管理政策量化分析实践，从而更好地掌握相关方法流程。

应急信息管理政策分析是目前新闻与传播学、信息科学等学科领域有待深入研究的方向，在大数据时代背景下，基于计算机技术以及各类政策数据进行应急信息管理政策计算、计量分析，对政策传播分析、网络舆情分析等都具有一定的指导意义。应急信息管理是危机管理和网络舆情分析的重要内容，在突发重大公共事件发生时，有效的应急信息管理有助于政府把握应对危机的主动权，建立信任，减少谣言，正确引导公众舆论和公众行为。

第一节　突发事件应急信息管理概述

一、突发事件应急信息管理

《中华人民共和国突发事件应对法》中对突发事件的定义是：突发事件是指突然发生，造成或者可能造成严重社会危害，需要采取应急处置措施予以应对的自然灾害、事故灾难、公共卫生事件和社会安全事件[①]。应急信息管理的概念与应急管理（Emergency Management）密不可分。美国联邦紧急事态管理局定义的“应急管理”是相关部门进行分析、规划、决策和对可用资源加以分配，以消除灾难影响，其目标是拯救生命、防止伤亡、保护财产和环境。作出正确的应急决策和进行有效的应急处置要有充分的信息支持。应急信息管理[②]就是有关方面运用信息管理知识和手段，在应急管理过程中，全面、系统、准确、连续地收集、分析和利用与突发事件处置有关的重要信息，为应急管理决策机构提供信息服务。随着全球范围突发事件的频繁发生，应急信息管理成为社会和学界所关注的热点议题。

应急管理研究始于20世纪六七十年代，新西兰建立现代民防体制标志着应急管理研究的萌芽。20世纪90年代美国高校开始设立紧急事态管理专业，对具有危险性、突发、紧急，危及人民的生命、财产或者环境，必须由政府采取应对行动的事件或状态进行研究。

国内围绕突发事件的应急信息管理研究大致始于20世纪80年代，2000年以来呈现快速增长趋势，研究内容涵盖突发事件应急信息管理的基础理论、信息机制、信息沟通、信息发布、信息报告、信息共享、信息预警和信息系统等方面，成果颇丰。比如，姚乐野等（2016）采用文献计量法与内容分析法相结合的方式，按研究内容、主题和重点领域对国外突发事件的应急信息管理研究文献进行归纳总结，研究指出，我国应进一步加强跨学科、多领域深入研究，加强案例和实证研究，拓展应急信息管理研究内容。杨兰（2017）在信息化背景下，从事前、事中、事后3个方面分析了高校突发事件

① 王璐．公共突发事件中的应急信息管理研究［J］．商，2013（9）：131-132.
② 穆春娟，衡阳，白燕．基于生命周期的高校突发事件应急信息管理研究［J］．出国与就业（就业版），2011（6）：94-95.

应急信息管理的关键成功因素，并提出了信息化背景下改进高校突发事件应急信息管理工作的对策。此外，一些研究者也探索了新闻传播、图书情报等领域的突发事件应急信息管理问题，比如，沙靓等（2018）研究了新媒体对灾害等突发事件的应急管理提出的新要求，分析了新媒体在应急信息管理不同阶段的应对方法，指出新媒体的应用在未来风险管理中将会愈加广泛。储节旺等（2016）以文献研究和理论研究为主，采用定性研究方法，提出“网络突发事件应急信息管理情报需求”概念，强调在事前、事中、善后处理 3 个阶段强化情报支撑作用，其从知识因素、大数据情报分析、情报沟通等方面提出解决当前网络突发事件应急管理问题的基本举措。王静茹等（2016）针对突发事件的一系列客观属性，构建了多模态危机情报融合体系与面向决策需求的危机情报融合应用机制，提供了多学科融合解决突发事件危机管理问题的新思路。郭春侠等（2019）探讨了大数据时代突发事件应急信息管理中情报分析人才培养问题，通过文献调研和网络调查，分析了国内当前应急信息管理情报分析人才培养中存在的问题与不足，并提出了相应建议，以提升应急信息管理效率和水平。

概括来说，目前突发事件应急信息管理已有的研究更多集中在基础理论（概念、特征、类型和作用）、影响因素、重点措施和特定学科视角下的应急信息管理新问题、新特征等方面。还有一些研究基于文献计量对国内外突发事件应急信息管理进行文献梳理、总结，对国内外相关研究进展进行分析。但总体来看，现有研究中对我国突发事件应急信息管理政策的量化、变迁研究相对比较缺乏。

二、应急信息管理政策文本的计量分析

政府是突发事件应急信息管理的重要主体之一，具有宏观调控、引导发展以及平台建设等主要职能[①]。近年来，我国突发事件应急信息管理工作快速发展，得益于国家相关政策的推动。对我国突发事件应急信息管理工作相关的政策文本进行系统性梳理与量化分析，能够揭示我国突发事件应急信息管理政策变迁特征，对于健全我国突发事件应急信息管理机制，及时有效处置各类突发性事件具有一定的参考、借鉴意义。政策文件是政府社会管理工作的基本依据，近年来随着学科交叉、信息技术的发展，许多新的研究方法出现，例如，基于科学计量、数理统计、数据挖掘和可视化等技术的政策计量、政策文本计算研究方法。

目前，基于科学计量、数据挖掘等技术方法的政策研究产生了不少优秀研究成果，比如，李燕萍等（2009）对科研经费管理政策开展研究，数据源为国内改革开放以来政府部门出台的 42 项科研经费管理政策，他们采用内容分析法对政策文本进行分析，指出我国科技战略的调整与科研经费的增长具有较高的一致性，政策的制定呈现出从政出多门向各相关部门协同转变的趋势。黄萃等（2011）对风能政策开展研究，采用内容分

① 肖开红，雷兵，钟镇 . 中国涉农电子商务政策的演进——基于 2001–2018 年国家层面政策文本的计量分析［J］. 电子政务，2019（11）：91–103.

析法对我国颁布的相关政策进行计量分析，按照样本选择、制定分析框架、定义分析单元、统计分析等步骤逐次展开，分析政策在政策工具选择、组织利用等方面存在的问题，并提出相应的改进措施。Huang C 等（2014）运用文献计量分析方法，利用中国公共政策数据库（GDIS）获得了 4,707 个中国科技政策文件，探讨了 1949 至 2010 年中国科技政策的演变，以及政府核心机构在科技政策制定中的作用。张剑等（2016）对政策扩散理论的相关研究进行回顾总结，提出针对政策扩散的有效研究方法，并以国内科技成果转化政策为例，研究政策的扩散特点。杨凯瑞等（2019）为梳理我国“双创”政策发展脉络，以近 15 年来国务院颁布的创新创业支持政策文本为研究对象，从 4 个维度进行频数统计和定量分析，并针对政策的特点和不足提出了相应建议。张小倩、杨峰等（2019）采用文献计量学方法，利用共词、社会网络分析和引文分析等方法对我国农村信息化政策进行了研究，研究发现我国农村信息化政策的数量自 2006 年以来显著增加，尤其是在信息和通信基础设施、信息管理和服务、信息和农业技术 3 方面。

政策文本计量可以在一定程度上降低定性政策解读所存在的不确定性和主观性，当政策文本数量较大时，研究者通过政策文本计量和人工判读可以高效、准确和相对客观地分析政策的变迁，了解政策的主题演变，分析地方对中央政策的响应程度，了解中央政策在地方的扩散状况。因此，对政策文本进行量化分析有助于了解政策的主题变化以及扩散程度。

第二节　应急信息管理政策分析方法

一、常见数据来源

（一）北大法宝

目前国内比较常用和常见的政策文件和法律检索数据库是北大法宝，即《中国法律检索系统》（http：//www.pkulaw.cn/）。北大法宝 1985 年诞生于北京大学法律系（现更名为法学院），是一套法律查询软件。（图 4-1 为北大法宝首页）

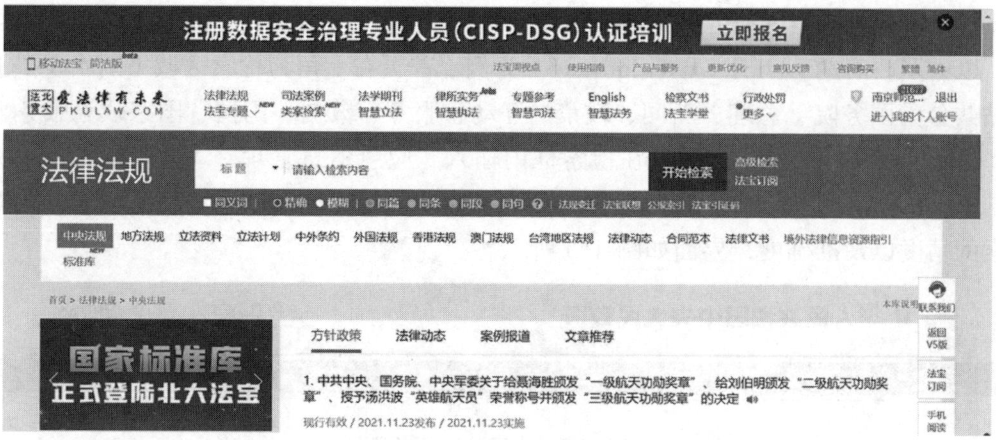

图 4-1　北大法宝首页

北大法宝在全国率先进行法律信息的数据挖掘和知识发现，独创了法规条文和相关案例等信息之间的“法宝联想”功能。它不仅能直接印证案例中引用的法律法规和司法解释，还可链接到相关的法律法规、司法解释、条文释义、法学期刊、案例和裁判文书。它不仅让用户方便地查到法条，更能进一步帮助用户理解、研究、利用法条，创造了全新的信息呈现体系。北大法宝包括“法律法规”“司法案例”“法学期刊”“律所实务”“专题参考”“English”“检察文书”和“行政处罚”8 大检索系统，全面涵盖法律信息的各种类型，在内容和功能上全面领先，获得了一定的市场占有率，受到国内外客户好评，已成为法律信息服务领导品牌、法律工作者的必备工具（图 4-2）。

图 4-2　北大法宝高级检索界面

（二）政府官方网站

政府官方网站是政策文件最权威的来源，目前由于信息技术的不断发展，政务信息化程度的加深，各级政府的官方网站不断更新与完善，在方便公众办事的同时也为研究人员提供了更加丰富的研究数据。

以中国政府网（http：//www.gov.cn/）为例，首页右上角为检索区域（图 4-3 中①），网站共分为国务院、总理、新闻、政策、互动、服务、数据、国情、国家政务服务平台 9 个栏目（图 4-3 中②）。用户在检索框内输入“应急信息管理”，可得到图 4-4 所示的结果，网页右侧按照类型和时间进行分类。此外，用户还可以采用高级检索方式提高检索的精度以及准确度，界面如图 4-5 所示。

图 4-3　中国政府网首页

图 4-4　中国政府网检索结果界面

图 4-5　中国政府网高级检索界面

中国政府网首页有政策专栏，包括政府信息公开和国务院公报两个内容，专栏底部是国务院政策文件库检索框。用户打开国务院政策文件库进入检索界面，输入检索词即可获取国务院相关政策文件，见图 4–6、4–7。

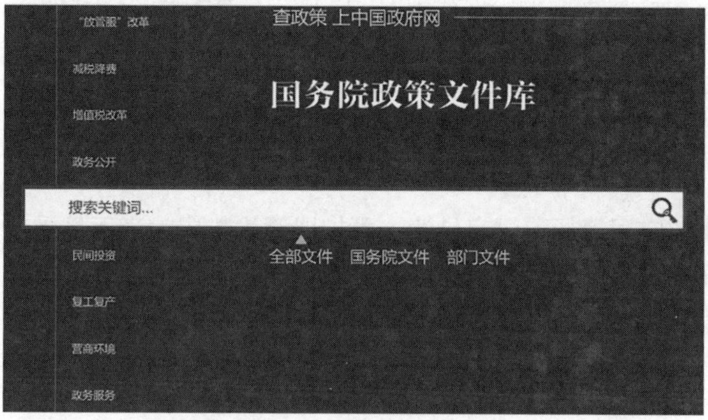

图 4–6 中国政府网政策专栏

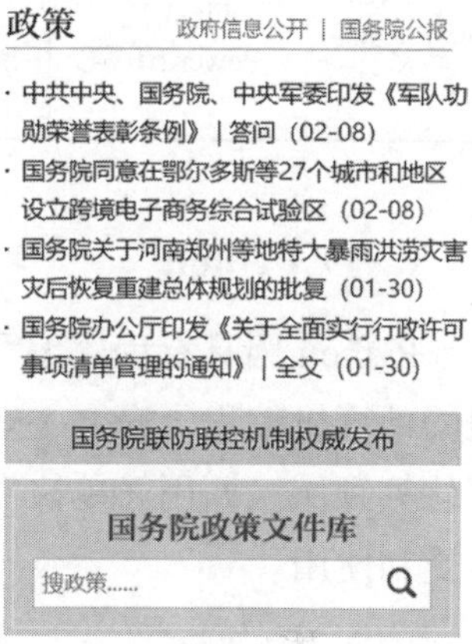

图 4–7 中国政府网政策检索界面

二、常用工具

目前应急信息管理政策研究分析工具有很多并各有优劣，如表4–1所示。概括来说，这些工具根据语言类别可以分为 JavaScript、Python、R 和 Business Intelligence，根据功能来分主要有数理统计、文本挖掘和可视化。不同的工具在功能上具有一定的重合。Python 包含各种功能，但是可视化功能弱于 JavaScript。

根据具体的研究场景，常用的研究工具主要包括 Python、R、KNIME、Origin、D3、Gephi，下面对这些研究工具进行具体介绍。

表 4–1　常见政策研究分析工具

语言类别	工具名称	支持图谱类型	优点	缺点
JavaScript	D3、Echart、Highchart、AntV（G2）、AntV（G6）等	所有图谱类型	灵活性、拓展性很高；适合前端开发设计、工程师；具有动态、交互效果；能够处理海量数据	技术门槛高，需要 JavaScript、Html、CSS 网站建设等计算机基础；不提供统一数据处理功能，需要提供底层数据
Python	Igraph、NetworkX、Matplotlib、Seabom 等	折线图、柱状图、饼状图、散点图、K 线图、雷达图、和弦图、网络图、韦恩图、树状图、桑基图等	灵活性、拓展性高；适合技术性数据分析师、数据科学家；可以和 Python 处理的数据无缝衔接	技术门槛高，需要 Python 语言基础；需要代码控制；图谱色彩、布局等不够灵活
R	Plotly、ggplot2、Igraph、rCharts 等	折线图、柱状图、饼状图、散点图、K 线图、雷达图、和弦图、网络图、韦恩图、树状图、桑基图等	灵活性、拓展性高；适合技术性数据分析师、数据科学家；可以和 R 处理的数据无缝衔接	技术门槛高，需要 R 语言基础；需要代码控制；图谱色彩、布局等不够灵活

续表

语言类别	工具名称	支持图谱类型	优点	缺点
Business Intelligence	Tableau、FineBI、Power BI 等	折线图、柱状图、饼状图、散点图、K 线图、雷达图、和弦图、网络图、韦恩图、树状图、桑基图等	灵活性、拓展性低；适合商业智能分析；简单易用；官方技术支持度较高；经常更新功能	可拓展性较低，只能使用工具提供的可视化图谱类型；可处理数据量相对较少

（一）Python

Python 因具有程序编写快速、应用简便、语言易读、可扩展等优势成为当下最受欢迎的计算机编程语言之一。Python 自带许多工具包，涉及机器学习、自然语言处理、可视化等领域，调用简单快捷高效，逐渐成为科研工作的有效工具，逐渐被社会各界广泛接受和使用。

（二）R

R 是一个集自由软件和可编程语言为一体的系统，用户使用编程语言既可以进行数据处理、统计分析，也可以进行图形绘制、可视化呈现。其编程语言具有通俗易懂的优势，因此其更容易上手和被用户熟练掌握。

（三）KNIME

KNIME 是一款比较常用的数据挖掘软件，其具有开源特性，功能强大，能够兼容文本、图像、数据库等多种格式。由于其具有开源特性，其能够与其他开源软件集成，比如 Python 和 R，数据处理更加高效快捷。用户利用 KNIME 可以进行政策文本的数据预处理、文本挖掘等。

（四）Origin

Origin（函数绘图软件）是一款功能强大的制图和数据分析软件，主要用来进行数据统计、数理分析、函数拟合等。此外，Origin 能够兼容多种数据格式，支持 Excel、数据库等多种数据格式导入，同时支持多种图像格式导出，如 JPG、JPEG、GIF 等。

（五）D3

D3（Data-Driven Documents）是数据驱动的文档，也可以指基于数据驱动进行高效操作的文档。其集成实现了 HTML、SVG 和 CSS 等 web 标准，是一个具有强大数据可视化功能的函数库，支持多种数据格式，包括 txt、xls、csv 等。其具有良好的数据兼容性，算法灵活，支持大数据集、动态行为交互和动画功能，可以完成各类动态交互式图表的绘制。

（六）Gephi

Gephi 是一款开源复杂网络分析软件，主要用来实现复杂网络的动态可视化、交互可视化等功能，一般可以用来绘制政策文本语义网络，并计算网络中心性、节点度数和社区探测等。

三、政策分析的基本流程

（一）收集数据

根据研究目的，研究者可以综合利用 Python 网络爬虫和人工采集等方法进行政策数据收集，比如登录北大法宝等相对专业系统的法律法规数据库收集政策数据，登录各大政府网站收集特定政策文本数据。相比较来说，北大法宝等法律法规数据库使用便捷，数据结构便于分析以及收集效率高，但是使用北大法宝可能会遗漏特定的政策数据。通过各大政府网站收集特定政策文本数据效率相对较低。这些网站一般设有反爬虫机制，人工收集往往耗费大量的时间和人力。

（二）使用研究方法与工具

目前政策研究方法主要以使用计算机技术进行政策数据的挖掘分析为主，具体可以细分为数理统计、文本挖掘和可视化 3 个方面。政策研究分析流程一般都会包含这 3 个方面。首先，研究者对政策文本进行分词、过滤停住词等预处理，然后进行词频统计、词共现分析和主题识别等文本挖掘（常用方法模型主要有 TF-IDF、SVM、CRF 和 LDA 等机器学习模型），进而利用时间序列模型、线性回归模型等数理统计方法统计政策内容，最后结合可视化方法绘制相关图谱（柱状图、折线图、网络图、主题河流图等）以辅助结果分析。

（三）进行结果分析

研究者可以根据政策数据处理结果，进行特定领域政策分析，比如，根据政策文本词频统计结果分析政策重点，根据政策文本词共现结果分析政策论述中的语义关系从而揭示政策内容关联情况。研究者可以通过时序分析揭示一定时间段内政策主题的演化发展特征及规律，根据数理统计结果分析政策传播速度、效果等。

（四）总结特征、规律或提出对策建议

在结果分析的基础上，研究者可以结合研究目的，总结特定领域的政策发展特征、规律，还可以针对结果分析中反映出的问题、不足，结合实际工作情况，提出若干对策建议，以完善相关政策。

第三节　应急信息管理政策案例分析

总结我国突发事件应急信息管理工作经验，对于健全我国突发事件应急信息管理机制、及时有效处置各类突发性事件具有重要意义。接下来，我们对突发事件应急信息管理相关概念、国内外相关研究成果进行概括、归纳，并且利用文本聚类、科学计量、内容分析和可视化等方法对我国突发事件应急信息管理相关的政策文本进行系统性挖掘和量化分析，在分析过程中以时间序列为逻辑线索，对我国 2003 至 2020 年与突发事件应急信息管理有关的政策进行研究，分析其主要内容，揭示其主要特征。具体内容如下：

一、数据来源和研究方法

（一）数据来源

2003 年“非典”之后，针对突发事件应急信息管理相关问题，我国出台了一系列法律法规、管理办法、实施细则以及规章制度，这些文件中既有关于突发事件应急信息管理的纲要性文件，也有关于应急信息管理具体办法措施和意见的文件。本研究的政策文本数据有以下来源：中国政府网，省、直辖市、自治区政府网站，卫健委网站。本研究以“应急 and 信息管理”“突发 and 信息管理”“应急 and 公共卫生”“突发 and 公共卫生”为检索词进行题名与全文检索，时间截止到 2020 年 10 月。经人工删选去重，本研究共获得国务院和省、直辖市及自治区政府发布的 413 个与突发事件应急信息管理相关的政策文件。

（二）研究方法和流程

本研究采用政策文本计量、数据挖掘和可视化等方法对我国突发事件应急信息管理政策文本进行系统性挖掘和量化分析，并结合人工判读，进一步揭示我国突发事件应急信息管理工作内容及其变化特征，基本思路如图 4-8 所示。

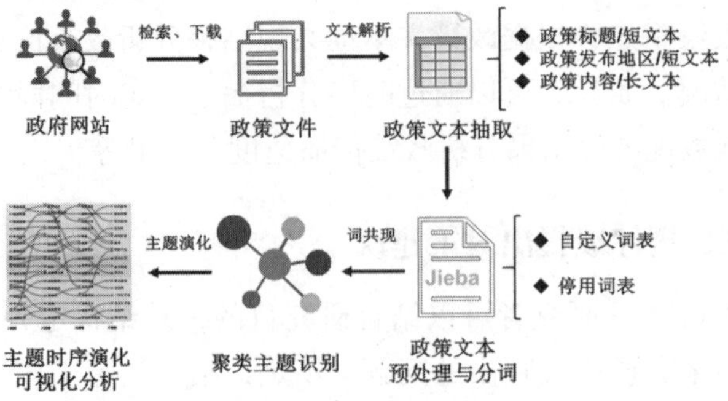

图 4-8　研究方法和流程

本研究将政策文本分析分为政策文件检索与文本抽取、政策文本预处理与分词、政策文本聚类主题识别、政策主题时序演化可视化分析 4 个步骤，旨在利用科学计量、数据挖掘和可视化技术对政策文本进行深入挖掘，定量化、可视化揭示政策文本蕴含的关键主题内容及其变化特征。

1. 政策文件检索与文本抽取

政策文件检索。相关内容已经在数据来源部分进行介绍，此处不再赘述。

政策文本格式统一。我们检索、下载的政策文件分别来源于中国政府网，省、直辖市以及自治区政府网站，卫健委网站，得到的突发事件应急信息管理政策文件存在 word、pdf 等不同格式，要统一这些文件的格式。

政策文本抽取。本研究利用数据挖掘平台 KNIME 进行政策文件全文抽取，具体利用文本数据抽取（Document Data Extractor）功能模块，进行政策标题、政策发布地区和政策文本内容抽取，批量处理各个政策文件并将政策文件题名、地区和文本全文进行关联映射，然后得到结构化的政策文本数据并将其保存至本地（xls 格式），便于后续处理。

2. 政策文本预处理与分词

文本预处理。本研究利用数据挖掘平台 KNIME 进行文本预处理，具体流程包括字符串转换（Strings to Document）、去除标点、去除数字、停止词过滤等，然后利用 Python 自带的 Jieba 分词工具包对中文进行分词，最后在上一步结构化的政策文本数据结果基础上，得到结构化的分词处理结果，部分结果如图 4–9 所示。

1	地区	省份+文件名	全文分词结果
2	东北	8-黑龙江-关于印发《黑龙江省	黑龙江省 卫生 计划生育 委员会 黑卫 医发 关于 印发 黑龙江省 疾病 应急 救助 制度
3	东北	11-黑龙江-黑龙江省卫生计生	黑龙江省 卫生 计划生育 委员会 黑卫 家庭 黑龙江省 卫生 计生委 关于 印发 黑龙江
4	东北	13-黑龙江-省卫生计生委关于	黑龙江省 卫生 计划生育 委员会 文件 黑卫疾 控发 黑龙江省 卫生 计生委 关于 印发
5	东北	12-黑龙江-关于开展2014年公	黑龙江省 卫生 计划生育 委员会 文件 黑卫 监督 关于 开展 公共场所 卫生 监督 量化
6	东北	5-黑龙江-关于做好2018年国家	黑卫 家庭 规发 关于 做好 国家 基本 公共卫生 服务项目 工作 通知 各市 行署 卫生
7	东北	9-黑龙江-黑龙江省卫生计生委	黑龙江省 卫生 计划生育 委员会 文件 黑卫 规发 黑龙江省 卫生 计生委 关于 印发 全
8	东北	3-黑龙江-关于印发黑龙江省安	黑安监发 关于 印发 黑龙江省 安全 培训 信息管理平台 建设 实施方案 通知 各市 省
9	东北	10-黑龙江-关于做好2017年国	黑龙江省 卫生 计划生育 委员会 文件 黑卫 家庭 规发 关于 做好 国家 基本 公共卫生
10	东北	6-吉林-吉林省人民政府办公厅	吉林省人民政府 办公厅 关于 印发 突发 公共 事件 信息报告 制度 暂行 通知 政办发
11	东北	3-吉林-关于转发《环保总局通	关于 转发 环保总局 通报 近期 重大 突发 环境 事件 要求 建立 环境 信息 披露 制度
12	东北	7-吉林-吉林省应急管理厅关于	吉林省 应急 管理厅 关于 印发 政府 信息 公开 发布 制度 通知 应急 各处室 直属单
13	东北	2-吉林-吉林省应急管理厅关于	吉林省 应急 管理厅 关于 印发 应急 管理厅 机构 改革 期间 安全 生产 自然灾害
14	东北	4-吉林-2015年省交通运输厅突	年初 以来 我厅 高度重视 应急 突发事件 信息 报送 工作 严格执行 国务院 应急 管理
15	东北	5-吉林-关于进一步加强突发医	各市 卫生局 长白山 管委会 社管 省直 医疗卫生 相关 单位 加强 突发 公共卫生 事件
16	东北	1-吉林-省卫生健康委关于进一	各市 卫生 健康 卫生 健康 长白山 管委会 社管 快速 准确 报送 相关 信息 突发事件
17	东北	5-辽宁-关于报送卫生应急工作	关于 报送 卫生 应急 工作 信息 通知 来源 发布 时间 辽卫 应急 各市 昌图县 绥中县
18	东北	4-辽宁-辽宁省卫生计生委突发	辽宁省 卫生 计生委 突发 公共卫生 事件 信息发布 方案 试行 按照 中华人民共和国
19	东北	1-辽宁-辽宁省人民政府办公厅	政办发 辽宁省 人民政府 办公厅 关于 印发 辽宁省 突发事件 预警 信息发布 管理
20	东北	2-辽宁-辽宁省应急管理厅转发	辽宁省 应急 管理 信息化 发展 规划 发布 时间 字号 分享 辽宁省 应急 管理 信息化

图 4–9 结构化的分词结果

分词词典构建。为了提高分词结果的准确性，本研究基于突发事件应急信息管理领域的期刊论文关键词构建分词词典（关键词是期刊论文内容的高度概括与凝练，与 Jieba 工具包自带的分词词典相比更加准确，比如“信息管理平台”这一词汇，如果用自带词典会被分为“信息”“管理”和“平台”三个词汇，会造成原文语义丢失或歧义），本研究将自定义词典以 txt 格式保存，通过 jieba.load_userdict（"dict.txt"）进行调用。

3. 政策文本聚类主题识别

词汇共现统计。本研究基于 KNIME 中的 Term Co-Occurrence Counter 功能模块进行政策文本词汇共现统计，具体统计了题名、文档、句子等多个级别的词汇共现情况（如果 A，B 两个词汇同时出现在某个政策文件题名中，那么 A，B 记作题名级别共现 1 次），结果如图 4-10 所示。

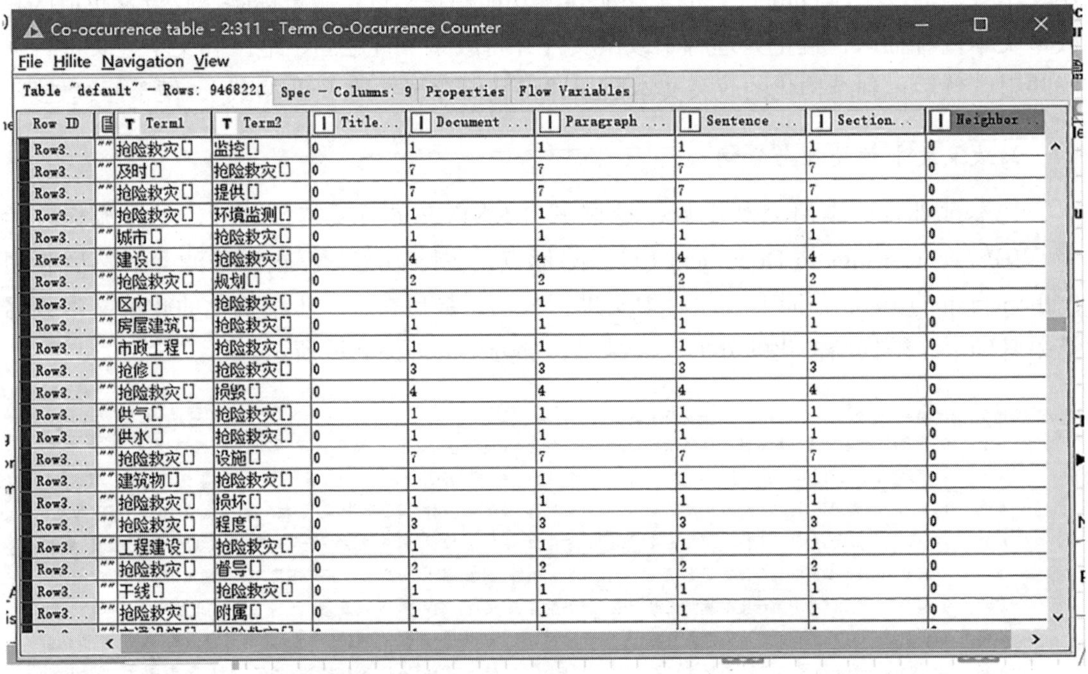
Co-occurrence table - 2:311 - Term Co-Occurrence Counter
File Hilite Navigation View
Table "default" - Rows: 9468221 | Spec - Columns: 9 | Properties | Flow Variables

Row ID		Term1	Term2	Title...	Document ...	Paragraph ...	Sentence ...	Section...	Neighbor ...
Row3...	""	抢险救灾[]	监控[]	0	1	1	1	1	0
Row3...	""	及时[]	抢险救灾[]	0	7	7	7	7	0
Row3...	""	抢险救灾[]	提供[]	0	7	7	7	7	0
Row3...	""	抢险救灾[]	环境监测[]	0	1	1	1	1	0
Row3...	""	城市[]	抢险救灾[]	0	1	1	1	1	0
Row3...	""	建设[]	抢险救灾[]	0	4	4	4	4	0
Row3...	""	抢险救灾[]	规划[]	0	2	2	2	2	0
Row3...	""	区内[]	抢险救灾[]	0	1	1	1	1	0
Row3...	""	房屋建筑[]	抢险救灾[]	0	1	1	1	1	0
Row3...	""	市政工程[]	抢险救灾[]	0	1	1	1	1	0
Row3...	""	抢修[]	抢险救灾[]	0	3	3	3	3	0
Row3...	""	抢险救灾[]	损毁[]	0	4	4	4	4	0
Row3...	""	供气[]	抢险救灾[]	0	1	1	1	1	0
Row3...	""	供水[]	抢险救灾[]	0	1	1	1	1	0
Row3...	""	抢险救灾[]	设施[]	0	7	7	7	7	0
Row3...	""	建筑物[]	抢险救灾[]	0	1	1	1	1	0
Row3...	""	抢险救灾[]	损坏[]	0	1	1	1	1	0
Row3...	""	抢险救灾[]	程度[]	0	3	3	3	3	0
Row3...	""	工程建设[]	抢险救灾[]	0	1	1	1	1	0
Row3...	""	抢险救灾[]	督导[]	0	2	2	2	2	0
Row3...	""	干线[]	抢险救灾[]	0	1	1	1	1	0
Row3...	""	抢险救灾[]	附属[]	0	1	1	1	1	0

图 4-10 政策文本词汇共现统计结果

共现矩阵构建。本研究根据政策文本词汇共现统计结果构建共现矩阵，然后利用 Louvain 算法进行共词网络聚类主题识别，其中，Louvain 算法是基于模块度（Modularity）的社区发现算法，可以有效探测层次性社区结构，模块度是目前评价社区探测结果的主要指标，模块度越大意味着社区发现的效果越好。

模块度这一概念由 M.E.Newman 等（2004）首次提出，并迅速得到复杂网络领域的众多学者的认可，学者以之为基础提出了众多复杂网络聚类算法，Louvain 算法是体现模块度的最具代表性成果之一。目前 Python 环境下的 NetworkX 工具包以及复杂网络分析软件 Gephi 中都集成了 Louvain 算法功能。本研究利用 Louvain 算法识别突发事件应急信息管理政策词汇共现网络中的重要主题，处理过程中的关键步骤为模块度优化，模块度计算方法如公式（1）所示：

$$Q=\frac{1}{2m}\sum_{i,j}(A_{ij}-\frac{k_ik_j}{2m})\delta(c_i,c_j) \tag{1}$$ [①②]

其中，Q 表示模块度；A_{ij} 代表复杂网络中 i 和 j 之间边的权重；k_i，k_j 代表与节点 i 和 j 相连的所有边的权重之和；c_i，c_j 代表节点 i 和 j 所属的社区，当 i 和 j 属于同一社区时 $\delta(c_i,c_j)=1$，不属于同一社区时等于 $\delta(c_i,c_j)=0$；Q 的值最大是 1，Q 越接近这个值，说明社区结构越明显。

4. 政策主题时序演化可视化分析

政策文件时期划分。本研究将现有政策文件发文时间 2003 至 2020 年划分为 4 个时期：I 时期为 2003 至 2007 年，II 时期为 2008 至 2012 年，III 时期为 2013 至 2016 年，IV 时期为 2017 至 2020 年。

政策文本词汇聚类。在上一步时期划分基础上，本研究分别对各个时期的政策文本进行聚类从而得到各个时期的主题，具体利用上一小节中的政策文本词汇文档级别共现统计数据，利用 Gephi 自带的 Louvian 算法对各个时期的词汇共现数据进行聚类从而得到各个时期的主题。

演化关联构建。本研究根据相邻时期各个主题内部主题词的共现关系构建主题演化关系。如果 T1 时刻主题 A 内部的主题词 word1 在 T2 时刻和主题 B 内部的主题词 word2 存在文档级别的共现关系，那么我们认为 T1 时刻主题 A 和 T2 时刻的主题 B 存在关联关系，具体关联关系为 word1 → word2。

政策文本主题时序演变可视化。本研究利用上一步得到的主题演化关联数据，基于桑基图样式使用 D3.js 工具进行可视化图谱绘制，以直观、清晰揭示政策文本主题时序演变过程。

二、结果分析

（一）政策文件数量的时间分布

突发事件应急信息管理政策文件的数量年代分布能够比较直观地展示我国突发事件应急信息管理政策数量随时间推移的变化，因此，本研究统计了 2003 至 2020 年（共计 18 年）我国应急信息管理相关政策文件数量时序分布情况，结果如图 4-11 所示。

---

① 杨凯瑞，何忍星，钟书华．政府支持创新创业发展政策文本量化研究（2003-2017 年）——来自国务院及 16 部委的数据分析［J］．科技进步与对策，2019，36（15）：107-114.

② ZHANG X，YANG F. Rural informatization policy evolution in China：a bibliometric study［J］. Scientometrics，2019，120（1）：129-153.

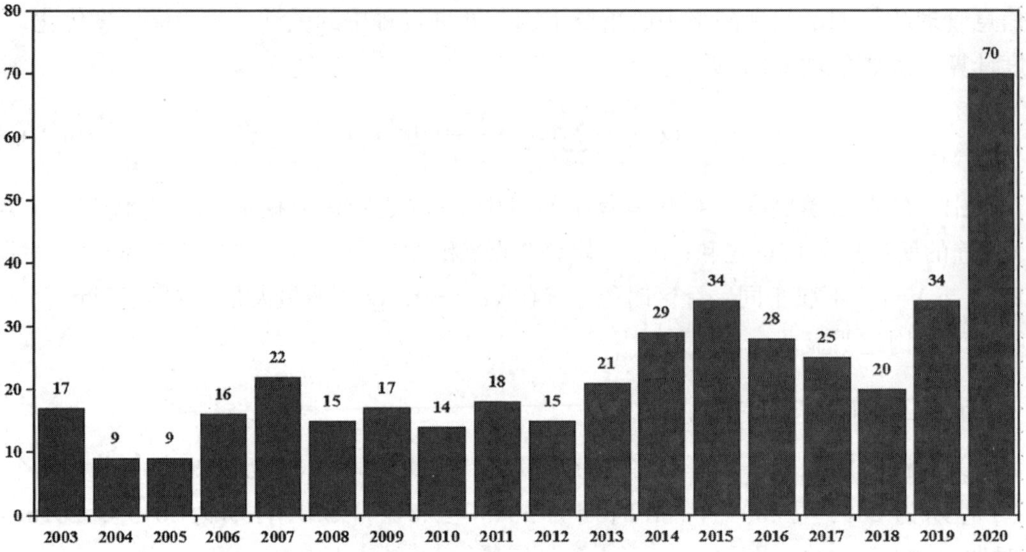

图 4-11　文献数量时期分布

本研究检索到的国内突发事件应急信息管理政策文件最早发布于 2003 年。2003 年上半年“非典”重大疫情灾害暴露出我国突发公共卫生事件应急机制不健全、公共卫生发展滞后等问题。为了加强我国的公共卫生体系建设，党中央、国务院要求用 3 年左右的时间建立健全突发公共卫生事件应急机制、疾病预防控制体系、医疗救治体系和卫生执法监督体系，之后，我国突发事件应急信息管理工作快速发展。

从政策文件数量的时序变化情况来看，我国突发事件应急信息管理工作呈现明显的事件驱动特征，比如，2003 年的发文数量远大于其后两年，2006 年后发文数量逐渐稳定并处于稳步增长状态。2015 年，MERS 疫情在全球蔓延，全国上下积极应对，中央和地方政府针对该疫情迅速响应，该年的政策发布量达到此前 20 年之最。2019 年年末，新冠肺炎疫情暴发，2020 年短短两个月的时间政策发布数量已超其他一些年份，此次疫情状态下，党中央、国务院迅速反应，地方政府纷纷响应并进入应急状态。

（二）应急信息管理主要内容分析

本研究利用 Gephi 处理词汇共现数据并绘制相应的词共现网络聚类图，结果如图 4-12 所示。在此基础上，结合人工判读本研究共得到 5 个聚类结果，包括信息预警、信息报告、信息发布、信息共享和信息管理平台 5 个主要内容（主题），下面对其进行具体解读。

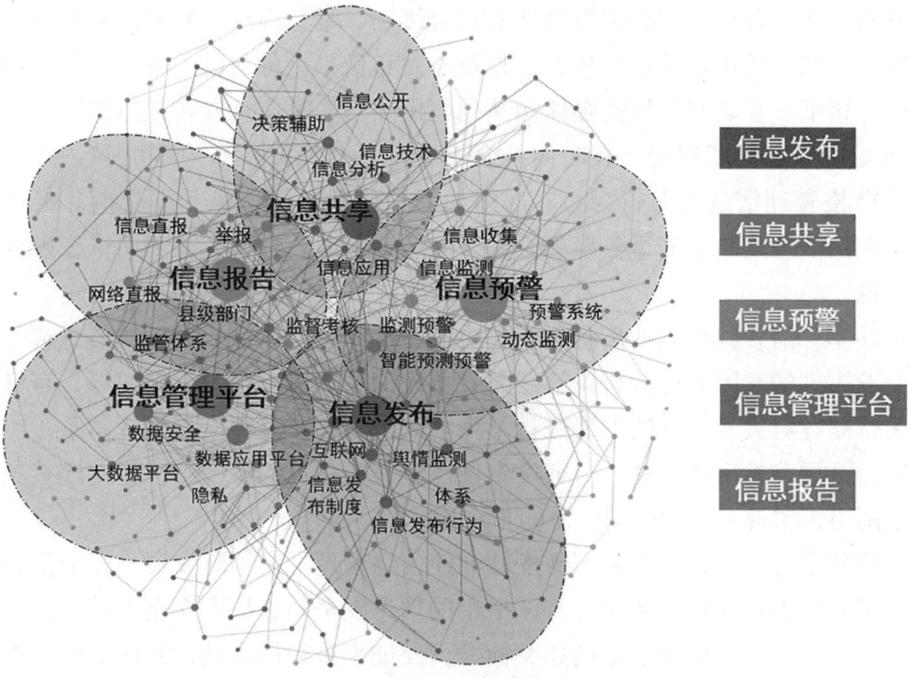

图 4–12　政策文本聚类主题识别结果

信息预警。该主题的主要内容包括信息收集、信息监测、智能预警等。信息预警发布责任单位利用预警发布系统发布预警信息。预警发布工作机构要建立工作机制，明确具体的预警类别、发布格式、发布流程和责任权限等。预警信息发布后，预警发布工作机构要密切跟踪，及时了解预警信息接收情况，视情况调整发布方式，提高预警信息发布时效。相关部门对预警信息传播工作要加强指导，推动各类信息传播主体切实履行社会责任，建立预警信息快速发布“绿色通道”，及时、准确、无偿播发或刊载突发事件预警信息。各级预警信息发布工作机构要加强国家预警信息发布系统的建设、运行、维护和管理，不断提高预警信息发布能力。

信息报告。要明确信息报告的范围。公共卫生事件、突发自然灾害、突发公共交通事件等对信息报告的范围界定皆有明确规定，在进行信息报告分析时要区分突发事件类型。信息报告要准确、及时和完整，信息报告工作程序要完善，要把责任落实到岗位、落实到人，要加强对基层信息报告工作的指导，建立健全工作机制。此外，各部门应加强信息沟通，及时掌握灾情及其发展趋势，做好防控工作，提高公众参与度，建立鼓励公众报告突发事件信息的工作机制。要注重从互联网上获取有关信息，对重要情况及时核实报告。随着近年来信息技术的不断发展，网络直报以及手机报告的形式逐渐受到重视。直报方式有利于信息报告的时效性进一步提高。近年来国家对直报流程进行规范，对直报信息质量进行严格控制，具体包括：地方各级政府高度重视，切实加强对直报工作的组织和领导；国家建立地方统计网络直报管理制度，加强业务指导。

信息发布。信息发布主要包括 3 个方面的内容。一是建立统一的信息发布制度，统筹信息发布工作。各部门根据突发事件的预警级别、紧急程度、发展态势和可能造成的危害程度，依照有关规定发布信息。二是及时发布信息。各地区、各有关部门加强与广播、电视、报纸、互联网等社会媒体和基础电信运营商等信息发布渠道的协调对接，按照相关法律法规和制度规定，及时向社会发布信息，确保发布内容准确、传播渠道畅通。三是严格管理信息发布行为。各部门加强工作联动和信息共享交换，定期沟通会商，协调解决信息发布中的重要事项，另外应严禁各地区、各有关部门未经授权擅自发布有关信息。

信息共享。信息共享包括信息分析、决策支持等。要根据收集到的信息进行资源整合，对突发事件的起因进行分析，根据突发事件的发展情况预判发展趋势，有针对性地制定相关策略，对突发事件的发展进行干预。此外，还要完善应急指挥体系，实现资源优化部署；开展突发事件评估，对突发事件发展态势进行动态展示，建立连接各部门的统一指挥网络，实现多部门联动、协同与合作。

信息管理平台。信息技术的不断发展促使信息管理平台不断发展，以上信息管理的每个环节都需要信息平台或系统支持，平台的信息安全和数据安全至关重要。实现数据安全首先要建立平台数据或信息的相关标准，保证平台数据质量；其次要对数据进行定期审核，对其时效性、准确性以及安全性进行定期评估；最后，数据发布各部门要加强沟通协调，及时调整数据，适时删减。

（三）应急信息管理政策主要内容的时序变迁分析

本研究得到我国突发事件应急信息管理工作政策文本主题演化变迁图谱，如图 4-13 所示。下面分主题对政策文本主题演化变迁情况进行具体解读，以期揭示国内应急信息管理工作的主要内容及其变迁情况。

1. 主题 1——信息预警政策内容的变迁

信息预警包括信息收集、信息监测、监测预警、动态监测、智能预测预警等工作内容。

I 时期的信息预警要求明确信息来源，按照早发现、早报告、早处置的原则，明确信息影响范围并进行简单的信息分析，根据信息的时限进行信息传报。II 时期的信息预警逐渐转化为信息分析，信息收集是信息分析的前提。这个时期，地方政府对中央文件进行解读。这个时期的信息预警要求进行突发事件的分级，确定应急处理方案。III 时期的信息预警包含了信息监测，这个时期管理者通过信息监测实现信息收集并进行信息分析。IV 时期管理者强调在建立国家统一的突发事件预防控制体系的基础上，建立和完善突发事件监测与预警系统，实现实时监测和智能预测预警，“互联网 +”的思维更加明显。

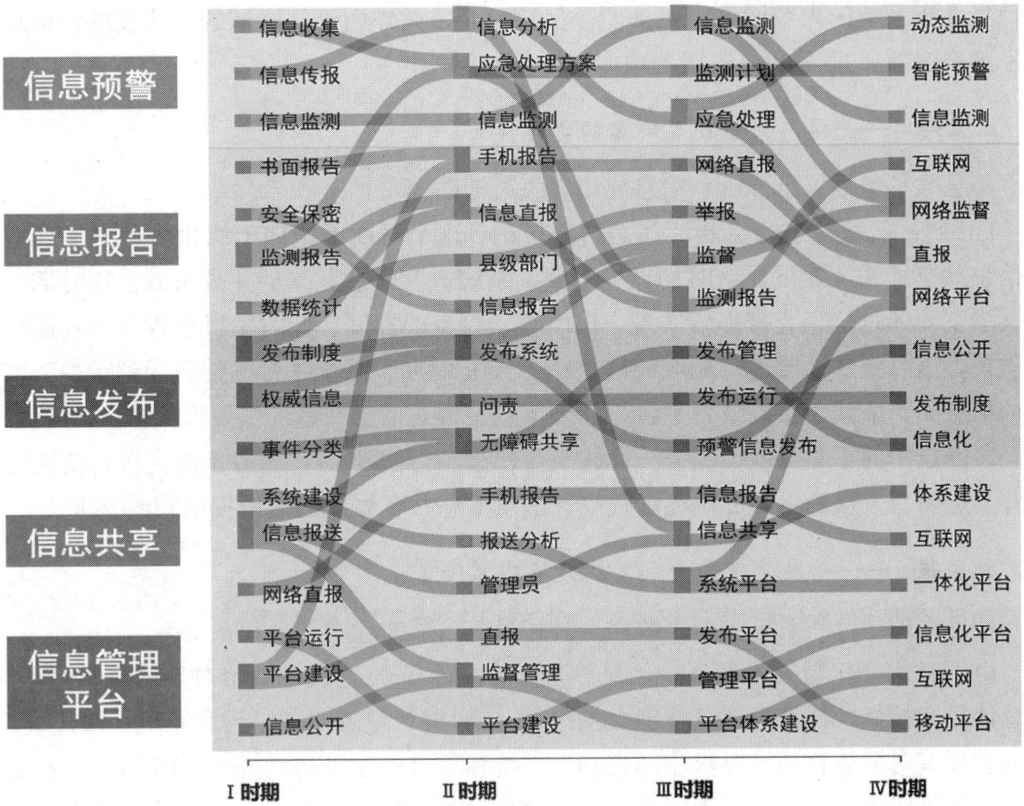

图 4-13　政策文本主题演化变迁可视化

2. 主题 2——信息报告政策内容的变迁

信息报告包括信息直报、网络直报、举报等。

I 时期信息报告的主要形式是书面报告。信息报告的初报、阶段报告以及总结报告都要严格按照书面报告的要求进行。II 时期信息报告的主要形式是信息直报，相关主体主要通过电话或者网络进行信息直报。III 时期信息报告的主要形式是网络直报，但是增加了举报这一主题。这个时期社会大众的参与度逐渐提高，社会大众在信息报告过程中逐渐拥有话语权，这个时期实现了社会大众对各部门的监督。IV 时期信息报告的主要形式依然是直报，“互联网 +”、大数据等逐渐成为热点，社会大众的参与度进一步提高。

3. 主题 3——信息发布政策内容的变迁

信息发布包括信息发布制度、信息发布行为等。

I 时期信息发布政策的主要内容是建立信息发布制度。该时期的政策更加侧重信息的权威性，并对信息进行分类。II 时期信息发布政策的主要内容是建立信息发布系统。该时期管理者对信息发布的要求是信息无障碍共享。该时期管理者要求对发布机构进行监督，对违反相关制度的机构进行问责。III 时期的信息发布集中在预警信息的发布。该时期管理者对信息预警更加重视。IV 时期管理者进一步对信息发布工作进行规范，该时期信息发布系统的内容增多，更加侧重信息公开，此外由于互联网的快速发展，信息化水平越来越高，“互联网 +”服务增多。

4. 主题 4——信息共享政策内容的变迁

信息共享包括信息分析、信息应用、决策辅助等。

I 时期，信息共享的主要形式是信息报送。这个时期下级向上级报告信息实现上下级信息共享。系统建设在该时期比较重要，系统成为信息共享的主要形式。II 时期，信息共享主要通过信息直报形式实现。由于移动设备的发展，此时手机报告的形式逐渐受到重视。信息报送后要进行相应的信息分析。III 时期，系统平台的建设受到重视，该时期的信息共享依赖于系统或者平台，此外信息报告是信息共享的主要形式。IV 时期，随着互联网技术的不断发展，政务一体化平台建设、“互联网 +”服务不断完善，信息更加公开、透明，大众的参与度也逐渐提高，这对信息共享体系的建设提出新的要求。

5. 主题 5——信息管理平台和系统政策内容的变迁

信息管理平台和系统包括大数据平台和系统、数据应用平台和系统等。

由于时代变化与技术发展，信息管理平台和系统的建设在每个时期的侧重点不同，但总体目标相似，都是为信息管理提供途径。I 时期管理者要求平台和系统尽快建成。II 时期管理者对网络直报的要求不断提高，系统和平台的建设初具规模。III 时期，系统和平台的建设成为重中之重，无论是信息预警、信息报告、信息发布还是信息共享更加依赖于平台的完善、系统的完善。IV 时期，平台和系统的建设引入“互联网 +”的概念，信息公开度、透明度以及公众的参与度甚至可以通过平台体现，该时期移动平台的使用达到一个新的量级。

（四）我国突发事件应急信息管理政策的特点

目前我国应急信息管理相关政策具有以下几个特点：

其一，中央各部门引领，地方及时呼应。一般而言，中央各部门会率先针对社会热点事件发文，各省、直辖市、自治区会依据中央文件要求，结合本地具体实际情况发布地方性文件，与中央精神相呼应。

其二，热点事件对应急信息管理工作有驱动作用。我们根据年度发文数量及内容可以看出热点事件对应急信息管理工作有驱动作用，比如 2003 年“非典”后我国应急信息管理工作快速发展，国家对突发事件的关注度达到高峰，此后数年间信息预警建设、信息报告体系以及各类应急信息管理系统及平台得到快速发展。

其三，经济文化对应急信息管理工作有支撑作用。各地应急信息管理工作的开展程度与当地的经济文化水平有一定的相关性，东部沿海经济发达地区的应急信息管理政策水平普遍高于中西部地区。

其四，应急信息管理工作对信息技术的依赖性增强。应急信息管理工作的发展依赖于信息技术，信息预警、信息报告、信息发布和信息共享都随着信息技术的发展有了比较新的内容与进步，信息管理平台与系统的建设直接与信息技术的发展水平相关。

其五，公众监督参与度提高。不少政策文件提到加强公众监督，鼓励公众“举报”，在网络信息技术发达的今天，公众监督更加便捷，公众参与度随之提高。

（五）我国突发事件应急信息管理政策的完善

基于对我国突发事件应急信息管理政策特点的分析，我们认为，我国的突发事件应急信息管理政策在以下方面需要进一步完善。

信息预警工作方面，要建立健全预警机制，建立信息监测预警系统。近年来信息预警由最初单纯进行信息收集并及时报告逐渐转向侧重信息分析与应用，以实现实时信息监测及智能预测预警。信息预警工作要求建立全国统一的突发公共事件信息监测系统，建立健全监测制度和监测网络，建立健全预警机制。相关部门要通过对突发公共事件的动态监测达到识别警情的目的。地方政府相关部门应根据中央文件要求建立信息监测系统并接入全国统一系统，以实现信息监测的同步。相关部门对突发热点事件要保持敏感性，要借助平台及时进行预警，并为信息预警工作提供必要条件。

信息报告工作方面，要建立全国统一信息报告系统，重视信息直报，鼓励信息报告主体多元化。要建立完善的信息报告制度、统一的突发公共事件信息报告系统。地方各级政府相关部门也要依照当地实际建立各级信息报告系统并接入全国统一系统。要重视信息直报方式，电话、手机和网络直报方式要进一步推广。信息报告主体应多元化，要重视个人在信息报告中的作用，要为各类主体提供简单易操作的信息报告方式。

信息发布工作方面，要完善信息发布系统，严格监管信息发布行为，完善问责机制。要建立统一的信息发布制度，各部门要及时发布信息。要对信息发布行为进行严格约束。要建立统一的突发公共事件信息发布系统，包括全国统一信息发布系统及地方各级信息发布系统。信息发布工作要及时回应各部门及公众关切。信息发布主体应具有权威性，发布的信息务必准确，要及时辟谣，保持公信力。要进一步完善问责机制，对信息发布不及时、不准确的信息发布主体进行问责。

信息共享工作方面，要建立全国统一信息共享系统，基于新技术实现信息再组织与分析利用。信息共享借助平台或系统实现，因此必须建立全国统一的突发公共事件信息共享系统。此外，由于近年来信息共享不单单局限于分享信息，而是越来越侧重对信息进行分析及应用以实现决策支持，因此，接下来我们可以利用技术手段对突发事件信息的各个要素进行智能识别，并对事件关系进行梳理，构建事件数据库，实现事件信息的有序组织和整合。然后我们对大量事件信息进一步整理、分析，实现事件信息的结构化处理并利用数据分析工具进行分析，得到初步的数据分析报告，为决策提供建议和支持。

信息管理系统方面，要建立全国统一的信息管理系统。信息预警、信息报告、信息发布及信息共享都离不开系统支持。因此，要建立全国统一的突发公共事件信息系统，该系统包含信息预警系统、信息报告系统、信息发布系统及信息共享系统。系统建设任重道远，既需要强大的技术支持，更需要政策倾斜。“互联网+”、物联网、云计算、人工智能等的发展提供了技术支持，在此基础上要进一步完善系统建设的相关政策。

本研究以我国突发事件应急信息管理相关政策的变迁及其特征为对象，以我国应急信息管理工作相关政策文件为研究数据，利用政策计量、数据挖掘、可视化和人工判读等方法，对我国突发事件应急信息管理政策的主要内容、发展规律及特征进行分析。研究发现，近年来我国突发事件应急信息管理工作主要包括信息预警、信息报告、信息发布、信息共享和信息管理平台建设等内容，呈现出中央各部门引领、热点事件驱动、经济文化支撑、对信息技术的依赖性增强、公众参与度提高等特征。当然本研究存在一定的局限与不足，政策文本的数据来源需要进一步丰富，部分地方政策数据存在缺失，这些局限可能影响结论的准确度。此外，采用不同的聚类主题算法可能导致聚类结果存在一定差异，在一定程度上也会影响结论的准确性。接下来，我们将进一步丰富研究数据，使用爬虫、人工采集等复合方式抓取更全的相关政策文本，进行专家访谈，对数据结果进行更加深入的判读。

思考题

1. 简要概述政策分析的基本步骤。
2. 政策分析有什么用处？
3. 了解政策分析的其他模型。

第五章　网络舆情科学预警分析

本章概述

当遭遇突发网络舆情危机时，涉事部门应明确网络舆情危机的等级，避免“小危机、大应对”，耗费涉事部门有限的人力、物力与财力；更应避免“大危机、小应对”，使自身陷入舆论漩涡，损害自身形象与公信力。本章将构建网络舆情危机等级评价模型，确定网络舆情危机的等级，为涉事部门“对症下药”、采取适度且有效的应对策略化解网络舆情危机提供参考。

教学目标

使学生了解对网络舆情进行科学预警的方法，了解影响网络舆情危机等级评价的因素，掌握网络舆情危机等级评价模型的应用方法。

学习建议

建议课前搜索一些网络舆情，了解其发展始末，以便更好地理解本章教学内容。

第一节 网络舆情科学预警概述

从研究内容看，现有研究主要集中于网络舆情现状、趋势以及网络舆情危机应对机制等方面。Timothy K 等[①]对不同舆情事件中网民观点的趋向性进行研究。郭兴全等[②]认为当前网络舆情呈现网络反腐正规化、网民反腐理性化和官民合作反腐长效化趋势。李豪[③]从当前网络舆情危机的现状入手，从平台建设、收集研判、合作协同、核查反馈、技术保障 5 个方面提出了网络舆情危机的应对机制。从研究方法看，现有研究主要采用定性与定量相结合的方式对网络舆情危机进行研究。Ma Ning 等[④]构建了包含社会、心理、环境、观点 4 个子网的多维超网络模型，对网络舆情危机产生的原因进行研究。Liu Chuang 等[⑤]运用 SIR 模型，对网络舆情的传播路径进行研究。王晰巍等[⑥]基于社会网络理论，使用 Gephi 等社会网络研究工具对新浪微博热点话题"反腐倡廉"进行可视化分析。从网络舆情危机的研究领域看，梁春阳[⑦]对少数民族地区网络舆情危机的 5 个特殊规律进行分析。许静等[⑧]运用 GERT 模型，对高校网络舆情危机的演化机制进行研究。邓惠惠[⑨]以"7·23动车事故"网络舆情危机为例，对政府网络舆情危机的管理进行研究。周瑶[⑩]从危机发生之前、危机发生时、危机发生后 3 个时间段给出涉警网络舆情危机的应对策略。

现有研究中鲜有对网络舆情危机等级进行判定的研究。古语云"杀鸡焉用宰牛刀"，若对影响范围较小、并无后续发酵能力的网络舆情事件采取与之不相匹配的重视程度，势必会极大地浪费涉事部门有限的人力、物力、财力等资源，降低其工作效率。反之，若影响范围较大、民众普遍关心、后续发酵能力较强的网络舆情危机事件没有得到涉事部门的高度重视，则有关部门势必会错过网络舆情危机应对的"黄金时间"，使事件持续发酵，影响力持续增强，处置起来越发困难。由此可见，对网络舆情危机等级进行判

---

① TIMOTHY K，CHOI D，DIETRAM A. Public opinion about biofuels：the interplay between party identification and risk/benefit per-ception［J］.Energy policy，2014（73）：344-355.

② 郭兴全，韩伟 . 新形势下反腐倡廉网络舆情：现状、趋势与对策［J］. 探索，2014（2）：41-46.

③ 李豪 . 当前反腐倡廉网络舆情应对机制研究［D］. 宁波：宁波大学，2013.

④ MA N，LIU Y J. SuperedgeRank algorithm and its application in identifying opinion leader of online public opinion supernetwork［J］.Expert systems with applications，2014，41（4）：1357-1368.

⑤ LIU C，ZHANG Z K. Information spreading on dynamic social net-works［J］.Communications in nonlinear science and numerical simulation，2014，19（4）：896-904.

⑥ 王晰巍，赵丹，张长亮，等 . 基于社会网络的新媒体网络舆情信息传播研究——以反腐倡廉话题为例［J］. 情报杂志，2016，35（3）：102-110.

⑦ 梁春阳 . 少数民族地区网络舆情危机的特殊规律分析［J］. 宁夏党校学报，2015，17（2）：6.

⑧ 许静，李亚平，方志耕 . 高校网络舆情危机演化 GERT 模型及应对机制和策略［J］. 数学的实践与认识，2015，45（5）：75-82.

⑨ 邓惠惠 . 政府网络舆情危机管理研究——以"7.23 动车事故"网络舆情危机事件为例［D］. 广州：华南理工大学，2012.

⑩ 周瑶 . 涉警网络舆情危机的应对机制完善研究［D］. 上海：华东理工大学，2013.

定是十分必要的，当务之急是确定一套科学有效、能够迅速反应的评判机制。

第二节　网络舆情危机等级评价模型构成维度

网络舆情本质是一种大众舆论监督机制。网络舆情危机是指网络舆情所承载的负面情绪，以及网民对涉事主体提出质疑的舆情状态。根据已有相关文献，网络舆情危机等级的判定主要包含时间、预案准备情况、社会影响程度、关注人数 4 个维度。4 个维度相互作用，共同影响网络舆情危机的等级。

一、时间

快速反应是应对网络舆情危机事件的根本原则[①]。网络舆情的传播具有速度快、影响大、范围广、突发性强等特点，因此要把握好处置网络舆情危机的“黄金时间”。所谓“黄金时间”，是指最有利于将事情处理好的时间。人民网舆情监测室认为：在“每日新闻时代”，遇突发网络舆情危机，政府反应时间宜在 24 小时内，称为“黄金 24 小时”；进入“秒时代”，“黄金 6 小时”“黄金 4 小时”等时限显得捉襟见肘，政府最好在“黄金 1 小时”内作出反应[②]。

对网络舆情危机事件而言，信息发布的及时与否决定了事件的不同走向。随着信息传播效率的提高，社会大众对网络舆情危机事件反应时限的要求也在不断提高。网络舆情危机爆发时，涉事主体要第一时间发声，做突发网络舆情危机事件的“第一定义者”，迅速报告事实，谨慎报告原因。相关涉事部门若想做到此点，就要建立起预案准备的长效机制。

二、预案准备情况

网络舆情危机应对预案准备的主体是相关涉事部门。网络舆情危机爆发后，相关部门迅速反应，有理有据地还原事件，耐心细致地引导舆论，将会对网络舆情起到极大的疏导作用，减弱直至化解网络舆情危机；反之，将会使载有“负能量”的网络舆情迅速传播，影响范围急剧扩大，关注人数骤然增多，使网络舆情危机出现失控局面。

在网络舆情危机爆发时，网络舆情回应者要起到“灭火器”的作用。预案的准备情况决定“灭火器”的“灭火”效率。相关涉事部门预案准备充分，可以确保其在网络舆情危机爆发时迅速有效地进行“灭火”，如若预案准备不充分或是根本没有准备，其在网络舆情危机爆发时只能慌乱回应，应对不当对网络舆情危机的发展将起到“助燃剂”

① 快速反应，把握舆情处理“黄金时间”[EB/OL].（2021-01-26）[2021-12-26].http：//baike.baidu.com/link?url=Tc9xXvRFbNTv22lHZPE52ghFib5HuG3iojiUOIQGoEw69Z3bAMvtfK3MzqM7bLINfax.

② 从“黄金 4 小时”到“黄金 1 小时”[EB/OL].（2021-02-01）[2021-12-24]. http：//cpc.people.com.cn/n/2013/0512/c87228-21449636.html.

的作用。因此，相关涉事部门应不断完善网络舆情危机应对预案，提高“灭火”效率，有效降低网络舆情危机的社会影响度。

三、社会影响程度

网络舆情危机事件若涉及高官贪腐、权钱交易、权色交易等，或是与大众生活息息相关，涉及民众自身利益，网民将极大关注相关涉事部门对网络舆情危机事件的应对情况。相关涉事部门对此类网络舆情危机处置不当，将激发网民的负面情绪，造成极坏的社会影响。因此，相关涉事部门面对此类突发网络舆情危机时，要快速反应，表明态度，依法处理相关责任人，给关注该网络舆情事件的网民一个合情、合理、合法的答复，最大限度地减小其社会影响程度。

四、关注人数

据中国互联网信息中心（CNNIC）公布的第 47 次《中国互联网络发展状况统计报告》，截至2020年12月，我国网民规模达9.89亿①。网民并不是指所有使用互联网的人，根据中国互联网中心提出的相关定义，我们将网民界定为半年内使用过互联网且年龄在6 周岁及以上的中国公民。这近 10 亿的网民均为网络舆情事件潜在的信息发布者与信息传播者，同时也是网络舆情危机潜在的制造者，均可利用网络就某一事件表达自己的态度与想法。

人在具有自然属性的同时亦具有社会属性，网民的一些态度与想法的表达会通过网络影响到其他网民，亦可能影响到身边的非网民；非网民就同一事件所表达的态度与想法也可能反作用于网民。因此，某一网络舆情危机事件的关注人数是指关注该事件的网民数量和这些网民所能影响到的非网民的数量之和。简而言之，关注人数不仅会影响网络舆情危机的形成与发展，亦决定了网络舆情危机的影响范围。

第三节　网络舆情危机等级评价模型构建

一、网络舆情危机等级评价模型构建方法与框架

网络舆情危机等级评价模型将网络舆情危机事件按紧迫性与重要性分为 4 个象限，如图 5-1 所示。我们根据影响网络舆情危机的 4 个维度，判断某一突发网络舆情危机处于 4 个象限中哪一象限内。

① 第 47 次中国互联网络发展状况统计报告［EB/OL］.（2021-03-01）［2021-12-01］. http：//www.cac.gov.cn/2021-02/03/c_1613923423079314.htm.

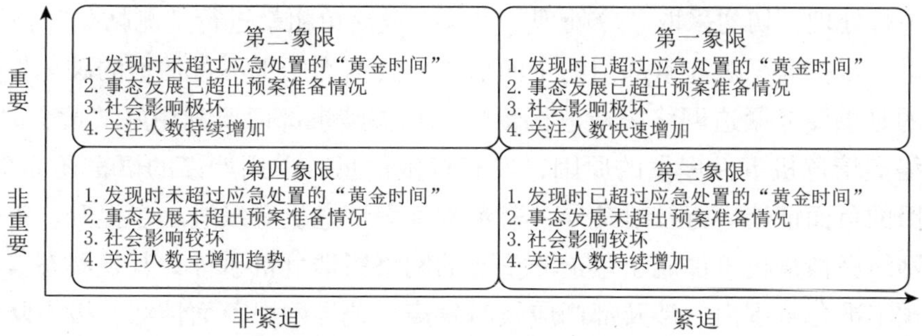

图 5-1　网络舆情危机等级评价模型

第一象限：紧迫且重要。在众多网络舆情危机事件中，紧迫且重要的网络舆情危机事件表现为：相关涉事部门发现网络舆情危机时，距网络舆情危机爆发的时间已超过网络舆情危机的最佳处置时间；网络舆情危机发展的态势已超过预案准备的范围，局面在可控范围之外；舆情事件涉及危害国家利益及民众自身利益的情节，且性质恶劣，社会影响极坏；关注人数暴增，民众不良情绪迅速蔓延。

第二象限：重要非紧迫。重要非紧迫的网络舆情危机事件主要表现为：网络舆情危机事件被相关涉事部门及时发现，发现时间距爆发时间未超过“黄金时间”；网络舆情危机发展态势超过预案准备范围；舆情事件涉及“窝案”“钱权交易”“钱色交易”等较为吸引“眼球”的情节，社会影响极坏；关注网络舆情事件的人数持续增加。

第三象限：紧迫非重要。紧迫非重要的网络舆情事件主要表现为：相关涉事部门察觉网络舆情危机时距网络舆情危机事件爆发时间超过“黄金时间”；网络舆情危机发展态势在预案准备范围之内；舆情事件中所涉及的情节社会影响较坏；关注网络舆情危机事件的人数持续增加。

第四象限：非紧迫且非重要。非紧迫且非重要的网络舆情危机事件主要表现为：相关涉事部门及时发现了网络舆情危机的爆发，有较充裕的时间在“黄金时间”内应对危机；网络舆情危机发展态势在预案准备范围之内，涉事部门可以依据预案按部就班地应对突发危机；舆情事件涉及的情节社会影响较坏；关注网络舆情危机事件的人数呈上升趋势。

在具体实践中，相关涉事部门可以根据影响网络舆情危机的 4 个维度，结合本地区网络舆情危机的具体情况与特点，对照本研究给出的具有普适性的网络舆情危机等级评价模型，确定网络舆情危机事件所处象限。

二、网络舆情危机等级评价模型优先级运算

网络舆情危机等级评价模型包含时间、预案准备情况、社会影响程度、关注人数 4 个维度，应通过 4 个维度所表现出的不同情况，采用紧迫性与重要性的评判标准，对其进行评判，确定网络舆情事件危机等级。符合第一象限所述情况的网络舆情危机事件既紧迫又重要，有关涉事部门要高度重视，明确领导方，协调多部门力量，采取有效对策

及时对其进行处理，切勿采取“冷处理”方法，或简单粗暴进行“删帖”“封号”，以免危机事件进一步扩大，对涉事部门的正面形象及公信力产生不可估量的破坏作用。第二象限描述的是重要非紧迫网络舆情危机事件，相关涉事部门要利用好“黄金时间”，及时厘清网络舆情危机事件爆发的原因，发布权威信息，采用严谨的语言还原事件真相，对广大网民的负面情绪进行及时疏导，避免网络舆情危机等级进一步提升。符合第三象限描述的网络舆情危机事件属于紧迫非重要的网络舆情危机事件，其发展态势在相关涉事部门的预案准备范围内，涉及部门应及时发声，疏导网民负面情绪，极力降低事件的社会影响，避免事态进一步恶化。非紧迫与非重要的网络舆情危机事件，符合网络舆情危机评价等级矩阵第四象限的描述，这类网络舆情危机事件的破坏力并不大，但相关部门也应根据预案采取应对措施，将危机“化整为散”“化有为无”。

综上，网络舆情危机等级评价模型的优先级为：第一象限紧迫且重要的网络舆情危机事件优先级大于第二象限重要非紧迫的网络舆情危机事件；第二象限重要非紧迫的网络舆情危机事件优先级大于第三象限紧迫非重要的网络舆情危机事件；第三象限紧迫非重要的网络舆情危机事件的优先级大于第四象限非紧迫且非重要的网络舆情危机事件，如图 5-2 所示。

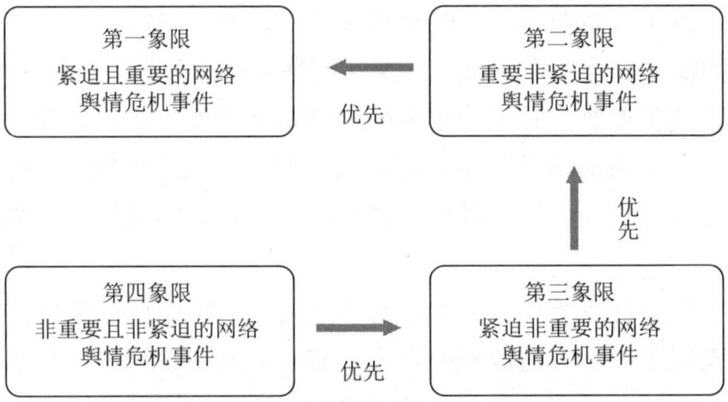

图 5-2 网络舆情危机等级评价模型优先级

网络舆情危机事件的优先级越大，其对相关涉事主体的正面形象及公信力的破坏作用越大，涉及的部门也越多，相关部门越应该对其投入更多的注意力，做好统筹与协调工作，及时控制住网络舆情危机的发展态势，避免其进一步失控。对于网络舆情危机优先级低的事件，相关部门对人力、物力与财力的投入可相对减少，但也不能掉以轻心。相关部门应对失策或相关人员失言，均有可能使网络舆情危机事件事态扩大，优先级提升，处理起来更加困难，浪费涉事部门有限的人力、财力及物力。

第四节　网络舆情危机等级评价案例分析

惠邦网络舆情监测系统采用大数据技术对互联网中用户指定的舆情进行收集与分析，利用舆情分析技术与舆情知识库对舆情进行监测。我们采用惠邦网络舆情监测系统对新浪网微舆情官方微博发布的“张昆生严重违纪”① 与 2016“社保局科员私吞 900 万养老金”② 两起网络舆情危机事件进行数据收集与分析，根据网络舆情危机等级评价模型对其危机等级进行界定。

一、张昆生严重违纪事件

（一）事件进程

2015 年 1 月 2 日，外交部发言人华春莹在答记者问时表示，张昆生已不再担任外交部部长助理兼礼宾司司长职务，其涉嫌违纪，正在接受调查。2016 年 5 月 12 日，中央纪委监察部网站报道，依据《中国共产党纪律处分条例》和《行政机关公务员处分条例》的有关规定，经中央纪委常委会议审议并报中共中央批准，决定给予张昆生开除党籍处分；由监察部报国务院批准，给予其开除公职处分；将其涉嫌犯罪问题、线索及所涉款物移送司法机关依法处理。人民网、央广网、光明网、北青网等国内多家主流媒体网站相继转载此消息。截至 2016 年 7 月底，百度搜索引擎可搜索到 17,900 条关于张昆生的信息结果。

（二）危机等级判定

我们根据本研究提出的影响网络舆情危机等级的 4 个维度，对照本研究构建的网络舆情危机等级评价模型，根据各维度的紧迫性与重要性对“张昆生严重违纪”网络舆情危机事件进行危机等级判定。

影响网络舆情危机等级的 4 个维度分别为时间、预案准备情况、社会影响程度、关注人数。在外交部发言人华春莹回答记者的问题之前，网络上已出现“张昆生因违纪接受调查”的传言，迅速引起网民关注与热议。此时网络舆情危机事件还处于发展阶段，外交部发言人华春莹在回答记者问时，正面回应了该舆情，中央纪委监察部网站亦对此事件的处理情况进行公布。涉事部门在网络舆情危机爆发的“黄金时间”内，对此事件进行回应，符合网络舆情危机等级评价模型中第二与第四象限的描述。由于张昆生并非第一个违纪的部级高官，从相关部门的回应中也可以看出相关部门对此类网络舆情危机

---

① 2016 年 5 月热点舆情报告［EB/OL］.（2021-10-11）［2021-11-13］. http：//blog.sina.com.cn/s/blog_ec0961940102wi97.html.

② 2016 年 6 月热点舆情报告［EB/OL］.（2021-10-11）［2021-11-13］. http：//blog.sina.com.cn/s/blog_ec0961940102wn59.html.

事件拥有完善的预案，符合网络舆情危机等级评价模型第三与第四象限的描述。据中央纪委监察部网站披露，张昆生收受礼品、礼金，搞权色交易，利用职务上的便利为他人谋取利益并收受财物[①]，社会影响极坏，符合网络舆情危机等级评价模型第一与第二象限描述。事件爆发后，各大主流媒体相继报道，网民关注度持续增加，符合网络舆情危机等级评价模型第二与第三象限描述。

统计结果显示，符合第二象限的描述个数为 3 个，符合第三、四象限的描述个数均为 2 个，符合第一象限的描述仅为 1 个，如图 5-3 所示。我们选取描述个数最多的象限为该网络舆情危机的所属象限，因此，该网络舆情危机事件的危机等级为二级。应采用与之相匹配的应对策略，化解该网络舆情危机。

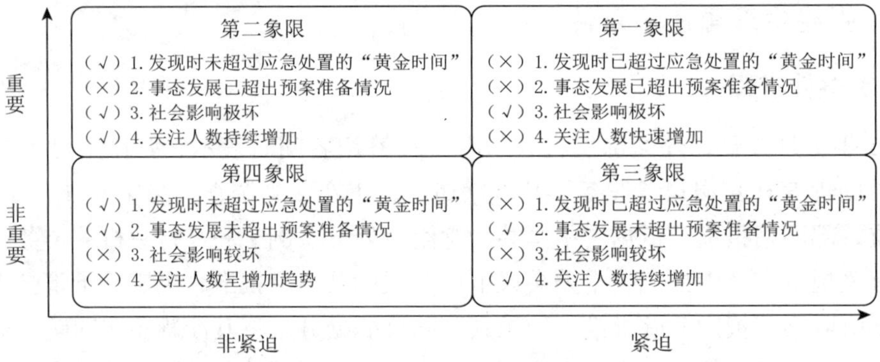

图 5-3 “张昆生严重违纪事件”符合各象限的描述个数统计

二、社保局科员私吞 900 万养老金事件

（一）事件进程

2016 年 6 月 22 日，澎湃新闻网、搜狐网、腾讯网、光明网、中华网等国内多家大型网站相继报道或转载了题为《社保局科员私吞 900 万养老金，社保局要参保人补齐》的新闻事件：2016 年 1 月，河北承德市一些养老保险参保户的养老金突然停发，原因是当地社保局科员白雪杉利用养老保险系统漏洞，诈骗 248 人共计 900 多万养老金，案发后退还 858.4 万，对于“亏空”部分，社保局表示应由这些参保人自己来补齐。截至 2016 年 8 月初，百度搜索引擎可搜索到的相关信息接近 280,000 条，且相关评论文章及各论坛的跟帖数量还在持续增长。

（二）危机等级判定

由于案发后相关部门只追回 858.4 万元，因而承德市社保局决定，追回部分均摊到相关参保人员 248 人的账户，视为已缴纳保险费，而不足部分则由参保户本人按规定补

---

① 外交部原党委委员、部长助理张昆生严重违纪被开除党籍［EB/OL］.（2021-10-10）［2021-12-03］. http：//www.ccdi.gov.cn/jlsc/zggb/djcf_zggb/201607/t20160704_82024.html.

齐，否则他们不能享受相应养老保险待遇。此报道一出网民哗然，网民认为当地社保局面对如此清晰的责任划分，让相关参保人员承担责任，最重要的原因可能是相关负责人害怕被追究渎职及管理责任。这个事件不仅涉及相关参保人员的合法权益，更事关社保机构的权威与信用，在社会上造成极坏影响，符合网络舆情危机等级评价模型第一与第二象限的描述。该网络舆情危机涉及民众最关心的“养老”问题且涉及人数较多，因此关注该网络舆情的人数快速增加，符合第一象限描述。关于该事件的报道在 2016 年 6 月 22 日发布，3 天后相关部门关于具体情况的说明才发布，从时间上来说大大超过了网络舆情危机事件处理的“黄金时间”，符合第一与第三象限的描述。由承德市社保局在该危机爆发后的反应可知，其预案准备并不完善，符合第一与第二象限描述。

统计结果显示，符合第一象限的描述个数为 4 个，符合第二象限的描述个数为 2 个，符合第三象限的描述个数为 1 个，没有符合第四象限的描述，如图 5–4 所示。我们选取描述个数最多的象限为该网络舆情危机的所属象限，因此，“社保局科员私吞 900 万养老金”网络舆情危机事件的危机等级为一级。应采用与之相匹配的应对策略，化解该网络舆情危机。

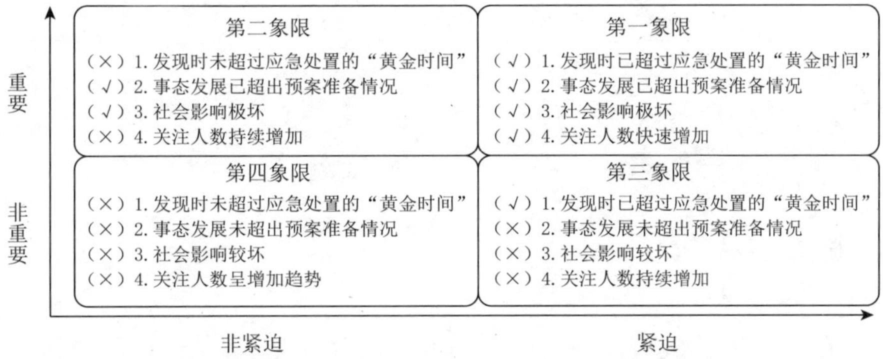

图 5–4 “社保局科员私吞 900 万养老金事件”符合各象限的描述个数统计

据人民网舆情分析室统计，网络舆情往往最先出现在地区范围内的网络平台上，而一些地方涉事部门发现不及时，对突发网络舆情危机事件后知后觉，导致舆情迅速蔓延，危机等级升高；另有一些涉事主体对网络舆情危机采取冷处理方式，采用删帖、封号等粗暴手段企图压制网络舆情危机，这样做只会使网络舆情危机持续发酵，最终酿成重大危机；更有一些涉事主体面对突发网络舆情时表现得无知、轻率，言语不当，结果把网络舆情危机引向高潮。在本研究的第二个案例“社保局科员私吞 900 万养老金”事件中，地方政府相关部门在网络舆情事件爆发伊始没能对事件的发展态势进行正确评估，导致应对策略不当，舆情危机迅速蔓延，损害了当地政府的形象及公信力。反观本研究的第一个案例“张昆生严重违纪”事件，相关涉事部门预先对事件危机等级进行正确评估，及时采取通报事件动态等策略疏导舆情，使得该网络舆情事件得到最大限度的平息。

思考题

1. 网络舆情危机等级评价模型共包含几个象限？
2. 网络舆情危机等级评价模型的不同象限分别是什么？
3. 简述网络舆情危机等级评价模型的不同象限的优先级。

应用篇

第六章　KNIME 在网络舆情分析中的应用

本章概述

本章主要介绍无须编程、功能强大的数据科学分析平台 KNIME 及其在网络舆情分析中的应用，以期帮助新闻与传播领域研究人员更好地深化健康传播、政治传播与意见挖掘、发展传播与精准扶贫、数据新闻与计算广告、复杂网络与智能媒体等研究议题。本章将具体介绍 KNIME 的基本情况，结合实际案例讲解基于 KNIME 的网络舆情案例分析，以满足网络舆情分析研究与实践中的数据处理及分析需求。

教学目标

帮助新闻与传播领域的学生、研究人员和学者了解数据科学分析平台 KNIME 及其在网络舆情分析中的具体应用，具体包括：熟悉 KNIME 的安装与基本操作界面，了解功能节点的 4 种基本状态；掌握数据读取、转换、过滤和主题建模等常见、重要的功能节点；掌握基于 KNIME 的网络舆情分析一般流程，即各个功能节点的连接流程。

学习建议

建议提前了解、学习和掌握一定的数据挖掘、机器学习相关基础知识。虽然数据科学分析平台 KNIME 无须编程，具有直观的图形窗口操作界面，但是由于 KNIME 将分析算法模型封装在了一个个的功能节点中，用户如果想掌握基于 KNIME 的网络舆情分析方法，需要将各个功能节点按照一定的顺序连接起来构成科学、合理的 KNIME 工作流。

随着计算机以及互联网技术的不断发展，大数据、社会科学的研究范式不断丰富、完善。数据科学（从数据中提取有用知识的一系列技能和技术）时代背景下，计算传播学、科学计量学、计算法学、计算社会科学等基于数据的新兴研究领域受到越来越多研究者的关注和重视。特别是近年来，全球社交媒体在互联网的沃土上蓬勃发展，社交网站、微博、微信、博客、论坛、播客等新媒体应用快速融入社会的方方面面，为新闻与传播学的发展带来了新的契机。

其中，网络舆情分析是目前新闻与传播学研究的重要方向，由于社交媒体的快速发展，网络舆情对国家政治秩序、社会环境的影响与日俱增，一些重大的网络舆情事件使人们开始认识到网络舆情的重要作用，研究者逐渐将网络舆情分析作为新闻与传播学的研究重点之一。数据科学时代，信息数据海量化，新闻与传播研究人员如何从浩瀚的网络舆情数据中挖掘出有价值的信息是个难题。在此背景下，网络爬虫技术、数据挖掘技术和可视化分析技术，逐渐成为部分新闻与传播学研究者需要掌握的技能。

第一节　数据科学分析平台 KNIME 应用基础

一、数据科学分析平台 KNIME 简介

KNIME 是一款用于数据科学分析研究的开源软件，KNIME 具有直观（图形窗口操作界面）、开放并不断更新的特点，可以让每个用户理解数据、设计数据科学工作流程和功能节点。“端到端”的数据科学平台 KNIME 有利于解决数据分析问题，与之对应的是多步骤解决问题，也就是将一个问题拆分为多个步骤分步解决，而“端到端”是由输入端的数据直接得到输出端的结果。KNIME 官网（https：//www.knime.com/）如图 6-1 所示。

图 6-1　KNIME 官网首页

KNIME 是 Michael Berthold 领导的康斯坦茨大学软件工程师团队于 2004 年 1 月发布

的开源数据分析工具，该团队最初的目标是创建一个模块化、高度可扩展和开放的数据处理平台。因为不需要编程，没有计算机知识背景的用户也可以利用该平台实现数据加载、预处理、转换、分析和可视化探索等操作。该平台旨在成为一个开放、协作的数据科学研究平台。目前，KNIME 由于其强大的数据挖掘、数理统计、机器学习和可视化功能，被广泛应用于计算机科学、生物学、化学、图书与情报学等学科领域。

KNIME 区别于一般数据分析软件工具的特色主要有以下几点：

①使用简单。KNIME 具有图形化操作窗口，对于没有编程基础的用户具有友好性，并且封装了上千个功能节点、上百个可以直接运行的数据分析工作流程，是数据分析需求者的理想软件工具。

②有灵活的插件系统。因为 KNIME 有灵活的插件系统，用户能够根据自身需求去开发新功能，并通过官方渠道以免费或收费的形式发布出去，官方抽成一部分，类似苹果的 App Store。

③有前瞻的设计理念。如果用户此前利用 Python、Java、R、Weka 等工具做过很多数据挖掘任务，那么其在使用 KNIME 时会发出“啊哈”的感叹，这是由于 KNIME 具有一些独特的、前瞻性的设计理念，比如 KNIME 中的 Workflow Coach、Guided Analytics 等。

④能够和其他数据分析软件互联。KNIME 贯彻了一个重要理念：Do one thing，and do it well。做一个完美的数据分析工具是不可能的。KNIME 不追求完美的数据分析功能，但是它做了很多和其他工具（Python、Java、R、Weka 等）互通互联的接口，用户可以使用 KNIME 调用 R，把 R 的代码块组织到当前的数据分析流程中。

二、KNIME 安装

KNIME 免费、开源，用户可以通过其官网下载使用。具体来说，KNIME 的版本可以细分为 KNIME Analytics Platform 和 KNIME Server，其中 KNIME Server 面向企业用户并且收费，而普通用户主要使用 KNIME Analytics Platform，后文所述 KNIME 都是指 KNIME Analytics Platform。KNIME 的下载页面如图 6-2 所示，具体下载地址为：https://www.knime.com/downloads/download-knime/。

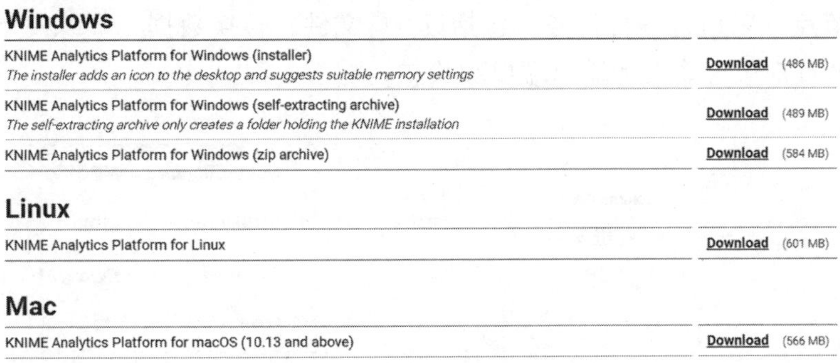

图 6-2 KNIME 下载页面

KNIME 支持 Windows、Linux 和 Mac 等多种计算机平台，用户可以根据自己电脑的型号选择合适的操作系统及位数，其中，在 Windows 操作系统环境下，用户可以下载安装包、压缩包等，压缩包可以直接解压到本地使用。

三、KNIME 基本应用介绍

在具体使用 KNIME 时，有 5 个部分值得特别注意（如图 6-3 所示）。KNIME Workbench 由以下组件组成：①工作流（KNIME Explorer），即用户使用 KNIME 时存储数据分析流程项目文件的地方，即本地工作区；②节点仓库（Node Repository），其存贮 KNIME 所有的功能节点，节点按类别组织，具体使用时用户可以通过顶部的检索窗口 Node Repository 查找特定功能的节点；③工作流画布（Workflow Editor），其用于编辑、构建用户的数据科学分析流程；④节点描述（Description），用户用鼠标左键点击功能节点后，屏幕将显示该节点的具体功能；⑤控制台（Console），其显示用户使用 KNIME 的过程中的执行消息。

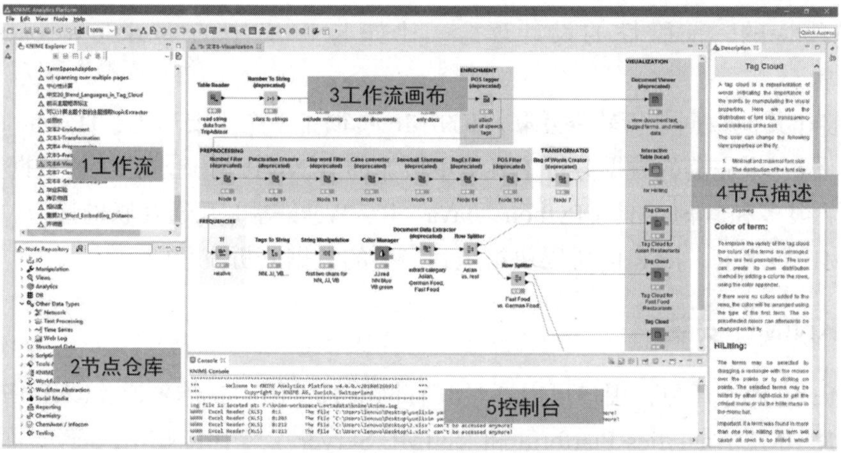

图 6-3　KNIME 主要部分介绍

除了以上 5 个主要部分，工作流画布（Workflow Editor）中的节点和工作流也十分重要。在 KNIME 中，不同的数据分析功能都可以通过节点来实现（如图 6-4 所示）。具体来说，节点可以执行各种任务，包括读 / 写文件、转换数据、训练模型、创建可视化等。各个节点都包含输入和输出端口和状态。

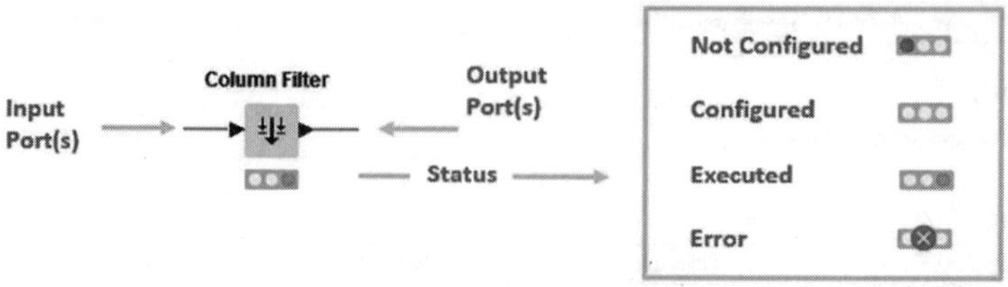

图 6-4　功能节点介绍

其中，输入是指节点要处理的数据，输出是指经过节点处理后得到的结果。状态是指各个功能节点的 4 种状态，包括未配置、已完成配置、已经执行和错误，类似于现实世界中的红黄绿灯状态。此外，各个节点都包含特定的设置，用户选择节点后可以点击鼠标右键进行选择设置。工作流由各个功能节点连接而成，用户可以根据数据分析需求连接若干特定的功能节点从而形成工作流（基本工作流示例如图 6-5 所示）。

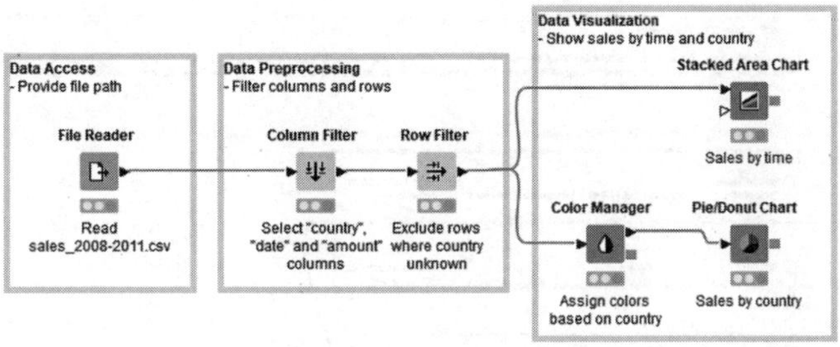

图 6-5　工作流示例

第二节　基于 Twitter 推文[①] 的用户观点舆情分析

本实战案例旨在通过构建 KNIME 工作流来分析 Twitter 用户对于数据科学分析平台 KNIME 的观点看法，KNIME 可以通过免费的开发者账户连接到 Twitter 进而获取用户推文数据。

一、工作流

首先，我们可以在 https：//apps.twitter.com/ 上创建一个 Twitter 开发者账户。创建账户后，我们可以收到一个 API Key 和一个 Access Token，然后我们可以使用 Twitter 节点输入 API Key 和 Access Token，进而连接到 Twitter 并下载推文（如图 6-6 所示）。

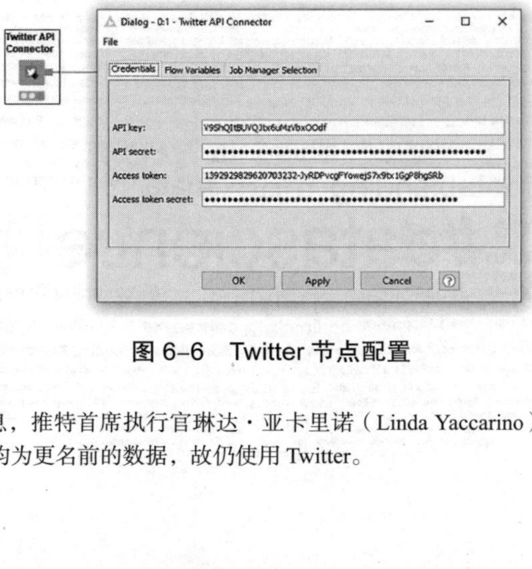

图 6-6　Twitter 节点配置

① 2023 年 7 月 24 日下午消息，推特首席执行官琳达 · 亚卡里诺（Linda Yaccarino）发文，宣布推特 Logo 正式改为 X。本书案例所涉内容均为更名前的数据，故仍使用 Twitter。

创建一个新的工作流程时，我们首选拖入并设置 Twitter API 连接器节点，使用获得的 API Key 和 Access Token 连接到 Twitter。然后，我们使用 Twitter 搜索节点下载围绕给定主题的所有推文——标签 #KNIME。此主题字符串由 String Input Quickform 节点作为流变量生成并传递给 Twitter Search 节点，执行工作流（如图 6-7 所示）后，我们可以获取推文正文、时间、用户、位置和其他相关信息。

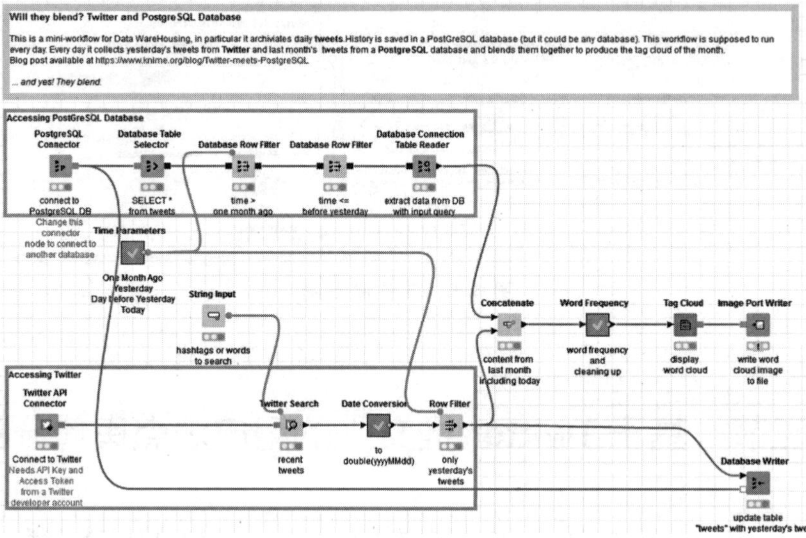

图 6-7 基于 Twitter 推文的用户观点舆情分析工作流

二、用户观点舆情分析

根据上一步构建的工作流，我们获取了 2016 年 10 月 31 日至 11 月 24 日之间 Twitter 用户发布的包含标签 #KNIME 的推文，并通过文本挖掘和可视化处理绘制了词云，这个词云是由包含标签 #KNIMESummit2016 的推文构建的，如图 6-8 所示。

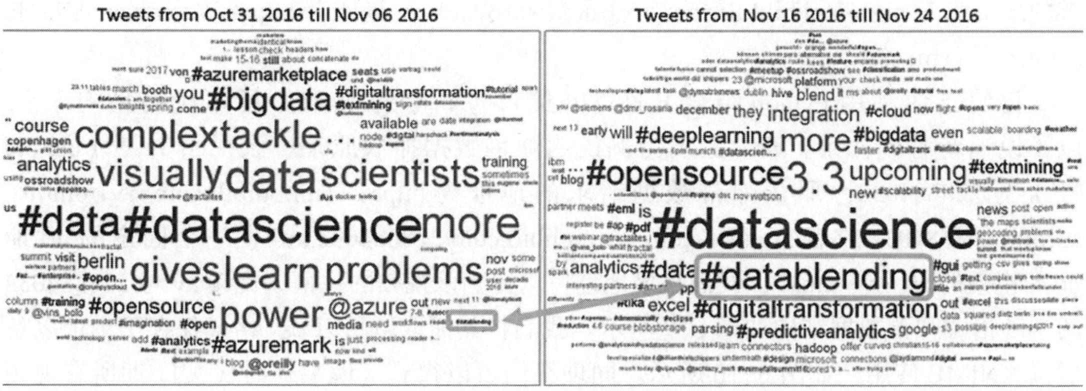

图 6-8　标签 #KNIME 的推文词云

分析图 6-8 可知，Twitter 用户主要讨论 KNIME 数据科学分析平台的大数据分析功能，此外，他们还关注 KNIME 的开放资源和深度学习功能。依据 11 月第一周（左）和 11 月 16 日至 24 日（右）发布的由带有标签 #KNIME 的推文生成的词云，我们可以发现 #datablending 标签的快速增长。

第三节　基于 B 站（Bilibili.com）弹幕的粉丝社群舆情分析

本实战案例旨在通过构建 KNIME 工作流来对 B 站弹幕进行文本挖掘进而分析粉丝社群的网络舆论、舆情。具体以《说唱新世代》为例，我们综合文本挖掘和可视化分析等研究技术方法，研究 B 站节目的粉丝社群互动及社群化传播特征、模式等网络舆情相关内容。

一、工作流

B 站提供了丰富的数据 API 接口，支持用户获取其视频弹幕、评论、视频收藏、关注等数据，用户可以通过数据请求地址 https：//api.bilibili.com/ 来获取这些数据，B 站 API 接口的重要参数及其含义见表 6-1。

表 6-1　API 接口的重要参数

参数	含义说明
cid/oid	B 站视频编号，即 AV 号，可以与 BV 号相互转换
bvid	B 站视频编号，即 BV 号，可以与 AV 号相互转换
ep	剧集编号，《说唱新时代》的剧集编号为 ep336156
media_id	剧集 media（md）号，《说唱新时代》的 md 号为 28229493

表 6-1 为 B 站《说唱新时代》节目弹幕和评论数据的重要参数，其中，弹幕数据请

求的地址为 https：//api.bilibili.com/x/v1/dm/list.so?oid=av 号或者 https：//comment.bilibili.com/av 号 .xml。

我们具体利用 Python 结合 B 站 API 接口进行数据抓取（具体代码见附录），以《说唱新时代》第 1 期（上）为例说明弹幕数据抓取原理。该视频 av 号（cid/oid 号）为 228684032，那么弹幕数据请求的地址为 https：//api.bilibili.com/x/v1/dm/list.so?oid=228684032 或者 https：//comment.bilibili.com/228684032.xml（一个固定的 url 地址 + 视频的 av 号 +.xml），我们从该地址可以得到该视频的弹幕，视频 av 号 228684032 的 xml 格式弹幕数据结构如图 6-9 所示。我们将其抓取解析以 csv 格式保存至本地以备后续 KNIME 使用，如图 6-10 所示。同理我们可以得到《说唱新时代》11 期所有视频的弹幕数据。

```
This XML file does not appear to have any style information associated with it. The document tree is shown below.

▼<i>
  <chatserver>chat.bilibili.com</chatserver>
  <chatid>228684032</chatid>
  <mission>0</mission>
  <maxlimit>8000</maxlimit>
  <state>0</state>
  <real_name>0</real_name>
  <source>k-v</source>
  <d p="1247.75900,1,25,16777215,1603946283,0,3e9faae0,40267472239591427">哈哈哈哈哈哈哈哈</d>
  <d p="15.43900,1,25,16777215,1601301401,0,1fb36fc7,38880792452530181">恭喜你发现了新大陆</d>
  <d p="0.83900,5,25,6830715,1601289085,0,54db3f59,38874335167905799">恭喜你发现了宝藏</d>
  <d p="0.83900,5,25,41194,1601289078,0,54db3f59,38874331923611651">恭喜你发现了宝藏</d>
  <d p="0.83900,5,25,16707842,1601289070,0,54db3f59,38874327746084867">恭喜你发现了宝藏</d>
  <d p="0.83900,5,25,15138834,1601289064,0,54db3f59,38874324630765571">恭喜你发现了宝藏</d>
  <d p="12.24300,1,25,16777215,1601166801,0,4c594000,38810223374237699">欢迎收看说唱喜剧人</d>
  <d p="0.22000,1,25,16777215,1600603536,0,1cb95522,38514910361026563">小破站越做越好！</d>
  <d p="840.78400,5,25,16777215,1600003319,0,4a25195e,38200223839813635">有变形记那味儿了</d>
  <d p="1919.31500,5,25,14811775,1599569568,0,f4ac3320,37972813323698181">众所周知B站是个学习软件</d>
  <d p="738.95400,1,25,16777215,1599129342,0,e7244277,37742008010801157">果然是学习软件 看个综艺都要学数学</d>
  <d p="177.33900,5,25,16707842,1598532573,0,ceb2e627,37429129212067847">这是张一山的哥哥张七山</d>
  <d p="40.64700,1,25,16646914,1598439050,0,8f66ba86,37380096427819011">进度条可爱</d>
  <d p="209.07900,1,25,16777215,1598417065,0,7ec7bd91,37368569948274695">这个阵容真的牛</d>
  <d p="474.67000,5,25,16707842,1598357578,0,af056248,37344378687062023">《说唱新世代》x 《说唱新工地》√</d>
  <d p="840.91500,1,25,16777215,1598331353,0,dd1ae489,37344507920908293">真 全村的希望</d>
  <d p="24.34000,1,25,16777215,1598287733,0,2ba66734,37366947039412231">自家的节目，必须支持，三连走起</d>
  <d p="40.66600,1,25,16777215,1598182090,0,c2a51eb0,37368332957515779">谢谢金主爸爸，全小区都买了</d>
  <d p="38.12100,1,25,16777215,1598166238,0,2ce7350d,37368856279252995">排面儿</d>
  <d p="208.22000,1,25,16777215,1598147481,0,3a52a695,37369788945661957">这开场强啊</d>
  <d p="841.11600,1,25,16777215,1598138551,0,9dab69b4,37370042187776007">全厂牌的希望</d>
  <d p="208.05900,1,25,16777215,1598113672,0,b72688a3,37373283269083141">热狗的音是我听过最舒服的</d>
  <d p="208.15800,1,25,16777215,1598108924,0,5ad2048b,37372751864922119">狗哥排面！！！！！！！！！！！！！！！11</d>
  <d p="41.92300,5,25,15138834,1598108139,0,2d6d61c9,37372639961939973">进度条好可爱！</d>
  <d p="209.19200,1,25,16777215,1598102190,0,717184e0,37370287166062595">最爱！❤❤❤</d>
  <d p="40.29600,1,25,16777215,1598101763,0,7c7ccb12,37370429874634755">期待</d>
  <d p="1695.34600,5,25,15138834,1600050287,0,431c6d14,38224848324395013">讲文明，懂礼貌，树新风</d>
  <d p="1775.56300,1,25,16777215,1599896039,0,7ecabf57,38143978178084871">真·扶贫大使马伯骞</d>
  <d p="3705.99900,1,25,16777215,1599732992,0,8cb1f115,38058494608801797">严敬:我也不太习惯有规则</d>
  <d p="1704.66300,1,25,16777215,1599730382,0,5c8186c6,38057125873188869">互相认怂</d>
  <d p="3696.21600,1,25,16777215,1599713268,0,d60ce3fc,38048153245581317">严导：我上个节目更没规则，习惯了</d>
  <d p="2983.16300,5,25,16707842,1599699955,0,69754b4b,38041173480177667">我本来想复习的，但我书不见了</d>
  <d p="1096.24600,1,25,15138834,1599671640,0,93327541,38026328486182915">是不是走错片场了，你们去嘎嘎们绝对前十包了</d>
  <d p="1149.45000,1,25,16777215,1599646993,0,97a729f1,38013406518181891">说唱让你爸变贫穷</d>
  <d p="1452.66100,1,25,16777215,1599543946,0,a4aec9db,37959380129808387">姜云升：算了一卦，合我气运我就来了</d>
```

图 6-9　B 站 xml 格式弹幕数据结构示例（cid/oid=228684032）

H2　fx　哈哈哈哈哈哈哈哈哈

	A	B	C	D	E	F	G	
1	chatserver	chatid	m	max	s	re	sou	d
2	chat.bilibili.com	228684032	0	8000	0	0	k-v	哈哈哈哈哈哈哈哈哈
3	chat.bilibili.com	228684032	0	8000	0	0	k-v	恭喜你发现了新大陆
4	chat.bilibili.com	228684032	0	8000	0	0	k-v	恭喜你发现了宝藏
5	chat.bilibili.com	228684032	0	8000	0	0	k-v	恭喜你发现了宝藏
6	chat.bilibili.com	228684032	0	8000	0	0	k-v	恭喜你发现了宝藏
7	chat.bilibili.com	228684032	0	8000	0	0	k-v	恭喜你发现了宝藏
8	chat.bilibili.com	228684032	0	8000	0	0	k-v	欢迎收看说唱喜剧人
9	chat.bilibili.com	228684032	0	8000	0	0	k-v	小破站越做越好！
10	chat.bilibili.com	228684032	0	8000	0	0	k-v	有变形记那味儿了
11	chat.bilibili.com	228684032	0	8000	0	0	k-v	众所周知B站是个学习软件
12	chat.bilibili.com	228684032	0	8000	0	0	k-v	果然是学习软件　看个综艺都要学数学
13	chat.bilibili.com	228684032	0	8000	0	0	k-v	这是张一山的哥哥张七山
14	chat.bilibili.com	228684032	0	8000	0	0	k-v	进度条可爱
15	chat.bilibili.com	228684032	0	8000	0	0	k-v	这个阵容真的牛
16	chat.bilibili.com	228684032	0	8000	0	0	k-v	《说唱新世代》x　　《说唱新工地》✓
17	chat.bilibili.com	228684032	0	8000	0	0	k-v	真 全村的希望
18	chat.bilibili.com	228684032	0	8000	0	0	k-v	自家的节目，必须支持，三连走起
19	chat.bilibili.com	228684032	0	8000	0	0	k-v	谢谢金主爸爸，全小区都买了
20	chat.bilibili.com	228684032	0	8000	0	0	k-v	排面儿
21	chat.bilibili.com	228684032	0	8000	0	0	k-v	这开场强啊
22	chat.bilibili.com	228684032	0	8000	0	0	k-v	全厂牌的希望
23	chat.bilibili.com	228684032	0	8000	0	0	k-v	热狗的音是我听过最舒服的
24	chat.bilibili.com	228684032	0	8000	0	0	k-v	狗哥排面！！！！！！！！！！！！！！11
25	chat.bilibili.com	228684032	0	8000	0	0	k-v	进度条好可爱！
26	chat.bilibili.com	228684032	0	8000	0	0	k-v	最爱！❤ ❤ ❤
27	chat.bilibili.com	228684032	0	8000	0	0	k-v	期待
28	chat.bilibili.com	228684032	0	8000	0	0	k-v	讲文明，懂礼貌，树新风
29	chat.bilibili.com	228684032	0	8000	0	0	k-v	真·扶贫大使马伯骞
30	chat.bilibili.com	228684032	0	8000	0	0	k-v	严敏:我也不太习惯有规则
31	chat.bilibili.com	228684032	0	8000	0	0	k-v	互相认怂
32	chat.bilibili.com	228684032	0	8000	0	0	k-v	严导：我上个节目更没规则，习惯了
33	chat.bilibili.com	228684032	0	8000	0	0	k-v	我本来想复习的，但我书不见了
34	chat.bilibili.com	228684032	0	8000	0	0	k-v	是不是走错片场了，你们去嘎嘎们绝对前十包了
35	chat.bilibili.com	228684032	0	8000	0	0	k-v	说唱让你爸变贫穷
36	chat.bilibili.com	228684032	0	8000	0	0	k-v	姜云升：算了一卦，合我气运我就来了

图 6–10　弹幕数据抓取存储示例（cid/oid=228684032）

视频评论数据请求的地址为 https：//api.bilibili.com/pgc/review/short/list?media_id= 剧集 media（md）号，《说唱新时代》的 md 号为 28229493，所以评论数据请求的地址为 https：//api.bilibili.com/pgc/review/short/list?media_id=28229493。

在 B 站弹幕数据抓取基础上，我们利用 KNIME 构建工作流对《说唱新时代》节目 B 站弹幕和评论数据进行文本挖掘与可视化分析，本实战案例的具体 KNIME 工作流如图 6–11 所示。

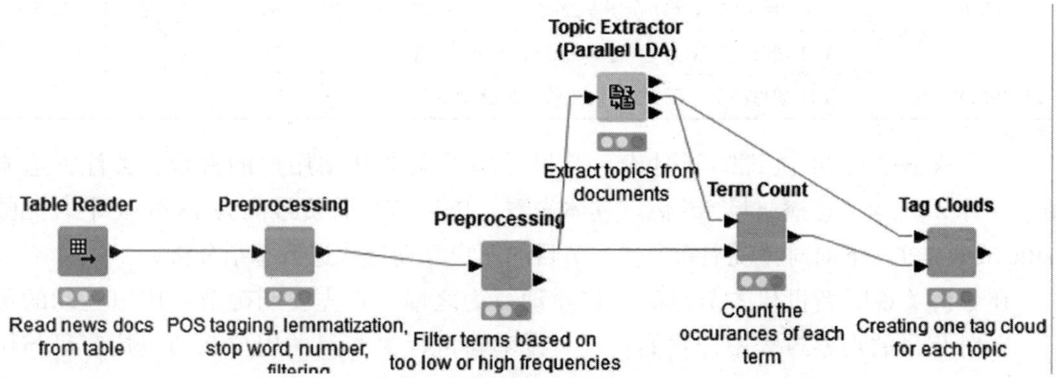

图 6–11　基于 B 站弹幕的粉丝社群舆情分析工作流

二、粉丝社群舆情分析

《说唱新时代》受到了B站用户的广泛关注，这为节目用户互动及社群传播奠定了坚实的基础。《说唱新时代》节目主体共计11期，其中每期又分为了上下两集，除此之外还有幕后花絮、福利版等内容，11期节目的用户关注情况见表6-2。

表6-2　节目用户关注情况

<table>
<tr><th>视频号</th><th>节目标题</th><th>点赞</th><th>总播放</th><th>追剧</th></tr>
<tr><td>228684032</td><td>第1期（上）选手挑战极限cypher</td><td>11.2w</td><td rowspan="17">5.6亿</td><td rowspan="17">211.5w</td></tr>
<tr><td>228687152</td><td>第1期（下）高能battle战炸裂来袭</td><td>11w</td></tr>
<tr><td>230407719</td><td>第2期（上）八角笼battle高燃继续</td><td>6.8w</td></tr>
<tr><td>230408126</td><td>第2期（下）黄子韬立flag一秒翻车</td><td>5.1w</td></tr>
<tr><td>237550343</td><td>第3期（上）首次公演舞台燃炸开启</td><td>11.4w</td></tr>
<tr><td>237552886</td><td>第3期（下）导师集体变身“夸夸团”</td><td>9.7w</td></tr>
<tr><td>237905703</td><td>第4期（上）选手重新分环互选对手</td><td>7.4w</td></tr>
<tr><td>237906844</td><td>第4期（下）个人无限battle战开打</td><td>13.9w</td></tr>
<tr><td>239945937</td><td>第5期（上）个人无限battle继续打响</td><td>8.6w</td></tr>
<tr><td>239947845</td><td>第5期（下）谁能突围成功继续生存？</td><td>7.1w</td></tr>
<tr><td>245192849</td><td>第6期（上）个人无限battle迎最终战</td><td>8.3w</td></tr>
<tr><td>245195233</td><td>第6期（下）17位待定选手谁能晋级？</td><td>8.5w</td></tr>
<tr><td>245198799</td><td>第7期（上）特别突围赛开启“生死战”</td><td>8.3w</td></tr>
<tr><td>245201377</td><td>第7期（下）全国25强诞生解锁新赛程</td><td>5.5w</td></tr>
<tr><td>248335973</td><td>第8期（上）战队重组挑战极限创作</td><td>7.4w</td></tr>
<tr><td>247635168</td><td>第8期（下）25进13晋级战火热开启</td><td>8.1w</td></tr>
<tr><td>250029058</td><td>第9期（上）25进13晋级战继续打响</td><td>9.3w</td></tr>
<tr><td>250035232</td><td>第9期（下）13强诞生向半决赛进击</td><td>10.5w</td><td rowspan="5">5.6亿</td><td rowspan="5">211.5w</td></tr>
<tr><td>251255465</td><td>第10期半决赛（上）选手分组挑战“说唱辩论”</td><td>5.5w</td></tr>
<tr><td>251462466</td><td>第10期半决赛（下）全国9强诞生迎战总决赛</td><td>7.9w</td></tr>
<tr><td>253157622</td><td>第11期总决赛（上）9进8团战舞台高燃开启</td><td>8.1w</td></tr>
<tr><td>253206393</td><td>第11期总决赛（下）3强诞生收官战感动落幕</td><td>7.4w</td></tr>
</table>

分析表6-2可知，《说唱新时代》节目受到了众多B站用户的喜爱、关注，追剧用户共计211.5w，总播放量5.6亿。具体来看，单期节目获赞最高为13.9w（个人无限battle战开打）。下面对《说唱新世代》节目的用户互动形式进行总结分析。

在分析《说唱新世代》节目的用户互动行为之前，首先要明确节目用户互动的形式。在对节目的观察过程中，我们发现《说唱新世代》节目的用户互动包括节目与用户、用户与用户之间的互动行为。节目与用户的互动主要依靠节目的内容输出和营销策略带动（用户二创大赛、“说唱势力榜”排行等），而用户与用户之间的互动更多是自发产生（弹幕、评论等），如图 6-12 所示。

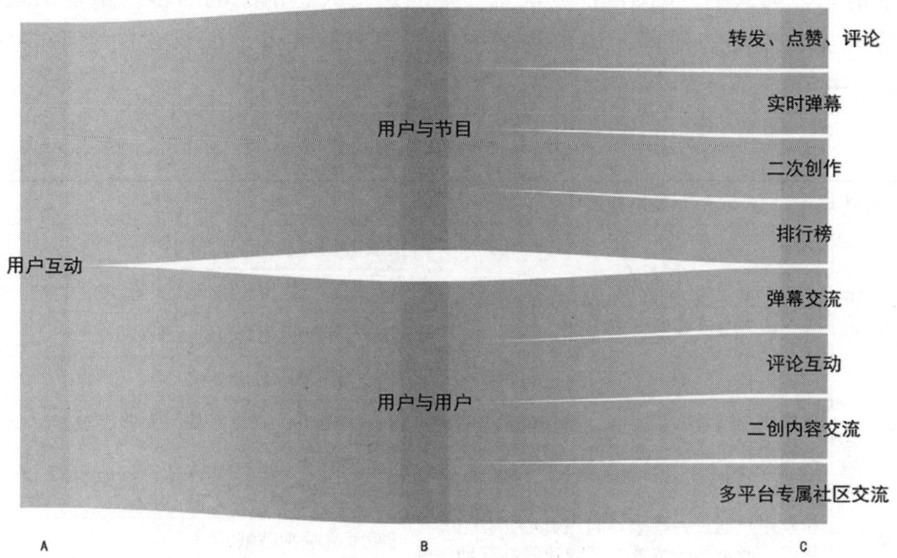

图 6-12　用户互动形式

我们根据 KNIEM 工作流，对《说唱新世代》节目的用户群体内部弹幕交流进行了弹幕数据文本挖掘、文本计量和可视化处理，部分结果如图 6-13 所示。

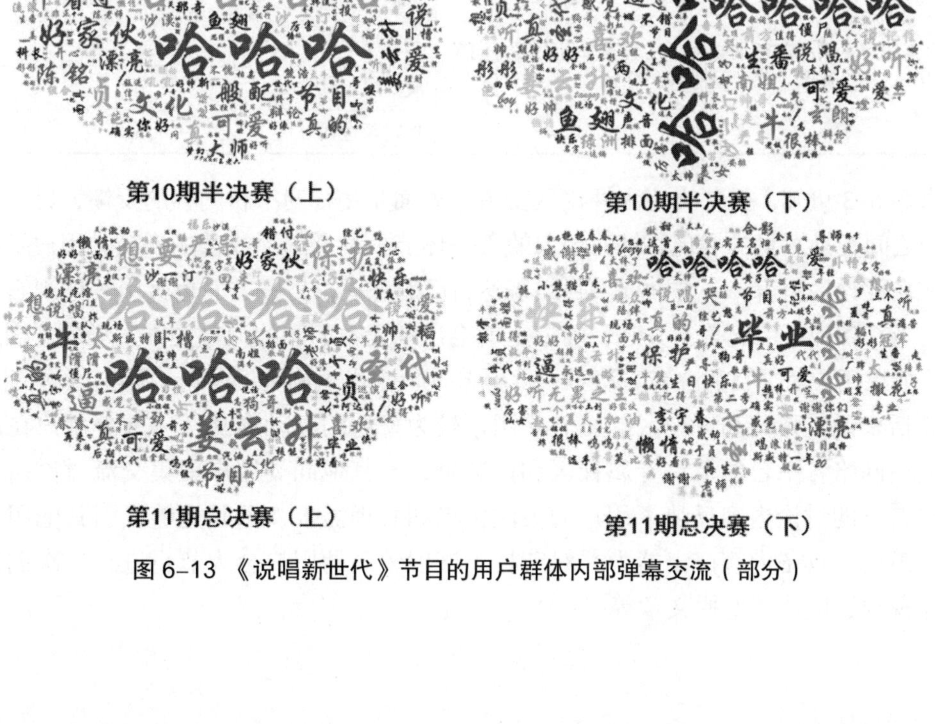

图 6-13 《说唱新世代》节目的用户群体内部弹幕交流（部分）

分析图 6-13 可知，《说唱新世代》节目的用户弹幕具有重复化、简单化的特点，用户群体内部弹幕交流呈现出明显的互动特征，用户通过跟风发表弹幕主要表达个人对节目的喜爱情感，词云中“哈哈哈”“快乐”等表达个人感情的词语多次重复出现，此外，还有一些意见交流类的弹幕，用户利用弹幕围绕节目或者他们喜欢的歌手进行意见交流，见表 6-3。

表 6-3 弹幕文本类别分析

弹幕文本类别	类别描述	示例
表达对特定偶像的喜爱类	粉丝用户通过弹幕表达对特定偶像的喜爱，或者交流偶像特定信息	宝藏山！！！！！ 吉丁！！！！！
		圣代配，圣代牛。输不代表弱，圣代棒！！
		姜云升和圣代是真正的无冕之王
		于贞这段听哭了
励志类	粉丝用户通过弹幕发表自己在观看节目时所获得的正能量，激励自己和别人	再一次说明，只要有梦，大胆去追，你一定能成为你想成为的人
情感宣泄类	粉丝用户通过弹幕表达自己开心、伤心等情感，通过共同情感弹幕构建隐性互动	上头了上头了
		哇哦哦哦哦哦哦哦
		哈哈哈哈哈哈哈哈哈或或或
特定用户交流互动类	粉丝用户对特定用户的弹幕进行回复或者面向众多用户发表个人意见	他选这哥就不是争胜的，他只是为了弥补以前的遗憾。我觉得大家平常心看待，胜负都无所谓。
		加油那个也在找工作的人
		前方核能
观点类	用户对节目中的情节或话题发表看法	我觉得这个节目打破了我对说唱综艺的那些刻板印象，让我觉得它除了 beef 还有 love&peace
特定含义的网络用语	网络流行词或用户在观看节目时因共同关注产生的共同话语、符号	习惯了
		老江湖了
		澳门风云
		理财新世代

由表 6-3 可知，弹幕交流和评论区交流一方面是用户对节目内容的反馈，另一方面也是用户之间交换意见的表现。针对节目的某一环节、某个选手或某场表演，用户发布实时弹幕或在评论区留言，一方面向节目组表达自己的意见，另一方面也吸引其他观看者回复讨论。当一条弹幕引起普遍共鸣，屏幕上就会出现无数相同的弹幕文本，形成“刷屏”的效果。如果用户对节目的内容看法不一，屏幕上也会出现刷屏的争论，评论区交流同理。

概括来说，弹幕和评论区的交流是用户较为普遍的互动形式，一部分用户在此基础上会前往网络各平台的节目专属社区和话题页，与其他同类用户聚集交流讨论。来自节目用户自身的讨论内容反映了用户的关注焦点和心理需求，因此能够吸引其他用户讨论交流。最后，具备内容产出能力并对节目忠诚度较高的用户会为节目进行二次创作，包括创作视频、图片、专栏文章等。

此外,《说唱新世代》用户的互动还受到节目策划的各种活动刺激，并在网络平台的支持下完成。在用户与节目的互动中，播放平台 B 站为节目与用户提供传统视频网站的互动方式，包括发布弹幕、评论留言。

不同于其他视频网站，B 站拥有独特的用户生产内容文化，用户可以二次剪辑视频，撰写专栏文章，发布节目衍生内容供所有用户观看交流。节目播出期间,B 站举办了“说唱新世代——非正常说唱派对”用户二创大赛，15 万奖金和节目周边奖品激励用户创作不同形式的内容在不同平台不同分区发表，其中一些用户自制视频获得百万播放量，影响力不亚于节目正片。

节目还设置“说唱势力榜”排行，仅限 B 站正式会员且通过正式答题测试的用户参与，用户登录即可获得 8 张唱片来支持自己喜欢的选手。此外，用户也可以在手机淘宝中搜索关键词参与活动支持自己喜欢的选手，排名较高的选手可获得节目额外福利。其他网络平台也存在节目用户的聚集，如微博、QQ 音乐等节目合作平台都有节目专属互动社区，用户可以自由讨论交流。

三、B 站《说唱新世代》用户社群互动仪式分析

一个界限内毫无关联的个体聚集在同一空间，这些个体关注同一焦点，在深度参与、互相交流中产生共同的情感体验和身份认同，这是柯林斯的互动仪式链理论的基本内容。网络技术的发展让远距离交流成为可能，互动仪式中的个体不必再亲身在场，参与场景延伸至网络线上。因此，柯林斯互动仪式链的构成要素可以总结为虚拟在场、设定界限、共同关注、分享情感。基于该理论观察节目用户互动的过程，结合节目规则场景上的仪式化设置，我们还原了用户互动行为仪式化的过程及结果。

（一）网络空间的虚拟在场

《说唱新世代》节目的播放平台 B 站为用户提供了一个虚拟在场的聚集平台，节目的仪式化氛围和平台的技术支持都增强了用户的现场感，提高了用户的互动性。用户只需注册一个平台账户就可以观看并参与节目互动。B 站视频的弹幕系统让用户可以在观看视频的同时即时发表评论，与网友交流看法。当节目即将出现精彩片段时，视频上就会飘出“前方高能”的弹幕。即使不在场，用户也可以通过发布弹幕获得实时互动的体验感。不仅如此，用户二创内容的页面和节目其他平台的专属社区、话题页都为用户群体提供了虚拟在场的网络空间。

（二）注册程序排斥“局外人”

B 站平台的注册程序为《说唱新世代》设置了局外人的限制。“局内人”是深度参与互动仪式的人，而置身互动仪式之外的人则是“局外人”。网民必须注册视频平台账号，才能发弹幕、评论，参与节目互动并和其他用户交流。不同于其他视频平台，B 站用户在注册账号之后必须完成一套试题，试题得分超过 60 的用户才能转正成为正式会

员，并获得发射滚动弹幕、参与视频评论等权限。这样的界限设定排除了不相干的“旁观者”，让用户获得互动场景下确定的身份，是用户产生归属感的前提，也是节目用户创造独特的交流文化和氛围的基础。

（三）自发的关注焦点

节目用户自发产生的共同关注是互动仪式链的一环。柯林斯认为，拥有共同关注的个体聚集在一起，在互相交流的过程中自然会形成互动焦点。《说唱新世代》节目用户在观看节目的同时发布弹幕，不仅是用户与节目的互动，也是用户与用户之间的互动。当用户基于节目的某一话题发布弹幕并引发其他用户共鸣时，视频上方就会出现无数同样的弹幕，形成“刷屏”现象。这种弹幕文本在用户互动中自发形成，构成《说唱新世代》用户独特的话语体系和象征性符号，是用户共同的关注焦点。

（四）共同的情感体验

最后，《说唱新世代》节目用户在深入参与中收获共同的情感体验。柯林斯认为，情感是互动仪式链中不可或缺的要素，是整个互动仪式的构成要素和结果。个体在参与互动仪式的过程中关注同一对象，会产生强烈的情绪，这种情绪诞生于短暂的瞬间，但在交流和讨论中感染现场其他人，逐渐积累成丰厚的情感能量。正如演唱会或运动会的观众表现出激动的情绪，这种情绪在传递中被不断加强，形成热烈的气氛，而沉浸其中的其他观看者也会被带入到氛围中变得更加兴奋。弹幕是节目用户抒发情绪的工具，充满屏幕的弹幕文字直观展现虚拟在场的用户们实时的情感体验。此外，B站社区独特的二次创作文化也是情感能量积累的重要途径。节目播放期间，B站举办了“说唱新世代——非正常说唱派对”用户二创大赛，用户以不同的主题二次剪辑节目精彩内容吸引其他节目用户的观看和交流。如用户“VW-Gogo”制作视频《[说唱新世代图鉴|搞笑群像]欢乐贷人图鉴》，整合了节目中的搞笑片段，收获了80多万的播放量。这些二次创作的视频有效地提高用户的参与度，参与度越高用户的情感体验越深，同时观看二创视频的其他用户也会深陷二创视频所带来的情绪氛围中，最终形成节目与用户、用户与用户之间的良性互动，用户互动的过程与结果如图6-14所示。

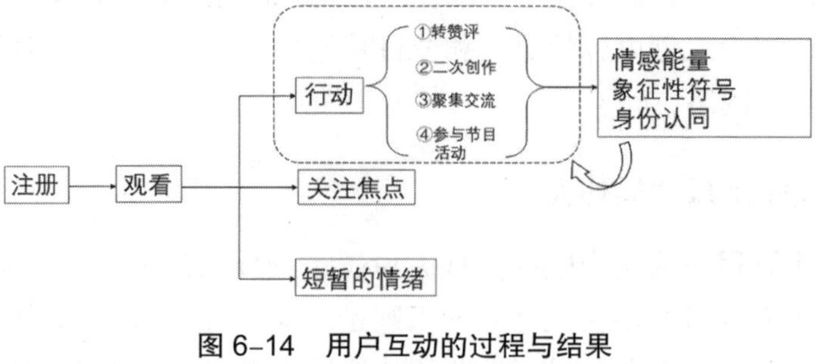

图6-14 用户互动的过程与结果

《说唱新时代》从节目的场景和规则设置到各项活动、功能，全方位为用户创造仪式化的氛围，为用户参与互动设定准入门槛，具备用户虚拟在场、设定界限、共同关注和情感体验等互动仪式链要素。在互动仪式链的视角下，网络综艺节目的用户互动不只是个人意愿和需求驱使下互不相干的独立行为，而是相互影响并不断增强信念和情感的仪式化行为。

四、《说唱新世代》节目社群舆情传播的渠道

概括来说，《说唱新世代》用户社群传播的渠道主要有 B 站用户社群传播、微博用户社群传播、QQ 音乐用户社群传播等，如图 6-15 所示。

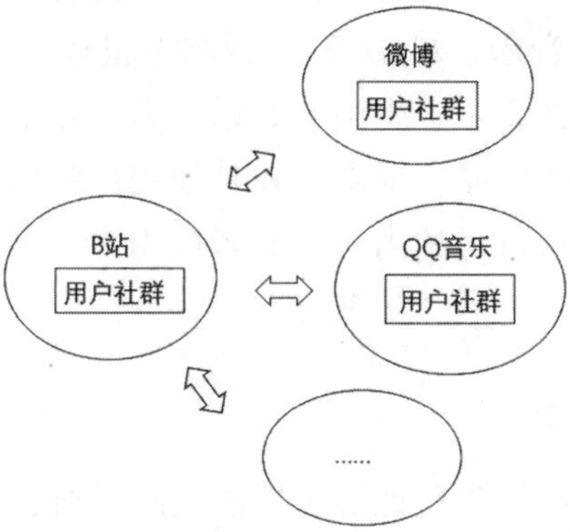

图 6-15　用户社群传播的渠道

（一）B 站

首先，《说唱新世代》节目用户必须注册 B 站账号以获得节目的入场身份，因此 B 站是节目用户最大的聚集社区。B 站公布的 2020 年第 4 季度财务报告显示，平台用户数量和活跃度增幅较大，如图 6-16 所示。

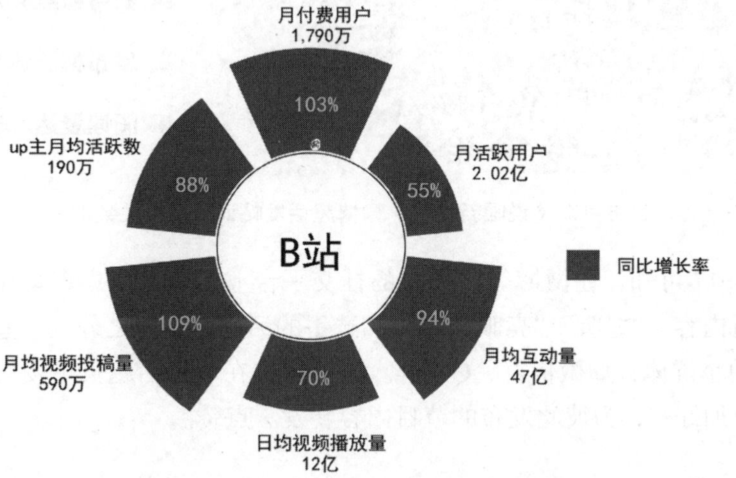

图 6-16　B 站 2020 年第 4 季度财务报告数据

分析图 6-16 可知，2020 年第 4 季度，B 站月活跃用户达 2.02 亿，同比增长 55%，月付费用户达 1,790 万，同比增长 103%；B 站创作者“up 主”月均活跃数量达 190 万，同比增长 88%，月均视频投稿量达 590 万，同比增长 109%。快速的用户增长伴随着原创内容质量和数量的提升，B 站内社区用户呈现高活跃、高黏性的特点，2020 第 4 季度 B 站日均视频播放量达 12 亿，同比增长 70%，月均互动量达 47 亿次，同比增长 94%。用户日均使用时长则高达 75 分钟。

《说唱新世代》节目用户在 B 站的身份可以划分为普通观众和内容生产者这两种。

对于普通观众，弹幕、评论、关注和分享的功能为其参与社群传播提供了技术支持；对于内容生产者，上传视频是其参与社群传播的主要途径。B 站内部设置不同内容主题的分区，如漫画、纪录片、音乐、舞蹈等。《说唱新世代》节目的相关视频、衍生作品或周边资讯等内容主要集中在音乐、生活、娱乐、影视 4 个分区。已经观看过节目的用户可以在不同分区发布自己的作品，或者寻找其他用户制作的内容；未观看过节目的潜在用户可以在分区中发现节目自身的内容，或者被用户二次创作的内容吸引成为节目用户群体的一员。

（二）次级平台社交媒体

社交媒体是《说唱新世代》节目社群传播的次级平台，以节目合作平台“微博”为代表。社交媒体作为网络空间中开放对话平台，是个人创作和传播内容的场地。节目固定片头就引导用户就节目话题在微博发布内容，微博“说唱新世代”超级话题获得粉丝 3.9 万，发布帖子达 1.5 万，阅读量达 2.3 亿，如图 6-17 所示。

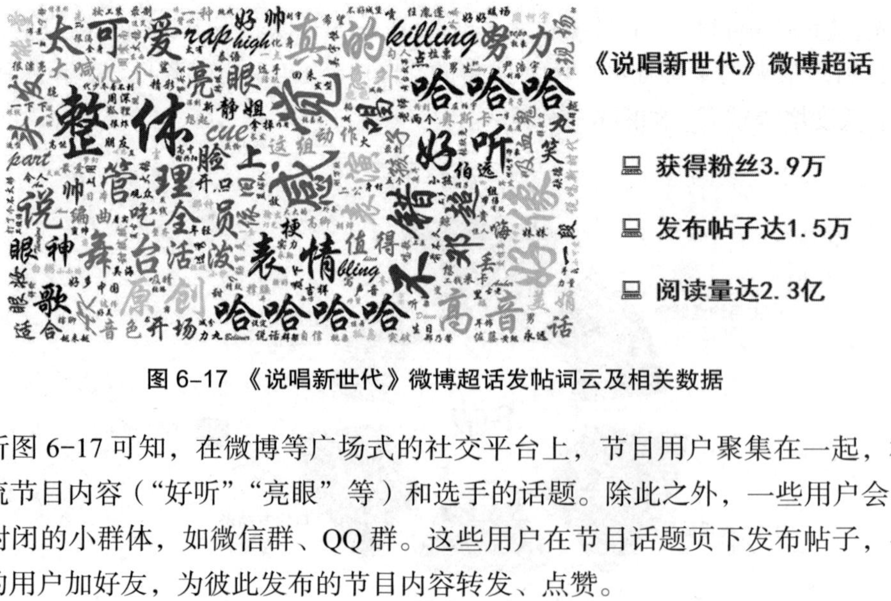

图 6-17 《说唱新世代》微博超话发帖词云及相关数据

分析图 6-17 可知，在微博等广场式的社交平台上，节目用户聚集在一起，相互关注并交流节目内容（“好听”“亮眼”等）和选手的话题。除此之外，一些用户会自发组织更加封闭的小群体，如微信群、QQ 群。这些用户在节目话题页下发布帖子，寻找志同道合的用户加好友，为彼此发布的节目内容转发、点赞。

（三）垂直渠道 QQ 音乐

一些垂直渠道如音乐流媒体平台 QQ 音乐也是节目社群传播的重要渠道。QQ 音乐拥有节目独家音源，并且开放选手投票通道和节目话题页，用户可以收听节目现场音乐，为喜欢的选手投票并参与节目的话题讨论。节目选手也入驻了 QQ 音乐，发布音乐、视频，并和用户直接互动，这些活动增强了 QQ 音乐平台社群的活跃度。

《说唱新世代》内容本质上是说唱音乐表演，因此以音乐表演吸引用户是节目传播的根本目标。虽然垂直渠道 QQ 音乐不像社交媒体一样拥有庞大用户群，社群传播的范围有限，但优质的音乐表演内容能吸引对音乐要求更高的“专业”用户。此外，QQ 音乐上的节目音乐极大地影响节目的口碑。

五、节目社群互动对社群传播的影响

（一）社群传播的模式和社群成员结构

信息经由大众媒介传播至意见领袖，再由意见领袖传播至普通公众。部分研究者在此基础上进一步提出，信息的传播可以是一级的，即从大众媒介直接传播给大众，但影响和效果的传播是多级的，信息在传播过程中经过不同的意见领袖，最终的影响和效果是多级的。

社群传播区别于拉扎斯菲尔德提出的“二级传播”和罗杰斯的“N 级传播”，社群替代传统意见领袖在信息传播中的位置，信息在传播的过程中进入社群并受其影响，再向大众传播。其中，传统媒体在信息传播的过程中所处的位置不断后移。信息经过社群成员在不同平台的广泛传播，引起传统媒体的注意，被传统媒体集中报道，再进一步流向社会大众。新闻传播从过去由媒体完成的起始一致“四百米赛跑”，变成了“接力跑”。社群内部会对信息进行加工解读并形成舆论再向外部扩散。社群成员能够自由地传播信息，舆论的形成受成员结构、观点、兴趣取向的影响。

李彪在《虚拟社群传播》中总结各学者研究的虚拟社群成员结构，认为虚拟社群都存在具有高参与度、忠诚度的意见领袖型成员和参与程度较低的浏览型成员。其中，比例较高的浏览型成员是社群运营的主要观察对象，虽然参与度较高的成员是社群价值的主要来源，但浏览型成员能够为研究用户行为和心理提供参考。基于 B 站平台特性，《说唱新世代》节目用户群体可以划分为仅观看的普通用户和参与内容二创的用户，他们的互动行为在社群传播中起到的作用不同。

（二）意见领袖型用户影响社群内舆论的形成

作为 B 站原创内容生产者的节目用户在社群中属于意见领袖型成员，他们积极参与节目活动，二次创作视频、专栏文章等，持续为节目输出原创内容。这些内容一方面凝聚群体内部成员，引起成员的情感共鸣；另一方面扩散到社群外部，影响社群外部节目公开的舆论和形象。2020 年 8 月 22 日《说唱新世代》节目开播，8 月 23 日 B 站"非正常说唱二创大赛"开始不同分区不同形式的原创内容征稿。其中，影视区节目解说及反应类型的稿件获得了较高的播放量。以最早参与节目二创的 up 主"开心嘴炮"为例，其制作的第一期解说视频获得了 100 多万的播放量，为节目带来较高的流量。从该视频获得高赞的评论内容来看，节目用户的主要观点为：其形式新颖，打破了过去人们对说唱的刻板印象。这类拥有较高影响力的用户通过二次创作节目相关视频，在社群内部输出观点获得认同，又在其他用户的助推下进入社群外部大众的视野，其观点影响着节目公开的形象。在以图文为主要内容的微博平台上，节目的意见领袖型用户更倾向于关注和发布节目的最新动态和选手的信息。他们交换节目和选手的信息，主动寻找其他用户组织点赞、转发等活动。和同题材网络综艺对比，《说唱新世代》"万物皆可说唱"的标语得到用户的认可，这受益于这些意见领袖型用户的内容和观点的输出。通过众多用户二创视频，节目的正面舆论从社群内部向外扩散，达到了吸引更多成员加入的效果。

（三）普通用户影响社群群际传播

对于节目的普通用户，互动行为主要是发布弹幕、评论、关注、转发等。这些参与程度较低的互动行为对节目社群传播的效果影响不大，但能有效地帮助节目完成跨平台的信息传播，产生社群之间的互动共鸣。在此基础上，我们总结归纳了普通用户影响节目社群传播的基本模式，如图 6-18 所示。

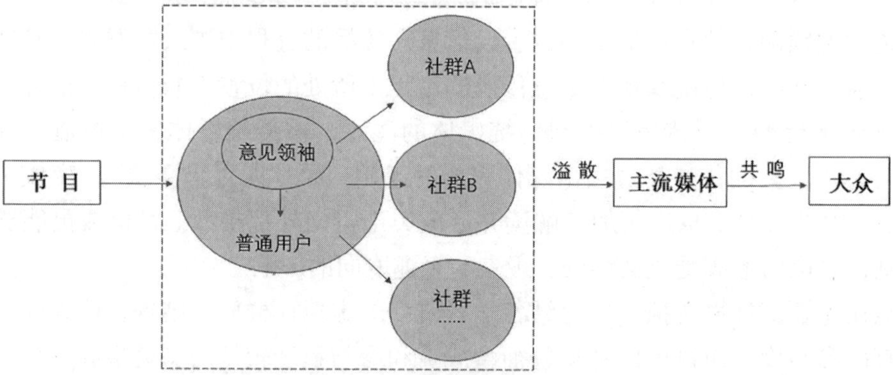

图 6-18　节目社群传播模式

图 6-18 中，"共鸣效果"指的是率先传播某一信息的媒体会影响其他媒体传播该信息的导向[①]。传播学者诺埃尔·纽曼和马西斯曾提出"共鸣效果"和"溢散效果"两个概念。"溢散效果"指的是媒体议题从非主流媒体流向主流媒体的现象[②]。社群之间也存在这种"共鸣效果"和"溢散效果"，互联网环境下不同平台的内容经过搬运可以在不同

① 陶贤都，隋明晓．网络媒体与传统媒体议程互动——以杨丽娟事件为例［J］．华中科技大学学报（社会科学版），2009，23（2）：107-113.

② 李彪．虚拟社群传播［M］．北京：人民日报出版社，2019：136.

的媒体场域传播。一个封闭社群内部的议题在传播过程中先“溢散”，在众多社群成员的跨平台传播下引起其他社群的“共鸣”，逐渐成为社会公共议题。B 站平台上的二创视频虽然帮助节目吸引更多成员加入用户群体，但没有突破平台的限制，平台外用户的加入存在障碍。

拥有多个平台账号的普通用户在倾诉欲驱使下在其他平台发布节目的相关内容，当这一行为达到一定规模，其他平台就会产生节目相关的热点话题，引起主流媒体的注意。《说唱新世代》选手于贞的说唱表演《她和她她》内容讲述了 3 个不同职业女性的烦恼，鼓励女性勇敢做自己。用户在其他社交媒体平台的分享引起了关于女性话题的讨论，一定程度上也为节目的标语“万物皆可说唱”进行了正面的舆论宣传，让一些对说唱文化不感兴趣甚至有偏见的群体对说唱节目有了新的认识。2020 年 10 月 1 日，《人民日报》发布了《说唱新世代》几位选手共同编曲演绎的歌曲《国家 2020》。原本受众面窄甚至因部分歌曲低俗而饱受争议的说唱音乐得到了大众的认可，节目中一些说唱表演先“溢散”再引起“共鸣”，普通用户在其中起到了极大的作用。

除了上述几个实战案例，数据科学分析平台 KNIME 还具有其他强大的舆情分析功能，包括社交媒体用户情感分析、网络舆情话题演化检测、网络舆情热度时间序列预测、基于深度学习的网络谣言识别等。学习、了解数据科学分析平台 KNIME，对于新闻与传播领域的研究者拓展研究方向、丰富研究方法与技能具有一定的意义。特别是在数据科学时代背景下，社交媒体数据的爆发式增长，改变了传统新闻传播研究与工作实践，也对新闻与传播学研究者提出了新的要求。研究者除了需要掌握新闻与传播学科领域知识，还需要掌握一定的大数据分析能力，以便更好地应对愈发复杂的新闻与传播研究问题。

思考题：

1. 简要概述 KNIME 的组成。
2. 基于 KNIME 进行舆情分析最关键的步骤是什么？
3. 你是否了解其他类似于 KNIME 的数据挖掘工具？

第七章　网络谣言的产生与应对

本章概述

互联网使人类跨入信息时代，但互联网的监管机制远弱于传统媒介，这便为造谣传谣大开“方便之门”。网络谣言传播广泛、迅速，极易引发网络舆情，甚至造成恶劣的社会影响，严重干扰普通人的正常生活。本章主要帮助读者对网络谣言建立起比较全面和基本的认识。本章首先对网络谣言的概念、类型与特征进行阐释，然后分析网络谣言的成因与传播公式，进而介绍网络谣言的人工辨别与智能检测方法，最后提出网络谣言的一般消解对策。

教学目标

使学生了解网络谣言的概念、类型与特征，了解网络谣言的成因与传播公式，掌握网络谣言的人工辨别方法和智能检测技术，了解网络谣言的消解策略。

学习建议

学习时结合具体的网络谣言案例更有助于掌握本章内容。

第一节　网络谣言概述

一、谣言的定义

谣言并非网络时代的特殊产物，法国学者让·诺埃尔·卡普费雷曾指出，谣言是最古老的传播媒介。他将谣言定义为“在社会中出现并流传的未经官方公开证实或者已经被官方所辟谣的信息”[①]。《现代汉语词典》则将谣言一词定义为“没有事实根据的消息”。

与谣言密切相关的词汇还包括虚假信息、谎言等。巢乃鹏等[②]认为，将谣言等同于虚假信息有失偏颇，因为有大量在传播过程中被看作虚假信息的谣言，在事后被证明并非失实。刘建明教授在《舆论传播》一书中则对谣言和谎言进行了区分，他认为，从传播主体的角度来说，谣言的多数传播者并不认为其传播的信息是虚假的，但说谎者却能够意识到其说的是假话；从传播效果来说，一个或少数人造谣生事仅仅是谎言，只有传播者众多，形成舆论，才称为谣言。

综合上述定义，我们可以发现，谣言在本质上是一种信息，其在内容上具有模糊性，在传播效果上具有广泛性和影响力。

二、网络谣言的定义与类型

对于网络谣言的定义，大多数学者从媒介论的角度出发，认为网络谣言只是传播媒介由传统的人际媒介或大众媒介转向了网络媒介。例如，Bordia 等[③]认为网络谣言和传统谣言在本质上是相同的，但二者在传播方式、传播范围、传播节奏上是有差异的。对此，周裕琼[④]指出，我们除了强调网络谣言的网络传播属性，还应关注网络谣言作为谣言分支的特殊属性，即其广泛的社会传播可能造成的社会影响。因此，她将网络谣言定义为在产生、传播、影响的某阶段或全过程中互联网起关键作用的谣言，它们的产生、传播、影响与社会密切相联，它们关乎社会问题，隶属社会传播，具有社会意义。

根据不同的分类依据，网络谣言可被划分为多个类型。按照谣言内容涉及的领域，喻国明[⑤]将网络谣言划分为 7 种类型，分别是科学常识类、社会时政类、明星八卦类、军事类、国际领域类、历史文化类和财经新闻类，通过对 6,000 余篇网络谣言文本的分析，其发现科学常识类、社会时政类、明星八卦类谣言是中文互联网上数量最多的谣言

---

① 让·诺埃尔·卡普费雷．谣言：世界最古老的传媒［M］．上海：上海人民出版社，2018：15.

② 巢乃鹏，黄娴．网络传播中的“谣言”现象研究［J］．情报理论与实践，2004，27（6）：586–589.

③ BORDIA P，ROSNOW R L. Rumor rest stops on the information highway transmission patterns in a computer-mediated rumor Chain［J］. Human communication research，2010，25（2）：163–179.

④ 周裕琼．当代中国社会的网络谣言研究［M］．北京：商务印书馆，2012：36.

⑤ 喻国明．网络谣言的文本结构与表达特征——基于腾讯大数据筛选鉴定的 6000+ 谣言文本的分析［J］．新闻与写作，2018（2），53–59.

类别，大体呈现 4∶2∶1 的分布规律，并且这 3 类谣言占谣言传播总数的比例高达 89%，而其余类型累计占比仅为 11%。

除此之外，按照传播动机和形式的不同，曾胜泉等[①]将网络谣言划分为恶搞名人型、商业策划型、捣乱取乐型、制造恐慌型和主流媒体缺位型 5 种类型。网络谣言还可从传播目的上划分为有意捏造型和无意讹传型，从传播后果上划分为有害型和无害型，从存在时间上划分为短期型和长期型，从情感阐释维度分为敌意型、恐惧型和愿望型[②③]，等等。

三、网络谣言与传统谣言的比较

网络谣言继承了谣言的特点，同时也有区别于传统谣言的个性化特征。基于信息传播的 5W 要素（who，say what，in which channel，to whom，with what effect），陈燕方等[④]对网络谣言和传统谣言进行对比，见表 7-1。

表 7-1　网络谣言与传统谣言的比较

类别	传统谣言	网络谣言
传谣群体特征	精英化、信息垄断	去中心化、草根性、匿名化
谣言内容特征	事实与数据不足、内容较易更改	“真实的谣言”、内容和形式较为固定、可再创造
传播渠道特征	时空限制、难以溯源、无反馈	突破时空限制、可溯源、成本降低、有反馈
受众群体特征	被动性	双重性、个性化、虚拟性
传播影响特征	范围局限	范围广、难以控制

首先，就传谣群体特征而言，除了网络带来的虚拟化特征，网络谣言的另一大特征表现为去中心化。传统谣言的来源主要是大众媒体等内容提供商或意见领袖，具有精英化特点，但在社交媒体主导的网络媒介中，由于信息发布者具有草根性，传谣群体脱离了传统媒体的信息垄断地位，呈现去中心化的状态。

其次，在谣言内容特征上，传统谣言与网络谣言的区别主要体现在 3 个方面。①网络谣言内容丰富且逼真，这体现在网络谣言包含了音频、视频等大量多媒体信息以及丰富的事件描述和数据呈现，在形式上进一步逼近真实消息。②网络谣言的内容在传播过程中较为固定，这体现为网民一般通过转发或复制重发的形式传播谣言，但传统谣言在人际传播过程中却极易因记忆、表述等原因被修改。③网络谣言内容可再创造，这体现为社交媒体用户在转发网络谣言时，往往会利用“转发＋评论”功能，在原谣言内容不变的基础上表达个人的主观意见，进一步渲染谣言的舆论氛围。

---

① 曾胜泉，文远竹，鲁钇山．网络舆情学［M］．广州：广东人民出版社，2021：54–57.

② KNAPP R H. A psychology of rumor［J］. Public opinion quarterly, 1944, 8（1），22–37.

③ 邓国峰，唐贵伍．网络谣言传播及其社会影响研究［J］．求索，2005（10）：92–94.

④ 陈燕方，李志宇，梁循，等．在线社会网络谣言检测综述［J］．计算机学报，2018，41（7）：1648–1677.

再次，在谣言的传播渠道上，网络谣言相较于传统谣言表现出 4 个新的特征。①网络环境使谣言传播呈现高速、实时、跨地域的特点。②可溯源性。我们常说，互联网是有记忆的，换句话说，信息在网络环境中是可以记录并追溯的，因此，一旦辟谣成功后，网络谣言很难产生二次广泛影响。③传播成本低。互联网平台的虚拟性、匿名性、草根性、便利性等特点均使得网络谣言相较于传统谣言，在传播成本上大大降低。④辟谣反馈的实时性。社交媒体中的话题功能使得网民能够围绕某一事件集中发表观点，评论功能使得用户能够对他人发布的信息进行点评，因此，在网络谣言的传播过程中，随着观点的不断汇合与碰撞，事件信息逐渐得到补充与完善，使得网络谣言的传播与辟谣常常同时发生。

另外，就受众群体特征而言，在网络媒体环境下，受众群体通常由传统的被动接收者转变为主动参与者，兼具谣言接收者与传播者的双重身份，换句话说，用户可以对接收的谣言进行评论并表明自身的立场，既可以成为辟谣者，也可能成为新的谣言传播者。

最后，在传播影响特征上，相较于传统谣言，网络谣言传播的特征主要体现在两个方面。①范围广，危害大。互联网平台的活跃度较高，信息传输所需的平均路径较短，使得网络谣言能够以极快的速度传播，在较大的范围内形成较强的社会舆论，带来难以预测的潜在危害。②传播结构复杂，难以控制。不同于传统谣言在人际传播时的线性结构和在大众传播时的扇形结构，网络谣言通过社交媒体等渠道，能够以裂变的方式呈现出树状、网状、放射状、漩涡状等多种传播结构，更加难以控制。

第二节　网络谣言的产生与传播

一、网络谣言产生的原因

网络谣言产生的原因十分复杂，既有造谣者和传谣者的内部心理因素，也与公权力和公信力、商业利益、媒体失范等外部因素密不可分。

（一）心理因素

一是恐慌心理。各类突发事件常常成为网络谣言滋生的重灾区，这主要是由于个体在面对突如其来的突发事件时，常常会表现出不同程度的恐惧，为了化解这种恐慌心理，个体便会主动寻求对某种现象与问题的解释。特别是当民众无法第一时间从正式渠道获得真实可靠的信息时，其依据自己的主观臆测并听信小道消息的可能性便会大大增加，为网络谣言提供了滋生的土壤[①]。例如，在 2020 年新冠疫情暴发初期，诸如“某城市封城”“吸烟、喝酒可以预防肺炎”等涉疫谣言在互联网上广泛传播，这与民众的恐

① 杨兴坤，周玉娇 . 网络舆情管理：检测、预警与引导［M］. 北京：知识产权出版社，2019：203.

慌心理是密切相关的，随着信息公开和防疫科普工作的完善，民众能够顺畅从官方获取信息，网络谣言也就失去了其产生和传播的土壤。

二是从众心理。从众心理是指个体在群体的影响或压力下，放弃自己的意见或违背自己的观点，使自己在言论、行为等方面与群体保持一致的现象。在许多情境中，人们由于缺乏进行适当行为的知识，必须从其他途径来获得行为引导。根据社会比较理论，在情境不确定的时候，其他人的行为最具有参照价值，而从众所指向的多数人的行为，自然就成了最可靠的参照系统。因此，人们在遇到不明确情境时，对多数人的行为与言论便会尤为信任，这就为谣言的产生与发酵提供了很强的驱动力。例如，2011 年日本福岛核泄漏事件中的“抢盐风波”和 2020 年新冠疫情暴发初期的“抢板蓝根事件”，均反映了从众心理在网络谣言中的重要作用。

三是宣泄心理。当前我国正处在社会快速发展和剧烈转型期，社会矛盾和复杂问题也比较突出，这使得部分民众容易产生愤懑、怨恨和不满等负面情绪，而微博、微信、抖音等社交媒体在舆论发声中所具有的便利性与匿名性等特点使其成为人们宣泄不满情绪的主要渠道[①]，制造和传播谣言成为一种释放不满情绪的宣泄方式。例如，某些人仇官、仇富，通过刻意放大官员在个人作风和工作态度上的问题以博人眼球，或杜撰富人、明星的所谓“不良言行”以哗众取宠，实现情绪上的宣泄。

四是猎奇心理。网络谣言传播开来的一大动因是一些网民求新、求奇和求异的心理特点。网络谣言一经传播，受众便会对谣言进行解读，部分个体并非真信谣言，但对网络谣言的好奇心促使其探究信息的真实性。换句话说，网络谣言的制造者往往瞄准了网民的猎奇心理，编造出各类博人眼球的不实信息，而网民又基于好奇心参与到网络谣言的讨论和传播中去，进一步加速了网络谣言的扩散。一般而言，公众人物、影视明星的私生活和高层人士的“秘闻”常常是网络谣言的一大题材，此类谣言在互联网上“长盛不衰”很大程度上是由网民的猎奇心理造成的。

（二）社会环境

一是公权力与公信力失范。社会治理中不可避免地会出现某些公共管理失范的现象，在这种情形下，群体焦虑情绪易被放大，群体对公权力的不信任感随之上升，这都为网络谣言的滋生提供了空间。此外，在一些重大舆情事件中，涉事主体舆情素养不足，在应对时未能做到信息公开、直面质疑、主动回应，也可能导致谣言滋生。例如，在 2011 年“7·23”甬温线动车追尾事故的新闻发布会中，时任铁道部新闻发言人王勇平“至于你们信不信，我反正信了”的言论在当时不仅引爆了网民的不满情绪，更是极大地损害了政府公信力，使得相关事件的谣言至今在互联网上仍有着一定的受众市场。

---

① 宗益祥，马雅妮．网络谣言传播的心理动因与防治策略探析——以近年来的几起典型网络谣言为例［J］．中国记者，2017（8）：51–53.

二是商业利益驱使。在市场经济快速发展的今天，商业竞争激烈，部分谣言制造者和传播者为了谋取更多的商业利益，不惜触犯法律，利用谣言进行恶意竞争，扰乱社会和市场秩序，引发社会恐慌。例如，在资本市场中，就有不少人通过制造网络谣言和虚假消息来做空某只股票以实现获利。此外，网络水军与网络推手也会出于营利目的，通过大量发帖、转发等方式，凭借其大量的粉丝和强大的网民动员能力，制造并加速谣言的扩散，挟持网民的意见，造成舆情危机。

三是媒体失范。互联网时代对新闻报道的时效性提出了更大的挑战，部分媒体为在市场竞争中取得优势，未能严守新闻职业操守及行业规范，导致报道失实，更有甚者，有的媒体受利益驱使，捏造假新闻谋取不正当利益。此外，部分新闻记者业务能力不足，也是新闻失实、谣言滋生的重要原因。

四是外部敌对势力的煽动、破坏。国际局势错综复杂，政治谣言作为各方博弈的“攻心利器”在舆论场上屡见不鲜。政治谣言的泛滥极大地增加了政治风险，政治谣言经互联网快速传播扩散，不明真相的群众一旦受到煽动和蛊惑会使舆情激化，相关风险将更容易蔓延到线下，诱发更大的危机。这种情况在群体性事件中时有发生。

二、网络谣言的传播公式

谣言的传播公式最早是由美国社会学家奥尔波特和波斯特曼于 1947 年总结出的：

$$R\,(\,Rumour\,) = I\,(\,Important\,) \times A\,(\,Ambiguous\,)$$

即：谣言（的影响力）=（事件的）重要性 ×（事件的）模糊性

在这一公式中，奥尔波特和波斯特曼指出了谣言的传播效果和事件的重要性与模糊性成正比关系，事件越重要而且越模糊，谣言产生的效应也就越大。换句话说，当重要性与模糊性一方趋向零时，谣言也就不会产生了。要想终止谣言的传播，就应及时披露事件的真相，正所谓“谣言止于真相”。

传播学者克罗斯将谣言公式进一步发展为：

$$R\,(\,Rumour\,) = I\,(\,Important\,) \times A\,(\,Ambiguous\,) \div C\,(\,Critical\ sense\,)$$

即：谣言（的影响力）=（事件的）重要性 ×（事件的）模糊性 ÷（公众的）判断力

这一谣言影响力的补充模型则强调：谣言的能量有多大，既取决于真实信息的透明度，也取决于受众的判断水平。“流言止于智者”正是这一理论的反映。

中国社会科学院新闻与传播研究所的雷霞在经典谣言公式中进一步加入了事件的相关性、娱乐性和推送力度，提出了新媒体时代的网络谣言传播公式：

谣言的影响力 =（事件的重要性 + 事件的相关性 + 事件的娱乐性）× 事件的模糊性 × 事件的推送力度 ÷ 公众的判断力

雷霞认为，事件的重要性在新媒体时代变得更加复杂，新媒体平台上转发的很多谣言，有的和个人相关，有的是娱乐性的。有时候网友转发一个谣言，仅是出于娱乐的需要，这是新媒体时代谣言产生的一个动因。因此，这一公式对事件的重要性进行了拓展。在公式中加入事件的推送力度则出于两方面原因：一是在互联网环境下，一些营销公司会雇用大量的水军发布谣言信息，甚至在谣言的传播扩散过程中，为转发者提供有偿服务，通过这样大力度的推动，极大地加速谣言传播；二是在互联网环境下，意见领袖对信息的传播和扩散起到重要影响，能够加大事件的推送力度，比如一个谣言经过网络“大V”或者意见领袖、专家之口传播，其可信度会更高，传播范围也会更广。

第三节 网络谣言的辨别与检测

一、网络谣言的人工辨别方法

准确辨别并及时处置谣言是舆情工作中非常重要的一环，一般可从发布主体和信息内容两个层面分析与辨别谣言[①]。

（一）从发布主体层面辨别网络谣言

在信息传播过程中，一条信息被“转手”的次数越多，越容易失真，因此在识别一条信息是否真实时，一手信源往往更有助于辨别真伪。

一手信源通常涵盖某一事件中的当事人或目击者，某信息、文章、图片、视频的最早发布者及原始作者，以及各机构中的官方网站、账号或者新闻发言人。

找到一手信源后，需进一步思考：在一个事件中，当事人是否具备独立思考能力，是否与事件利益相关；一条信息的原始发布者是否具备一定的专业性，其过往的信息发布立场是相对中立还是长期对某对象持固有态度。显然，如果事件当事人是无法独立思考的人，或是利益相关方，或其专业程度较低，再或者长期抹黑某一客体，那么当事人所阐述的信息可信度将大打折扣。

除此之外，人们在实际舆情工作中接触到的信源多为二手信源，新闻媒体报道或自媒体曝光，是对某一事件或事实的加工转述。

二手信源的可靠性对于信息的可信度具有重要影响。一般而言，中央媒体的权威性、公信力要远高于其他类型媒体，其次是具有采编报道资质、采编人员经过专业培训的市场化媒体，最后是支持用户生产内容的各类自媒体。

总体来说，中央媒体可信度 > 市场化媒体可信度 > 自媒体可信度。

（二）从信息内容层面辨别网络谣言

1. 人、事、物、地点、时间是否清晰具体且具备可回溯性

部分媒体在报道时常使用“据悉”“据了解”“记者从有关部门了解到”“有关人士表示”等匿名信源，此方式虽在一定程度上有助于保护、尊重新闻线人，但也给造谣者

---

① 芦珊．网络舆情监测与研判［M］．北京：人民邮电出版社，2021：42–43.

提供了可乘之机。部分媒体在报道时使用“日前”“近日”“某地”等模糊信息也会对信息真实性造成干扰，对于此类消息，应多加警惕，并结合文章中其他信息来仔细甄别真伪。此外，如果信息内容中包含的时间、地点、人物等信息清晰、具体，则可通过多方核查来证实相关信息的真实性。

2. 信源是否多元、均衡

“平衡原则”是新闻报道的重要原则，是指为确保报道的客观真实性，新闻记者要尽可能保障当事各方享有同等的话语权，以免报道出现偏颇或者失实。由此可倒推，在一篇文章中，如果信源比较单一，那么涉及利益冲突或者出现认知偏差的可能性就较大，信息失衡、失真的概率将大幅增加。

3. 核查物证

在辨别信息真伪时，除了核查信源，我们还可通过对信息内容中出现的图片、视频、语音等信息进行反查来达到验证信息真实性的目的。例如，我们可通过百度、谷歌等搜索引擎实现对图片的反向搜索，或通过 EXIF 查看器核查图片有无被 PS 处理的痕迹，也可将照片、视频中的地标（建筑物上字符、街道名、车牌号）与百度、谷歌街景等进行对比，验证照片及视频中的行人衣着和口音、季节、当地习俗、方言等信息的真实性。

4. 内容是否具备逻辑性、有无前后矛盾

明显违反认知逻辑或与常识存在矛盾的信息是谣言的可能性较大。2018年8月，“XX市场制售卫生纸馒头”的视频在网络上疯狂传播，视频显示，馒头经溶解搅拌后产生疑似卫生纸的残留物。然而稍有常识的人都知道，卫生纸和馒头的口感相差非常大，用掺了卫生纸的面粉做馒头，从技术层面来讲几乎没有可行性。除此之外，馒头的成本相对低廉，而市售纸浆价格、制假所必需的化学制剂等物品的价格远高于馒头本身的成本，制售卫生纸馒头明显不符合市场逻辑和生活常识。

5. 叙事结构是否具有“六段论”的显著特点

网络谣言在叙事结构上往往遵循“六段论”程式化叙事结构[①]。

（1）“标题党”式的题目

网络谣言用词耸人听闻，制造悬念，或表达鼓动性的呼吁，或用以吸引眼球。

（2）开门见山，高举高打

造遥者通常以国内外“ 权威事实”（文字叙述中加“美国的研究发现”“德国的市场规则”以及“中国某部委‘内部食堂’拒绝什么食品之类”）加以铺陈对比，以起到

---

① 喻国明 . 网络谣言的文本结构与表达特征——基于腾讯大数据筛选鉴定的 6000+ 谣言文本的分析［J］. 新闻与写作，2018（2），53–59.

“顶天”的叙事高度。

（3）紧接地气，立足现实

网络谣言一般拿普通百姓生活中的种种遭遇的案例来说教，以增强其现实可信度。

（4）现身说法，构筑场景

网络谣言通常以第一人称叙述，在可信度的基础上充斥着关系色彩和情感诉求。

（5）借助权威，做实结论

在各类网络谣言中，世界顶级的学术期刊如《自然》《科学》以及《柳叶刀》频频被引用（人们却根本看不到具体引自哪一期杂志的哪篇文章，也看不到该权威杂志的网络链接）。顶级专家或者权威人士（通常是某诺贝尔奖获得者、某院士等）的言论有时被断章取义为谣言背书。

（6）结尾进行道德绑架

结尾往往与标题和开头呼应，通过“不转不是中国人”等煽动性表述进行道德绑架，推动谣言传播。

以下为一个典型“六段论”谣言叙事结构案例：

不要点赞，要转发！！！（烘托千钧一发的气氛）
再也不要往自家马桶水箱里放蓝色的洁厕块了！（开篇点题，呼吁）
中国住宅小区马桶下水道是XX模式的，与德国等发达国家不同。（国内国外对比，增加可信度）
马桶水箱里的废水可能会回流到饮用水的水管内，南京汪先生、广州蒋先生等好几个人都在厨房的水管里接出了淡蓝色的水。（摆事实，增加可信度）
我自己也多次感到水管里接出来的水有些异味。（以自己为例，给读者一种身临其境的感觉）
专家分析，洁厕块的成分大多为化学药品，在体内累积的话会导致白血病、癌症等不治之症。（专家出来了，借专家之口危言耸听，恶化结果，让读者不寒而栗，产生“宁可信其有，不可信其无”的心态）
是中国人就转发下去！不要让洁厕块再害人了！！！（首尾呼应，加强语气）

二、网络谣言的智能检测方法

截至2019年6月，全世界已有超44亿的互联网用户，据Raconteur统计，Facebook每天产生4PB的数据，包含100亿条消息，以及3.5亿张照片和1亿小时的视频。此外，在Instagram上，用户每天要分享9,500万张照片和视频，Twitter用户每天则要发送5亿条信息[①]。仅靠人工辨别显然无法有效处置海量信息中包含的网络谣言，因此学界和互联网行业对网络谣言的智能检测方法展开了一系列探索，现有研究主要集中于基于内容的谣言检测方法和基于网络结构的谣言源检测方法两类[②]。

（一）基于内容的谣言检测方法

基于内容的谣言检测方法主要是从微观的角度，通过观察谣言传播过程中文本内容、用户内容、传播内容的特征以及随时间变化的趋势来识别谣言。目前常见的基于内

① RACONTEUR. A day in data［EB/OL］.（2021-11-20）［2021-12-24］. https：//www.raconteur.net/infographics/a-day-in-data/.

② 陈燕方，李志宇，梁循，等. 在线社会网络谣言检测综述［J］. 计算机学报，2018，41（7）：1648-1677.

容的谣言检测方法，根据处理方式的不同可分为基于内容分类的机器学习方法和基于内容对比的方法，依据处理内容的不同又可分为基于文本内容特征的识别方法和基于非文本特征（用户特征、传播特征等）的识别方法，依据时间属性又可分为动态检测方法和非动态检测方法。

1. 基于内容分类的机器学习方法

基于内容的分类模型将网络谣言检测看成针对信息流中的单文本或多文本的机器学习分类问题。在机器学习中，分类问题多采用基于监督或半监督的学习算法。如图 7–1 所示，研究者将已标记的网络谣言（数据集输入对象匹配期望输出的对象）组成训练数据，提取特征向量，然后通过相关算法分析该数据，并推断出可应用于判别标记新输入对象的预测模型函数，最后得出期望的预测结果。

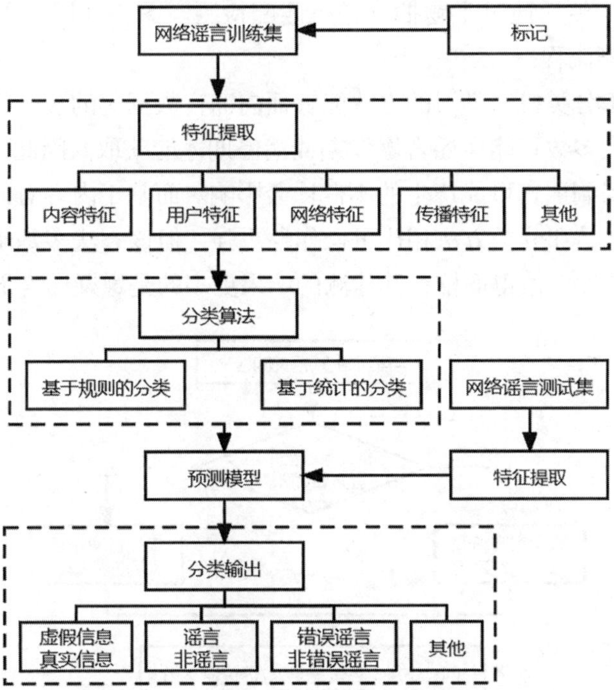

图 7–1　基于内容分类的网络谣言检测流程图

2. 基于内容对比的检测方法

基于内容对比的检测方法通过选取一个可信度已知的对象作为单条谣言信息或谣言陈述的比照对象，从而达到对原始信息进行判别的目的。具体对比方法包括与已知的谣言信息进行对比和与已知的正常信息进行对比。

与已知谣言信息进行对比的方法需选取与待检测文本话题相关的已知谣言信息，并以其作为参照对象进行对比。图 7–2 展示了与已知谣言信息进行对比的一个典型流程。

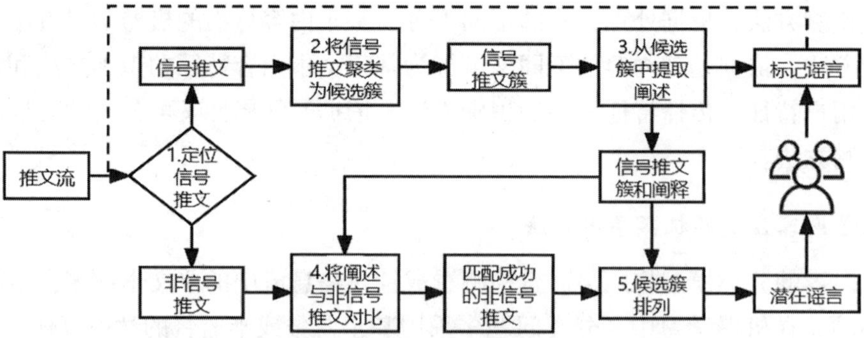

图 7-2 与已知谣言信息对比的网络谣言检测流程图

与已知的正常信息进行对比的方法需选取与待检测文本话题相关或包含该话题的已证实信息。一般而言，研究者会选取官方网站（如新浪新闻、搜狐新闻等网站）的新闻信息作为可信信息，然后通过主题抽取进行匹配检测。图 7-3 展示了与已证实消息进行对比的网络谣言检测流程。

总体而言，基于分类机器学习的方法能够面向谣言数据集的多个特征，具有较高的精确度，但这些特征大多数只能在谣言爆发期或消停期才能获取。因此，在实际中，这种方法无法及时有效地遏制谣言可能产生的不良社会影响。而基于内容对比的方法能有效地解决检测时效性的问题，和分类方法相比可操作性更强，但该方法多基于单一或少量的属性特征，在检测的精准度上值得商榷，其检测的结果更多的是嫌疑谣言消息。

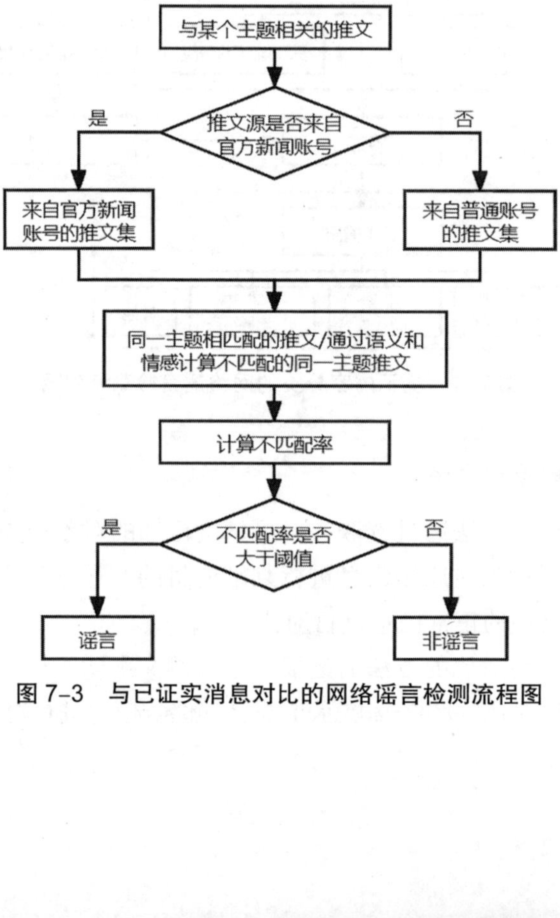

图 7-3 与已证实消息对比的网络谣言检测流程图

（二）基于网络结构的谣言源检测方法

谣言检测的最终目的是及时并有效地阻断未经证实消息的传播，防止其可能产生的不良社会影响。其中，谣言源的识别与控制至关重要，它能有效地找到谣言传播的根源所在，并能高效地控制其进一步传播。基于网络结构的谣言检测聚焦于谣言源的检测，且隶属于信息源推断问题，它以图的形式抽象地描述社会网络拓扑结构，同时抽象出信息在社会网络中的传播模型，然后依据感染传播子图快照构建谣言源节点估计器，从而使估计的准确率达到最大。

在具体识别对象上，谣言源的检测分为单谣言源检测和多谣言源检测。单谣言源检测是谣言源检测问题的简化形式，也是研究者们关注的焦点。多谣言源的检测通常可以转化为对多个单谣言源的检测。

在具体的检测方法上，基于网络结构的谣言源检测主要分为基于传播子图快照的检测方法和基于部署节点的检测方法。

1. 基于传播子图快照的检测方法

基于传播子图快照的检测方法是指研究者通过一次或多次获取全部或部分节点是否收到谣言消息（是否成为感染节点）的状态子图，对某一网络拓扑属性度量特征进行估计，再推算出网络中最可能成为谣言源的节点，这也是目前关于谣言源检测最常见的方法。

2. 基于部署节点的检测方法

由于社会网络规模巨大且复杂，传播图中节点的真实感染状态是很难完整获取的。同时，在社会网络中，由于每个节点的重要程度不同，如果对网络中的所有节点都进行研究势必会增加无谓的计算开销。因此，对于给定的网络，在不了解网络节点感染状态和节点关系的情况下，可以选取适量数量和重要位置的节点作为整个网络的观察点进行研究。基于部署节点的检测方法正是依据这一思想，研究者在社会网络中部署少量的观察点或监测器并记录它们首次收到邻近节点发送的消息的时间和方向，然后通过计算推断出当前网络的谣言源。

整体来看，基于传播子图快照的检测方法和基于部署观察点的检测方法各有优劣。基于传播子图快照的检测方法虽能有效地定位谣言源，但其往往需要谣言感染过程中大量、动态的感染网络拓扑结构状态图（如整个网络的感染状态、多次观察的感染网络快照、节点感染状态可观察的概率等），且该方法往往是基于静态的网络拓扑图，检测的时效性和动态性较差，因此其实际应用于当前大规模动态的社会网络难度较大。研究者采用基于部署节点的检测方法时无须掌握整个网络的感染状态，仅需从稀疏部署的观察点获取反馈信息，因此网络资源计算开销较小，但是观察点数量和位置的合理部署仍是当前研究面临的核心挑战。

第四节　网络谣言的消解对策

一、辟谣策略

辟谣指在谣言传播后，用来说明实情以降低谣言所带来的负面影响的信息澄清[①]。学界普遍将辟谣作为网络谣言消解的主要途径。陈万怀[②]认为网络谣言根源在于公众现实安全感的缺乏，政府应着力增加公众安全感和信任感，并承担网络辟谣的责任。与陈万怀的“安全感缺乏论”不同的是，唐梦斐等[③]将网络谣言归结于民众的信息需求量与媒体信息供应量之间的失衡，认为辟谣是将二者再平衡的途径，建议政务微博应与微博“大V”等意见领袖相互配合联动，形成系统性辟谣格局以达到更为显著的辟谣效果。与之相似的是，王国华等[④]以近年来国内网络谣言事件为样本，梳理了我国政府辟谣方式由官方化到日常化、细节化的转变过程，并认为政府应构建更为完善的网络谣言应急预案体系。虽然上述研究对网络谣言成因持不同观点，但均认同官方辟谣是网络谣言消解的有效途径。

通过回顾相关文献，贾硕等[⑤]基于谣言的领域，梳理了近年来特定领域国内外网络谣言辟谣策略，见表 7-2。

表 7-2　特定领域网络谣言辟谣策略

谣言领域	辟谣策略	文献来源
突发事件类	采取延宕策略、抑制策略、对冲策略和组合策略 4 种辟谣策略抑制突发事件类网络谣言的蔓延。	张玉亮等[⑥]
政府政务类	政府建立基于谣言社会危害程度的定罚或量刑机制，采取多样化的政府辟谣策略，如领导人表态、召开新闻发布会、网络警察删除谣言帖等。	王国华等[③]
	通过事件追责、损失评估和转移公众注意力等措施修复因网络谣言事件受损的政府形象，最小化对政府公信力的负面影响。	黄晶[⑦]
自然灾害类	通过瓦解地震类谣言的价值性功能消解其扩散动力，在公众可接受范围内对地震谣言的荒谬之处有针对性地予以回击。	陈强等[⑧]

① 唐雪梅，赖胜强．突发事件中政府对网络谣言的辟谣策略研究——以太伏中学事件为例［J］．情报杂志，2018，37（9）：95-99.

② 陈万怀．传播学视角下网络谣言的认知与消解［J］．新闻界，2008（6）：50-51.

③ 唐梦斐，王建成．突发事件中政务微博辟谣效果研究——基于 " 上海外滩踩踏事件 " 的案例分析［J］．情报杂志，2015，34（8）：98-103.

④ 王国华，汪娟，方付建．基于案例分析的网络谣言事件政府应对研究［J］．情报杂志，2011，30（10）：72-76.

⑤ 贾硕，张宁，沈洪洲．网络谣言传播与消解的研究进展［J］．信息资源管理学报，2019，9（3）：62-72.

⑥ 张玉亮，贾传玲．突发事件网络谣言的蔓延机理及治理策略研究［J］．情报理论与实践，2018，41（5）：91-96.

⑦ 黄晶．突发公共事件中政府应对网络谣言的策略研究［D］．华东师范大学，2016.

⑧ 陈强，方付建，徐晓林．网络谣言扩散动力及消解——以地震谣言为例［J］．图书情报工作，2010（22）：29-33.

续表

谣言领域	辟谣策略	文献来源
人为事故类	辟谣信息尽可能还原事故发生事实，尽可能占据舆论引导权，应考虑辟谣信息对民众不稳定情绪的安抚作用。	唐雪梅等[①]
健康类	专业人员（医生、护士和医科学生）的参与会促进健康类谣言辟谣信息的传播。相比于积极类谣言，消极类健康谣言更能激发信息接收个体的辟谣分享意愿。	Chua 等[②]
	专业医学机构配合主流新闻媒体进行线上线下联动，有助于健康类网络谣言辟谣信息协同效应的放大，从而取得更好的辟谣效果。	马超[③]
食品安全类	食品安全类谣言传播网络“小世界现象”不显著，传播速度更快。应采用通俗而非专业生硬的言论进行引导，并充分利用意见领袖的影响力传播食品安全辟谣信息。	洪小娟[④]

二、自消解策略

自消解策略来自辟谣无效论，Johnson 等[⑤]认为谣言具有持续影响效应，当辟谣以一种在时间和语境上脱节的形式呈现时，其无法消除受众对谣言的依赖，即辟谣无效。从心理学视角来看，Ecker 等[⑥]以心理事件模型解释了谣言的持续影响效应，即人们更偏向于接受对事件、事物的初次评判，即使出现反驳的观点，他们仍选择保留初始观点。

基于辟谣无效论的谣言自消解策略借鉴了物理学中的“无影灯效应”，即在信息开放的网络环境中，信源和受众间的大量相互论证会使最具有说服力的观点胜出，消除逻辑漏洞和解释盲点。网络的本体属性对“无影灯”的运作起到决定性作用，因此，与从谣言所属领域入手的辟谣策略不同，自消解策略更侧重于互联网平台的建设。

Ozturk 等[⑦]给出了应对谣言的自消解建议，即首先让用户接收来自平台端的谣言警告信息，其次将社交网络平台设计为用户可自我纠正的且使潜在不准确信息失活的“自净”环境，其重点在于互联网信息开放水平的提高。

由于自净、自消解策略通常无法适用于过于庞大的网络环境，我国学者通常将其置

---

① 唐雪梅，赖胜强 . 突发事件中政府对网络谣言的辟谣策略研究——以太伏中学事件为例［J］. 情报杂志，2018，37（9）：95–99.

② CHUA A，BANERJEE S. Intentions to trust and share online health rumors：an experiment with medical professionals［J］. Computers in human behavior，2018，87（10）：1–9.

③ 马超 . 健康议题辟谣社群的类别构成与社群结构研究——基于多主体谣言协同治理的视角［J］. 情报杂志，2019，38（1）：96–105.

④ 洪小娟，姜楠，夏进进 . 基于社会网络分析的网络谣言研究——以食品安全微博谣言为例［J］. 情报杂志，2014，33（8）：161–167.

⑤ JOHNSON H M，SEIFERT C M. Sources of the continued influence menory，and cognition effect：when misinformation in memory affects later inferences.［J］. Journal of experimental psychology，1994，20（6）：1420–1436.

⑥ ECKER U K H，LEWANDOWSKY S，SWIRE B，et al. Correcting false information in memory：manipulating the strength of misinformation encoding and its retraction［J］. Psychonmic bulletin & review，2011，18（3）：570–578.

⑦ OZTURK P，LI H，SAKAMOTO Y. Combating rumor spread on social media：the effectiveness of refutation and warning［C］// 2015 48th Hawaii international conference on system sciences，2015：2406–2414.

于网络谣言消解的辅助地位。匡文波等[①]认为媒体和受众的自消解是消除信息不对称的一种途径，其与政府机构辟谣共同发挥作用以最终消解谣言。基于辟谣和自消解策略的结合，陈强等[②]从3个方面探讨了网络谣言扩散动力的消解，并提出可行的消解途径，如图7-4所示，其中培养网民理性精神和大众传媒的自律是网络谣言自消解的必要条件。

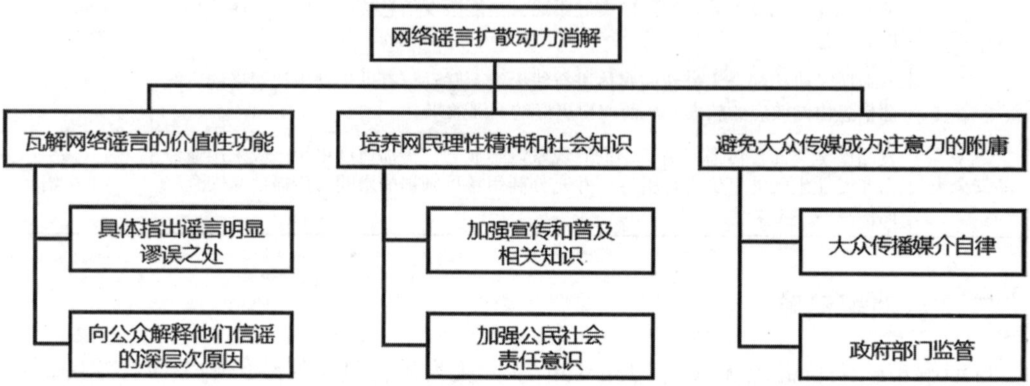

图7-4 网络谣言扩散动力消解

三、网络辟谣平台

中国互联网联合辟谣平台（https: //www.piyao.org.cn/index.htm）

中国食品辟谣网（http: //www.xinhuanet.com/food/sppy/index.html）

人民网《求真》栏目（http: //society.people.com.cn/GB/229589/index.html）

科普中国：科学辟谣（https: //piyao.kepuchina.cn/）

微博辟谣（https: //weibo.com/weibopiyao）

腾讯较真查证平台（https: //vp.fact.qq.com/home）

“腾讯较真辟谣”微信小程序，见图7-5

图7-5 “腾讯较真辟谣”微信小程序

① 匡文波，郭育丰．微博时代下谣言的传播与消解——以“7·23”甬温线高铁事故为例［J］．国际新闻界，2012，34（2），64-69.

② 陈强，方付建，徐晓林．网络谣言扩散动力及消解——以地震谣言为例［J］．图书情报工作，2010（22）：29-33.

"微信辟谣助手"微信小程序，见图 7-6

图 7-6 "微信辟谣助手"微信小程序

思考题

1. 什么是谣言？它在网络环境下呈现哪些特征？
2. 你认为打击网络谣言和保护言论自由之间存在怎样的关系？
3. 以近期发生的一起网络谣言为例，分析这起谣言发生的原因和消解策略。

拓展篇

第八章　计算社会科学视野下网络舆情研究范式革新

本章概述

本章首先对计算社会科学的起源及其 3 种研究范式——观察范式、实验范式以及 ABM 范式进行介绍，纠正长期以来人们将大数据与计算社会科学二者相等同的认知误区。接下来，本章对舆情研究的基本范式进行回顾，并指出长期以来重“大众意见”式研究，轻“社会过程”式研究的原因。最后，本章介绍传播学经典理论——沉默螺旋理论，通过 ABM 工具对该理论进行仿真模拟，并总结 ABM 仿真模拟优势及未来发展趋势。

教学目标

使学生了解计算社会科学的起源及 3 种研究范式，知晓舆情研究的基本范式包括“大众意见”式研究与“社会过程”式研究这两种基本范式，后者在传统舆情学研究中长期缺失。教会学生运用 ABM 仿真模拟工具，结合沉默螺旋理论进行建模操作，使其感知“社会过程”式研究范式的优势。

学习建议

在电脑安装 ABM 仿真模拟工具 Netlogo（https：//ccl.northwestern.edu/netlogo/），并在其官网下载操作手册（含中文版）。

第一节 计算社会科学的起源与发展偏向

一、计算社会科学的起源

有关计算社会科学起源的讨论，学界公认的是 David Lazer 等人于 2009 年在 *Science* 杂志发表的题为 *Life in the network: the coming age of computational social science* 的文章[①]。作者在文章开篇即指出了计算社会科学的定义：它是通过对海量数据的采集和分析，揭示人类个体和群体行为模式的新兴学科。

这篇文章发表后的数年中，在多个社会科学学科，相继出现了“计算 + 学科名称”的新兴领域，如计算社会学、计算法学、计算情报学等，同样，在新闻传播学领域也出现了计算传播学。计算传播学（Computational Communication Research）这个概念最早由南京大学新闻传播学院的王成军提出。香港城市大学媒体与传播学系祝建华曾表示，他更加倾向于使用“计算社会科学在新闻传播研究中的应用”这一说法，他将其视为计算社会科学的一个重要分支。从定义来看，计算传播学致力于寻找传播学可计算化的基因，以传播网络分析、传播文本挖掘、数据科学等为主要分析工具，大规模地收集并分析人类传播行为数据，挖掘人类传播行为背后的模式和法则，分析模式背后的生成机制与基本原理[②]。对比计算社会科学与计算传播学这两组定义，我们可以发现二者具有高度相似性，它们都强调对海量数据进行采集和分析，因而就不难理解为什么祝教授会称其为“计算社会科学在新闻传播研究中的应用”而非“计算传播学”了。但需要认识到的是，借用福柯的相关理论，领域命名的背后，除了界定“学科边界”，还有“权力边界”的划分。正是因为有了计算传播学，国际传播学会（ICA）以及中国新闻史学会下才有其分会，这为一群相关领域的爱好者特别是跨学科研究者，提供组织和平台以进入新闻传播学领域。从这个层面来看，“计算传播学”的提出也有其合理价值。

上面已经谈到，从定义来看，计算社会科学与计算传播学皆强调对海量数据进行采集和分析。这与近 20 年来互联网发展有关。人们在使用电脑和手机的过程中，每日留下了海量的文本和行为数据，这些数字痕迹，为研究者开展长时间维度、多个体互动研究提供了可能。而在传统的社会科学研究中，即使付出高昂的研究成本，也很难想象获取细粒度到“分钟”甚至是“秒”，同时还是连续性的用户数据。相关定义也决定了接下来 10 年整个计算社会科学与计算传播学的发展方向。但是，大数据和计算社会科学之间可以画上等号吗？在 2009 年计算社会科学宣言书发表的 30 年前，就已经出现了计

---

① LAZER D, PENTLAND A S, ADAMIC L, et al. Life in the network：the coming age of computational social science［J］. Science，2009，323（5915）：721–723.

② 王成军 . 计算传播学的起源、概念和应用［J］. 编辑学刊，2016（3）：6.

算社会科学。早在20世纪80年代，Simon描绘的人工科学，美国桑地亚国家实验室研发的国民经济仿真软件系统（ASPEN）以及基于主体的建模模拟技术的兴起，为大规模社会数据的积累和现代科学技术的飞速发展创造了有利条件，计算社会科学应运而生[①]。因此可以说，在大数据出现之前，早期的计算社会科学与仿真模拟这二者之间是等同的。那么在当下，计算社会科学究竟有哪几类研究范式呢?

二、计算社会科学的3类研究范式

结合前人已有的总结，让我们梳理一下计算社会科学现有的几类研究范式[②]。

第一类也是最常见的范式是观察范式，即研究者基于实证、大数据的关联性视角，观察数据中变量间的因果关系。该类研究在计算社会科学研究中占据绝大多数，因此不再赘述。

第二类是实验范式，即研究者通过随机试验的干预，获得真实的因果机制。实验范式通常分为自然实验与人造实验这两类。

自然实验是指实验本身并不是由研究者故意设计，而是在现实生活中自然形成。自然实验相较于人造实验具有3大优势。其一是节约成本。其二是可以回避选择性偏误，其完全在随机分配下展开，比较典型的线下实验例子就是大学宿舍舍友的随机分配[③]。其三是可以不让被研究者知道他们正在被研究这一事实。在人造实验条件下，被研究者有可能躲避或误答自己内心的真实想法，或是故意顺从实验者作出选择。线上的自然实验多使用搜索引擎数据，例如研究者可以根据用户的搜索记录来分析受众的注意力。曾凡斌将用户搜索的百度指数作为受众议程显要性的表征，并将中国重要报纸全文数据库中的媒体报道作为媒体显要性分析的来源，结果显示，当网络热点舆情事件属于社会新闻事件或国外政治事件时，媒体舆情场和民间舆情场呈正向相关，但在其他事件中这两个舆情场还存在着一定程度的背离[④]。李永宁等在对2010年至2016年间121个公共议题下公众注意力的分析中发现，公众对议题的关注周期在缓慢但显著地缩短。即使加入了事件类型、同期热门事件数等控制变量，议题注意力周期逐渐缩短的趋势仍然显著[⑤]。

另一种实验范式是人造实验。Salganik等学者为了研究音乐走红的原因，创建了一个叫音乐实验室（Music Lab）的网站，人们可以通过该网站发现新的音乐。研究者利用这一网站进行了一系列的实验。对照组的参与者根据给出的乐队名和歌名自行决定要听哪首歌，他们在听歌的同时会被要求对歌曲进行评分，之后便可以下载这首歌。实验组的流程也一样，唯一不同是实验组的参与者还可以看到每首歌被前面的参与者下载的次

---

① 王国成．计算社会科学引论：从微观行为到宏观涌现［M］．中国社会科学出版社，2015：10.

② 梁玉成，陈金燕．社会资本研究中的双向因果问题探索［J］．社会发展研究，2019，6（3）：22.

③ 程诚．同伴社会资本与学业成就——基于随机分配自然实验的案例分析［J］．社会学研究，2017（6）：24.

④ 曾凡斌．百度指数对议程设置理论的检验及"两个舆论场"的关系——基于2013–2016年75个网络热点舆情事件的分析［J］．新闻记者，2018（11）：9.

⑤ 李永宁，吴晔，张伦．2010–2016年公共议题的公众注意力周期变化研究［J］．国际新闻界，2019（5）：12.

数。研究结果显示，每首歌在不同时间的受欢迎程度是不同的，这表明运气在歌曲的走红中起到了重要作用，而显示每首歌的下载次数增加了市场赢家通吃的性质①。

第三类是 ABM（Agent-Based Modeling）范式，它是从生成性视角观察数据的生成过程，即微观个体互动涌现出宏观社会现象的过程。ABM 是计算机模拟的一种，与观察范式和实验范式不同，它通过一系列的主体特性及交互规则设定，以一种微观个体互动涌现宏观现象的方式展开研究。

这里介绍一个比较典型的，也是早期 ABM 范式的研究——谢林隔离模型（Models of Segregation）②。在 20 世纪 70 年代，美国经济学家谢林（Thomas Schelling）指出，俯视纽约市种族分布情况，人们可以发现种族隔离现象十分明显，白人更愿意和白人居住，黑人更愿意和黑人居住，拉美裔以及亚裔也是如此。

美国纽约市不同收入人群分布与种族分布相类似，同样出现了隔离的现象，富人更倾向于和富人居住在一起，中产更倾向于和中产居住在一起，而穷人则和穷人居住在一起，这也就形成了所谓的“富人区”“贫民窟”等。

谢林对这一现象产生了浓厚的兴趣，他尝试分析这一现象的形成机制。与过往研究不同的是，谢林采用了棋盘状的模拟环境——图 8-1 所示的一个九宫格。在九宫格中心的主体选择继续居住还是选择搬家，取决于周围邻居与他的相似程度，这里的相似可以是种族相似或是收入相似。每个主体都有一个相似度阈值，当周围邻居的相似度低于这一阈值时，主体就会选择搬迁，例如，一个富人希望自己身边至少有 4 个富人，如果身边只有两个或者 3 个的话，他就会选择搬迁。以此类推，阈值越高，主体搬迁的可能性就越大。

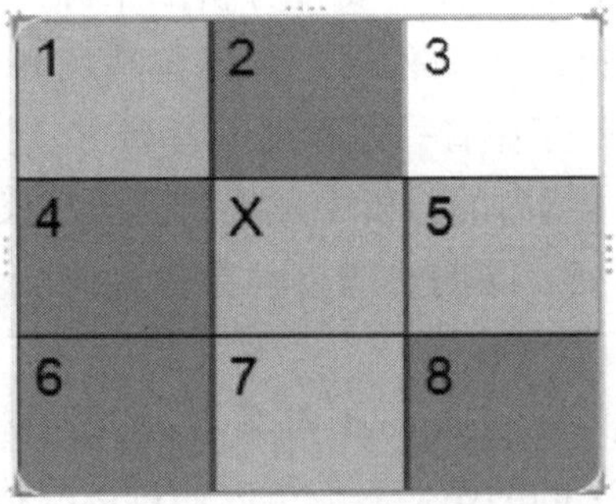

图 8-1　谢林隔离模型

我们借助 ABM 仿真模拟工具 Netlogo 自带的“Segregation Simple”模型和谢林隔离模型进行了研究。研究发现，当相似度为 20%，出现了一定的同类人群聚集情况；当相似度提升至 40%，出现了较为明显的人群隔离现象。

---

① SALGANIK M J. Experimental study of inequality and unpredictability in an artificial cultural market［J］. Science，2006，311（5762）：854–856.

② SCHELLING T C. Dynamic models of segregation［J］. Journal of mathematical sociology，1971，1（2）：143–186.

相似度从 20% 提升至 40%，意味着一个人要求与自己相似的邻居的人数，从两个人提升至 4 个人。对于一个个体而言，这样的要求并不过分，但阈值的细微变化就有可能出现完全不一样的结果。那么当阈值进一步提高至 80%，会出现出怎样的宏观结果呢？出人意料的是，此时大多数人因为邻居的相似度没有达到自己期待的相似度阈值，而处于一个不开心的状态，因此选择不断搬家。

谢林隔离模型启示我们，微小的个体偏好累积起来，完全可能导致极端的整体隔离。该模型属于早期的 ABM 仿真研究，从今天的研究标准来看，该模型还存在着若干问题，例如，每个主体的阈值不可能是相同的，而是有高有低，阈值较低的主体在现实生活中更具包容性，可以接受与多元人群的共处，而阈值较高的主体则对周围环境有着较为严格的要求。此外还有搬家等交互行为。相较于棋盘状，现在研究者更多是使用网络状进行模拟，这样其可以使用无标度网络等模型来模拟出更加符合现实的情况。

在回顾了计算社会科学的发展历程，并对计算社会科学的几类研究范式进行介绍后，再看网络舆情研究的发展变化，我们就不难发现，由于强调实证、大数据研究范式，近年来的网络舆情研究发展也出现了类似的偏向，而这种偏向却忽视了舆情学本身最为核心的要素，这将在下一部分详细介绍。

第二节　计算社会科学视野下的网络舆情研究

一、网络舆情研究的两条路径

在舆情学研究中，长期存在着两种研究范式，周葆华将其称之为舆情学研究的两条“河流”[①②]。其中一条“河流”就是当前网络舆情研究主流范式——“大众意见”式舆情研究，该类研究关注的是在特定时间点上的意见分布，即基于个体各自的意见表达，其通过民意调查等方法获得集合层面的结果。这一研究范式以美国盖洛普民意调查为代表，国内近年来的网络舆情研究以及各舆情机构的调查，也多是如此。该类范式可以在最短时间内，较为准确地估计不同群体的意见观点，为获取社情民意发挥重要作用。

近年来由于计算社会科学方法引入，一部分学者尝试使用自然语言处理、语义网络分析、机器学习等技术展开文本分析。在有关媒体报道框架的研究中，纪娇娇等采用语义网络和 Bag-of-Words 模型对微信公众平台转基因新闻报道框架偏向性进行研究，研究发现，中央主流媒体、生活服务媒体与科普类媒体对转基因不同议题框架呈现明显不同的报道偏向性[③]。而在新冠疫情期间，孙少晶等使用主题模型 LDA，对国内相关媒体

① 周葆华．社会化媒体时代的舆论研究：概念、议题与创新［J］．南京社会科学，2014（1）：8.

② 周葆华．网络舆论过程与动态演化：基于计算传播研究的分析［J］．西北师大学报：社会科学版，2019，56（1）：10.

③ 褚建勋，纪娇娇，黄晟鹏．微信公众平台的转基因新闻报道框架偏向性研究［J］．情报科学，2016，34（11）：6.

报道展开分析，结果发现，主流媒体更强调国家话语、社会动员，市场化媒体具有国际化视野，也更关注具体的人和事件，而健康专业媒体则更强调微观和专业语汇的使用[①]。以上提到的两类研究，均区别于有监督的机器学习，它们能在不需要人工识别和标注的情况下，实现词和词之间的聚类，在短时间内揭示不同群体的意见表达。

需要注意的是，“大众意见”式舆情研究忽视了舆情的一大核心要素，这个要素就是，舆情不是孤立、分散个体意见的叠加，而是一个相互联系、互动与讨论的社会过程。这就引出了舆情学另一条易于被忽视，却又十分重要的“河流”——“社会过程”式舆情研究。该种研究范式体现的理念是，公众对关系到自身或集体利益的有争议的议题进行公开讨论，在讨论过程中形成和表达自己的看法与评价。这一范式将表达者预设为网络中的个体。

二、“社会过程”式研究

“大众意见”式研究占据当前舆情学研究的主流地位，但多数研究仅停留在采用文本分析的方法对现象的描述上。近年来一些学者开始关注“社会过程”式研究，对该类研究进行尝试。当前的“社会过程”式舆情研究方法，比较主流的主要有两种，一种是社会网络分析法，另一种是时间序列分析法。

（一）社会网络分析法

社会网络分析法最早由一群社会计量学家提出。与统计学理论不同，社会网络分析理论的重点并不在于个体属性而在于个体间的关系。该理论认为，个人与组织是嵌入社会结构的，可以用节点来表示个体，连边表示个体间的关系。最早的一项社会网络分析实证研究来自 Jacob Moreno，他在对女子学校大规模学生辍学的原因分析中指出，女生的个人性格、家庭背景并不是她们辍学的主要原因，舍友的影响才是主要原因[②]。该研究体现了社会网络分析的 4 个基本要素：结构性思维、系统的关系数据、图形以及数学或计算模型。

作为计算社会科学的主要方法，当前社会网络分析法在新闻传播领域的应用主要包括语义网络分析、意见领袖识别等。使用社会网络分析法所开展的“社会过程”式研究常见于信息扩散的相关研究。研究者多将用户视为节点，将转发或评论关系作为连边展开分析。师文、陈昌凤基于转发、引用、回复、提及这 4 个维度，分析了智能媒体时代社交机器人与人类用户的行为差异。图 8-2 采用了热力图的方式直观呈现社交机器人与人类用户之间的交互关系，其中横轴表示转发者，纵轴代表被转发者，Bot Score 得分越高则该账号越有可能是社交机器人。从图中我们可以看出，左上角明亮处表示较多的转发关系发生在人类用户与人类用户之间，左下角的微亮处代表社交机器人会去转发人类

---

① 孙少晶，王帆，刘志远，等．新冠肺炎疫情语境中多元媒介的微博话语表达［J］．新闻大学，2020（3）：16.

② BORGATTI S P，MEHRA A，BRASS D J，et al. Network analysis in the social sciences.［J］. Science，2009，323（5916）：892–895.

用户的推文，右侧的暗处则表明无论是社交机器人还是人类用户都很少去转发社交机器人的推文①。该研究表明，在人机交互过程中，人类用户是能察觉到对方身份的，即使社交机器人发布大量的推文信息，其对人类用户的影响也有限。

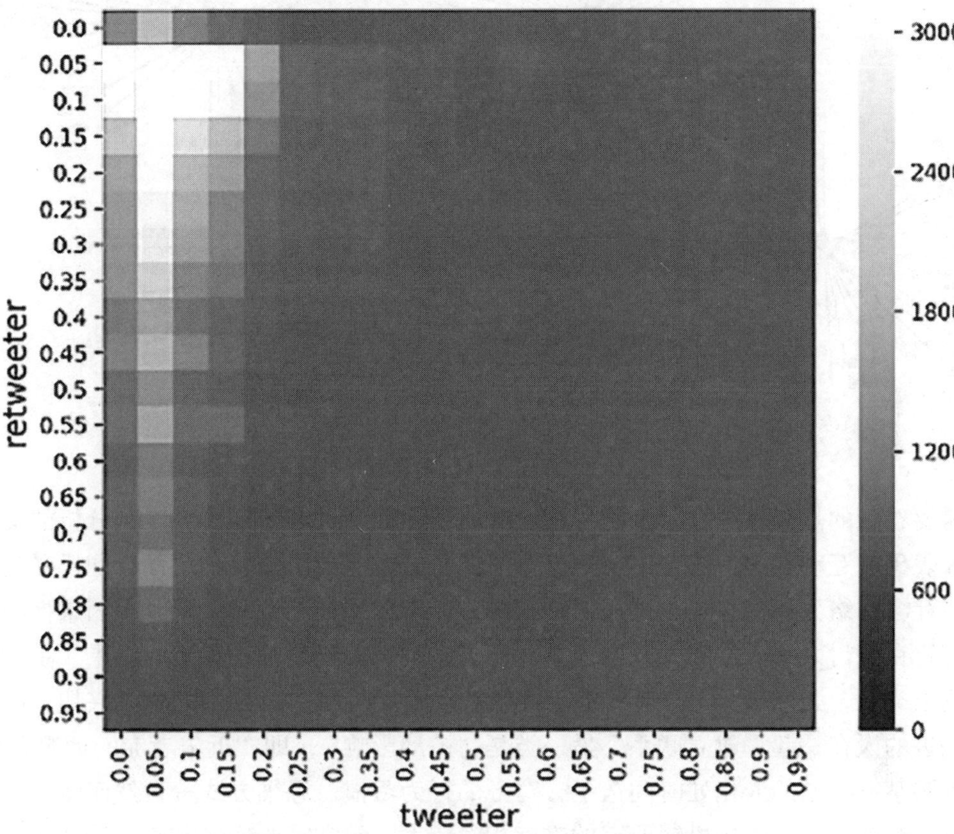

图 8–2　不同 Bot Score 的用户之间的转发互动

这里所采用的社会网络分析法，其节点虽然分为了社交机器人与人类用户，但实际参与节点均为用户，因此该网络属于一模网络。王晗啸、于德山更进一步，通过文献计量学的耦合分析方法，将用户与文本信息相连接，揭示微博平台用户间的活跃程度、彼此间的关系远近以及主题参与倾向，如图 8–3 所示。分析发现，微博平台泛娱乐化、生活化倾向明显，目前微博平台主要活跃着休闲娱乐类意见领袖、社会民生类意见领袖、竞技体育类意见领袖以及金融时政类意见领袖这 4 种②。

① 师文，陈昌凤．分布与互动模式：社交机器人操纵 Twitter 上的中国议题研究［J］．国际新闻界，2020，42（5）：20.

② 王晗啸，于德山．意见领袖关系及主题参与倾向研究 – 基于微博热点事件的耦合分析［J］．新闻与传播研究，2018（1）：15.

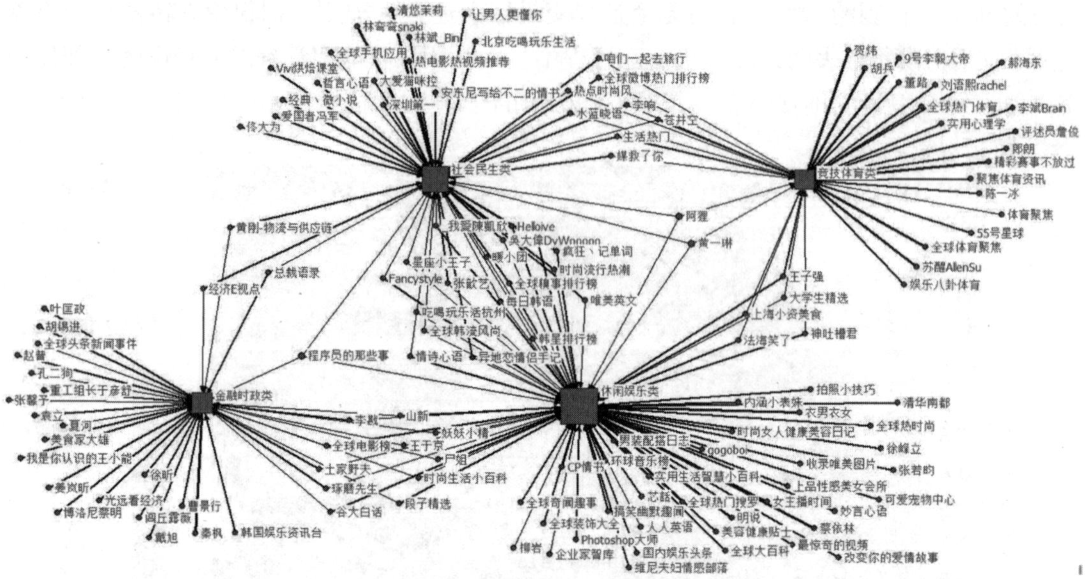

图 8-3　意见领袖与主题参与网络

需要看到的是，采用社会网络分析法开展的“社会过程”式研究，其分析的交互只停留在表象的互动层面，这并不意味着交互的双方在深层次的心理层面也同样受到了影响。在社会网络分析中有一类连边机制的研究，可以从描述性分析跃升至因果推断。这类研究旨在探讨人和人之间关系的建立究竟是主动选择还是被动影响的结果。主动选择即“物以类聚，人以群分”，人们基于相似性，选择与那些与自己的个人兴趣、职业等特征相近的人在一起，建立联系。另一类是“被动影响”，即“近朱者赤，近墨者黑”，一个人跟某一类型的人相处时间久了，对方的行为习惯、思维方式等自然而然地会影响到自己。开展这一类连边机制研究的难度相对较大，常常需要通过实验或是“线上数据 + 线下问卷”这种大数据和小数据相结合的方式展开[①]。

（二）时间序列分析法

作为最为常见的一种时间序列分析法，格兰杰因果检验（Granger Causality Test）以统计假设检验为基础，其认为自变量能够帮助因变量进行预测。具体而言，如果基于变量 x 和变量 y 的过去值组合的预测比单独基于 y 的过去值的预测更加准确，那么我们就可以认为变量 x 是变量 y 的格兰杰原因。

在新闻传播学领域，最常使用格兰杰因果检验的是媒介间议程设置研究（Intermedia Agenda Setting）。媒介间议程设置的提出是为了弥补传统议程设置研究的不足。在传统议程设置研究中，为了研究媒体议程向公众议程显要性的转移效果，研究者多是采用“内容分析 + 相关性分析”的方法，其先对媒体议程与公众议程进行编码，然后对

---

① LEWIS K，GONZALEZ M，KAUFMAN J. Social selection and peer influence in an online social network［J］. Proceedings of the national academy of sciences，2012，109（1），68–72.

两组编码后的议程进行相关性分析。这类研究解释性相对弱，而且默认了信息流向是从传统媒体流向公众，这种单一的信息流向在大众媒体时代可能还存在，但在社交媒体和智能媒体时代，信息的流向可能变得更为复杂。最初，研究者们提出媒介间议程设置理论，是为了研究媒体之间如何相互影响。早期的媒介间议程设置研究发现，20 世纪 80 年代有关毒品问题的报道中，美国的精英媒体诸如《纽约时报》《华盛顿邮报》等，可以成功设置美国中小型、地方性媒体的议程[①]。媒介间议程设置的发生可能出于以下原因：一方面，行业竞争的压力使媒体不想遗漏有价值的新闻，其在进行新闻采编的同时，还要时刻关注同行的报道，这样媒体间的报道就较容易呈现内容的同质化倾向[②]，特别是一些中小型媒体，它们在新闻选题的选择上可能会更加留意权威媒体的做法，以确保自身新闻报道的价值[③]；另一方面，相较于原创性报道，借鉴其他媒体的报道内容也可以节约媒体成本，减少不必要的开支[④]。

随着新冠疫情的暴发，一些学者尝试将线上数据与线下数据相结合，开展格兰杰因果分析。沈粹华等学者采用一种细粒度的编码方式，发现带有“感冒”“咳嗽”“腹痛”等症状的患病帖，可以成功预测下一阶段的疫情走势。[⑤]钟智锦和周金连则运用了格兰杰因果检验，探讨疫情扩散规模、媒体注意力以及公众注意力这三者之间的关系。结果显示，媒体注意力并不遵循流行病学的发展逻辑，而是时常受到关键事件的驱动和牵引，而每日新增病例数的变化则会引起公众注意力的波动[⑥]。相关研究使用的是较为容易获取的社交媒体数据，为开展低成本的疫情走势预测研究提供了全新的思路。

以上介绍了舆情学研究的两类范式。学术界除了存在占据主流地位的“大众意见”式研究，还存在着另外一种强调舆情是在互动中产生的“社会过程”式研究，这种研究范式对舆情学研究有重要意义。当前已有学者关注到“社会过程”式研究的价值，并尝试采用社会网络分析、时间序列分析等方法开展有关研究，但受方法论的制约，这些方法要么只能分析表层的行为互动，要么研究所得的因果关系不是现实意义上的因果关系，我们只能称其为“格兰杰因果”。那么，是否还可以通过其他路径开展“社会过程”式研究呢？接下来，我们将对 ABM 仿真模拟视角下的“社会过程”式研究进行介绍。

---

① REESE S，DANIELIAN L H. Intermedia influence and the drug issue：converging on Cocaine［M］. Communication campaigns about drugs. Newyork：Routledge，2012：29–45.

② SUP J. First–level and second–level intermedia agenda–setting among major news websites［J］. Asian journal of communication，2011，21（2）：167–185.

③ DENHAM B E. Intermedia attribute agenda setting in the New York Times：the case of animal abuse in U.S. horse racing［J］. Journalism & mass communication quarterly，2014，91（1）：17–37.

④ BAUM M A，GROELING T. New media and the polarization of American political discourse［J］. Political communication，2008，25（4），345–365.

⑤ SHEN C，CHEN A，LUO C，LIAO W，ZHANG J，FENG B. Reports of own and others’ symptoms and diagnosis on social media predict covid–19 case counts in mainland China［J］. Journal of medical internet research，2020，22（5）：e19421.

⑥ 钟智锦，周金连 . 新冠疫情中的媒体与公众注意力研究［J］. 新闻记者，2020（10）：12.

第三节 ABM 仿真模拟视角下的网络舆情研究

一、沉默螺旋与谢林隔离模型

前面我们谈到 ABM 范式时曾以谢林隔离模型举例。那么，作为一个经济学模型，它与“社会过程”式研究有着怎样的关联呢？

20 个世纪 70 年代，以认知为核心的效果研究不断扩展，涌现出了“议程设置”“引爆效果”“涵化效果”“知识沟”等经典传播理论，德国大众传媒学家和政治学家Noelle-Neumann 1974 年提出的沉默螺旋理论也在其中。关于沉默螺旋，他引述法国思想家 Tocqueville 在其《旧制度与大革命》中的观点：人们的宗教信仰不可能在一夜之间崩塌，人们之所以表现出对信仰的蔑视是因为害怕被孤立而不是承认自己的错误。出于对社会孤立的恐惧，人们会持续性地观察周围意见气候的变化，使用准感官统计（Quasi-statistical Sense）来估计周围人支持和反对的比例。如果他们察觉到自己属于少数群体，便会丧失信心变得沉默，不再表达自己的观点，这种沉默可能会像螺旋一样不断加剧，最终导致他们成为沉默的大多数[①]。

那么，沉默螺旋与谢林隔离模型之间有什么关系呢？让我们回忆一下谢林隔离模型中的相关设置，主体的选择结果是搬家抑或是不搬家，这一决定是主体根据与自己相似的邻居的多少作出的，这其中有一个相似度阈值。类比沉默螺旋我们同样可以发现，主体的选择结果是表达抑或是沉默，这一行为也同样取决于“邻居”，表达的决定是根据周围“邻居”的意见是否与自己相同来作出的。那么，我们是否可以使用谢林隔离模型方法来开展沉默螺旋研究呢？

答案是肯定的。过往使用沉默螺旋开展的经验研究，根据研究方法主要可以分为调查法、结构方程模型以及实验设计这几类，它们均试图检验沉默螺旋模型中感知到的意见气候对意愿表达的影响。但是，这些研究结果并不一致，而且研究都发现这两者之间仅存在着微弱的关系。有研究者认为这是因为人际网络的影响被忽视了。由于 ABM 仿真模拟可以弥补这一研究缺陷，因此近年来越来越多的学者开始尝试使用该种方法开展沉默螺旋研究。这里需要看到的是，谢林隔离模型在模型设置上依然存在着几个问题。其一，模型的环境是棋盘状而非网络状，因此模型将每一个人的影响力默认为是相同的，而在现实生活中，每个人对周围人的影响力是存在差异的。我们可以通过网络环境的设置来解决这一问题，将网络设置为无标度网络，使网络的节点分布遵循幂率分布原则，这样就可以模拟出现实生活中的影响力差异分布。其二，在谢林隔离模型中，每个人的阈值是相同的，但在现实生活中，每个人的阈值有高有低，对于那些善于表达的人

① NOELLE E. The spiral of silence：a theory of public opinion［J］. Journal of communication，2010，24（2）：43-51.

而言，即便周围人与他的观点相反，他依然有可能选择坚持表达。但是对于那些沉默寡言的人来说，纵使周围人都与他的观点相一致，他依然可能选择不表达。因此，在对表达阈值的选择上，研究者也应该采用随机分布或是正态分布的方法。

二、基于 ABM 仿真模拟的沉默螺旋研究

当前，已有一些学者采用 ABM 仿真模拟开展沉默螺旋研究。在环境设置的选择上，这些研究多是采用网络状结构，且将网络设置为小世界网络或是无标度网络，以使模型更加符合现实世界的网络环境。在主体及行为设置上，其通常将主体的初始状态简化为支持和反对两种，且每个主体会有一个自己的表达意愿，表达意愿是一个动态值，会根据主体周围的意见气候变化而变化。Sohn 和 Geidner 在使用 ABM 仿真模拟时发现，当对意见分布有不同看法的人数量足够大时，沉默螺旋将更加明显，从而防止观点的两极分化[①]。

在 ABM 模型的主体设置中，除了人类用户，还有一类重要的参与主体是大众媒体。根据 Neumann 的描述，沉默螺旋所产生的影响主要来自双重意见气候，其中一重是个体直接观察到的现实中周围人的意见，又可以被称为参考群体意见，另一重则是个体通过媒体观察的多数人的意见[②]。

随着智能媒体的出现，另一类新兴舆情参与主体——社交机器人也被加入沉默螺旋模型之中。社交机器人采用计算机算法，可以自动生成内容并在社交媒体上与人类互动，进而尝试模仿并改变人类行为[③]。美国、法国、日本等国政治领导人选举期间，均被证实存在大规模的社交机器人试图操纵和改变网络舆情的情况。那么，社交机器人与人类用户一般有何不同？社交机器人被用来在社交媒体空间执行政治传播任务，主要是以推送大量政治消息、传播虚假或垃圾信息的手段来干预网络舆情。社交机器人以影响人类用户的认知、态度乃至行为为目的，其自身在任务执行过程中由于脚本设定，并不会受到其他主体言论的影响，因此社交机器人在模型中参数通常被设置为持续表达负面观点，且永不沉默，因为它不会受到周围人的影响。已有的利用社交机器人开展的沉默螺旋研究发现，只要存在 2% 到 4% 的社交机器人，其就可以造成 6 成以上的用户沉默，这一发现表明，少量的机器人就可以扰动整个意见气候并使之发生变化[④]。

纵观使用 ABM 仿真模型开展的沉默螺旋研究，相较于传统方法，它能够秉承“社会过程”式的研究思路，特别是在沉默螺旋的“参考群体”部分，可以较好表现出人际传播的影响，这相较于过往研究是一大突破。未来相关研究可以突破的地方主要有两

---

① SOHN D，GEIDNER N. Collective dynamics of the spiral of silence：the role of ego-network size［J］. International journal of public opinion research，2016，28（1）：25–45.

② 王成军，党明辉，杜骏飞 . 找回失落的参考群体：对沉默的螺旋理论的边界条件的考察［J］. 新闻大学，2019（4）：18.

③ FERRARA E，VAROL O，DAVIS C，et al. The rise of social bots［J］. Communications of the ACM，2016，59（7）：94–104. 2014.

④ ROSS B，PILZ L，CABRERA B，et al. Are social bots a real threat? an agent-based model of the spiral of silence to analyse the impact of manipulative actors in social networks［J］. European journal of information systems，2019，28（4）：394–412.

处。其一，我们应考虑如何更好地设置参考群体、社交机器人以及大众媒体的属性与交互规则。上文已经谈到，在对大众媒体的设置上，人们通常采用的方式是通过参数设置来改变全局性的意见气候，但这里需要看到的是，大众媒体内部是有分化的，整体观点并不是一致的。根据媒介间议程设置等理论，大众媒体的意见也可能会受到周围意见气候的影响，因此后续研究应该将大众媒体作为网络中的个体来看待，而非简化为全局性意见气候。但如果这样处理的话，如何设置大众媒体的属性以及交互规则就成为一件急需解决的问题，这有赖于更多的实证研究结果来支撑相关设置。第二个可以突破的地方在于，在现有研究中，各主体之间的关系是固定不变的，即自己周围的人是不会变化的，但在现实生活中，每个人的社交关系是动态变化的，而这种变化主要是基于同质性，即人们通常愿意与和自己观点相同的人联系，不愿意与和自己观点对立的人联系，关于这类动态变化的网络研究也是未来可以提升的地方①。

这一部分以沉默螺旋理论为例，说明了ABM仿真模拟研究之于“社会过程”式研究的重要性。从相关研究案例中可以看出，ABM仿真模拟研究，是在给定宏观状态下，探究一个理性的微观行动者应该如何行动，其中每个理性行动者都采用这种理性行动和局部互动，涌现出一个新的宏观状态。在ABM仿真模拟研究中，有两个关键词：“局部互动”“有限理性”。有限理性是对行动者的设定，它介于完全理性和非理性之间，是行动者为抓住问题的本质而在简化决策变量的条件下表现出来的理性行为。局部互动是指，行动者与其他行动者之间的互动并不是全局性的，而是仅与他周围的人产生互动。结合沉默螺旋理论来看，行动者选择沉默还是表达取决于周围意见气候，这并不是站在上帝视角基于全局性的选择，同时也不是完全无理由的选择，而是一种有限理性的行为。

三、ABM仿真模拟与实证研究的关系

从社会科学定量研究的不同变量层次来看，ABM仿真模拟的自变量x处于微观个体层次，而因变量y处于宏观群体层次。ABM仿真模拟会考虑到行动者的心情、动机、习惯、转向、态度、决策等。相较于实证研究只能分析相关性或是伪因果关系的不足，ABM仿真模拟可以作出清晰的因果推断。此外，实证研究需通过找到最佳参数估计量来拟合自然与社会现象，故其核心任务是确定参数，而仿真模拟通过遍历各种变量参数的可能取值范围即参数谱系来拟合研究现象，故其核心任务是穷尽所有可能②。

需要看到的是，ABM仿真模拟与实证研究并不是两条独立的“河流”，而是既有分开处，也有汇合的地方，二者相辅相成。ABM仿真摸拟可以模拟在现实生活中无法开展的研究，如病毒传播、恐怖袭击等。Mitchell在《科学》杂志上发表文章，模拟了美国华盛顿白宫遭遇恐怖袭击后的影响，研究结果显示，道路很快变得拥挤不堪，但拥

① MCPHERSON M，COOK S. Birds of a feather：homophily in social networks [J]. Annual review of sociology，2001，27：415–444.

② 吕鹏. ABM仿真模拟方法漫谈 [J]. 贵州师范大学学报（社会科学版），2016（6）：43–45.

挤的原因并不是逃亡，而是人们会担心自己的亲朋好友受伤以及药物运送受阻[①]。并且，ABM 仿真模拟可以遍历各种参数，在沉默螺旋研究中，参与主体可以包括人类用户、大众媒体以及社交机器人。在当前的网络环境下，社交机器人的比例约占总数的 10%，但通过 ABM 模型，我们可以模拟出当社交机器人占比 50% 以上时，其对沉默螺旋效应所产生的影响，这在实证研究中是不可能实现的。那么，实证研究是否对 ABM 仿真模拟也有价值？答案是肯定的，在模型设置和修改环节，均需要实证研究结果对其设定进行支撑，以使网络环境、主体以及运行规则的设置更加接近于现实社会，使模拟结果更具有效性和说服力。

四、数据驱动的 ABM 仿真研究

ABM 仿真模拟未来的发展趋势，正如梁玉成等学者所倡导的，是开展数据驱动的 ABM 仿真研究[②]。长期以来，ABM 仿真模拟研究成果在核心期刊乃至权威期刊发表数量相对较低的一个重要原因在于，很多 ABM 仿真模拟研究对于主体及其交互规则的设定缺乏说服力。而 ABM 仿真模拟研究很重要的一步就是模型的验证环节。当前模型验证主要有两种方法。一种是经验输入法。该方法可用于确定输入到模型中的数据是否与现实世界相对应。例如在沉默螺旋研究的连边机制设定上，根据已有实证研究，研究者发现，各主体间的互动不是随机的，而是遵循同类倾向性原则，这里的相关设定就有实证数据作有力支撑。另一种是经验输出法。该方法主要用来验证模型的输出结果是否与现实世界相符，具体包括真实世界数据法、交叉验证法等。在真实世界数据法中，研究者可以将模拟结果与已经发生过的事件结果进行比较，以验证模型的有效性。如果有些模拟结果在真实世界中难以捕捉，例如意见气候、心态变化等，研究者就可以使用其他相类似的研究模型来比较生成结果。

我们可以发现，无论是经验输入验证法还是经验输出验证法，它们都离不开实证数据的支撑。相信在数据驱动的 ABM 仿真研究倡议下，或许在不久的将来，该类研究范式会与实证大数据一样，成为网络舆情研究乃至计算社会科学研究的主要研究范式。

思考题

1. 计算社会科学研究中的实验范式，包含自然实验和人造实验两类，两种实验范式各有哪些优缺点？

2. 格兰杰因果与哲学意义上的因果相同吗？

3. ABM 仿真模拟研究相较于大数据研究有哪些优势？

---

① WALDROP M M. Free agents［J］. Science，2018，360（6385）：144.

② 梁玉成，贾小双 . 数据驱动下的自主行动者建模［J］. 贵州师范大学学报（社会科学版），2016（6）：4.

第九章　媒体类舆情组织的行业生态及生产机制

本章概述

本章首先梳理媒体类舆情服务的组织类型及行业生态，进而以南方舆情为例，探讨舆情产品的生产机制，首先分析南方舆情的组织结构以及生产资源背后的权力运行逻辑，然后参照新闻生产理论，以参与观察、深度访谈收集的资料为基础，分析南方舆情的产品类型、生产流程、生产时间安排等。

教学目标

使学生了解舆情产业的兴起历程、组织类型与行业生态，熟悉媒体类舆情组织的组织结构、资源配置逻辑，掌握原生类和合作类舆情产品的分类与生产流程，明晰舆情产品的多元化截稿时间与常规生产时间安排。引领学生进行舆情产品的生产训练。

学习建议

对国内外舆情事件、社会热点等保持敏锐关注，养成第一时间保存信息、数据的良好习惯。关注人民网舆情数据中心（人民舆情）、南方舆情数据研究院（南方舆情）等媒体类舆情组织的微信公众号、网站等，了解行业最新动态。在日常阅读时保存相关舆情报告，积累舆情产品生产经验。

"从舆情软件市场10亿元，到舆情信息服务业100亿元"①，虽然舆情服务业的市场规模尚缺乏权威统计，但是"舆情服务业"作为"朝阳"产业已是不争的事实②。

新闻媒体是较早从事舆情服务的组织之一。2008年，人民网作为新闻媒体的先行者成立了人民日报社网络中心舆情监测室③，开始涉足舆情产业。近年来在纸媒寒冬的行业大背景下，"舆情业务被不少媒体机构视为转型发展的重要增长点"④，继人民网之后，新华网（新华舆情）、环球时报（环球舆情）、南方报业集团（南方舆情）、华商传媒集团（华商舆情）、大众报业集团（大众网舆情）等，相继开展舆情业务。据不完全统计，开展舆情服务业的新闻媒体已有20多家，新闻媒体已经成为中国舆情服务业的重要参与力量。

从现实来看，媒体类舆情组织的客户以各级政府机构、事业单位和国企为主，媒体类舆情组织主要为各级政府等特定客户提供自动化的舆情监测系统、舆情监测预警、舆情危机和社会群体性事件的应对处理方案等一系列舆情产品和服务，以及对相关人员进行公关能力培训。

第一节　媒体类舆情服务的组织类型及行业生态

舆情服务产业是一个主要由政府需求驱动的买方市场。从目前已知的情况来看，从事舆情监测的组织主要有4类：一是以拓尔思、邦富、方正为代表的技术类舆情公司；二是以人民舆情、新华舆情、南方舆情为代表的媒体类舆情组织；三是高校成立的舆情机构，比如中国传媒大学网络舆情（口碑）研究所、中国人民大学舆论研究所等；四是公关公司，比如蓝色光标等。高校类舆情机构由于其身份属性限制，极少主动参与舆情项目的商业竞争，主要通过与相关政府部门开展合作或承担课题进行相应的舆情研究或提供舆情服务，主要提供事件性的分析报告，进行主题发布，基本不从事日常的舆情监测。

目前尚缺乏对整个舆情服务产业规模以及各舆情公司市场份额的准确统计，但从笔者对政府采购数据的统计来看，在舆情商业市场上展开竞争的主要是各技术类舆情公司与媒体类舆情组织，其中技术类舆情公司最早开发出了自动化的舆情监测系统，响应了政府机构的自动化监测需求，是舆情服务市场的系统供应主力，而媒体类舆情组织虽目前整体营业规模较小但正逐年壮大，势头迅猛。

从已知的情况来看，当前市场上由技术类舆情公司开发的自动化舆情监测系统名目繁多，操作页面多样，但它们的功能基本一致，主要为客户提供针对网络公开信息的舆

① "舆情监测"是个什么市场［EB/OL］.（2014-03-21）［2023-05-21］.http://opinion.people.com.cn/n/2014/0321/c1003-24699342.html.

② 侯文昌.传媒新角色——舆情分析师的专业素养"朝阳职业"四年成长史［J］.中国记者，2011（9）：2.

③ 2010年后改为人民网舆情监测室，2009年成立北京人民在线网络有限公司（人民在线），和舆情监测室"一个机构、两块牌子"。

④ 何慧媛，万小广.媒体舆情业务如何创新突围［J］.中国记者，2014（7）：3.

情监测、预警以及自动计算生成的舆情报告等产品。由于人员构成（以技术人员为主）等方面的局限，技术类舆情公司一般无法实现对舆情数据的深度解读，难以满足政府机构在事件处理与危机应对方面的深层次需求。

技术类舆情公司的上述缺陷，实际上为媒体类舆情组织的兴起提供了市场空间。在新闻媒体当中，最早抓住机遇开展舆情服务业务的是人民网。在商业化舆情服务产业诞生之初的 2008 年，人民日报社网络中心舆情监测室就已成立，并加入舆情服务市场的竞争之中。2009 年 2 月，人民网注册成立北京人民在线网络有限公司，与人民网舆情监测室"两块牌子一套班子"，专门从事舆情服务相关业务，并逐步成为舆情服务行业的重要力量之一。

继人民网之后，越来越多的新闻媒体创办舆情服务机构（见表 9–1），媒体类舆情组织已经发展成为舆情监测服务市场的重要力量。

表 9–1　媒体类舆情组织情况统计表 ①

舆情机构名称	所属母媒体名称	行政级别	产品与服务	运营结构形式	技术支持方式	时间
人民网舆情监测室（人民在线）	人民网	中央级	监测（平台类产品、预警类产品、报告服务类产品）、公关（危机应对咨询、新媒体运营）、期刊（网络舆情内参）、培训（舆情应对专项培训、网络舆情分析师培训）	独立子公司 / 频道化运营	自主研发	2008 年
新华网舆情在线（新华舆情监测中心）	新华网	中央级	舆情监测（包括系统、平台、报告）、人工研判、分析报告（网络要情日报、网络舆情参考、网络舆情月报、网络舆情专报）、危机公关和舆论引导服务、品牌活动、专业培训	频道化运营	与邦富公司合作，使用邦富舆情监测系统	2011 年
中青在线舆情（中青舆情监测室）	中青在线（《中国青年报》）	中央级	中青舆情内参、定制服务、危机公关、网络舆情培训、系统平台实时监测	频道化运营	由中青华云公司提供	2010 年 2 月中国青年报社组建中青华云新媒体科技有限公司，2013 年成立中青舆情监测室
中国网舆情频道	中国网	中央级	舆情监测	频道化运营	与智慧星光信息技术有限公司合作，使用、出售智慧星光舆情系统	2013 年 8 月
环球网舆情频道（环球舆情调查中心）	《环球时报》	中央级	重大舆情监测、受众与用户研究、品牌管理与策略咨询、公众意见调查	频道化运营	不明	2010 年 8 月

① 本表是笔者根据各个媒体类舆情组织的网上公开资料以及田野、访谈等资料汇总制成。

续表

舆情机构名称	所属母媒体名称	行政级别	产品与服务	运营结构形式	技术支持方式	时间
正义网舆情（正义网络传媒研究院）	正义网（《检察日报》）	中央级	舆情监测系统，舆情培训，舆情报告，舆情引导、应对、处置	频道化运营	检察日报社网络信息中心自主研发推出了正义网舆情监测系统	2008 年 7 月成立正义网舆情工作室，2010 年底成立正义网传媒研究院
中国社会报社舆情中心	中国社会报社	中央级	舆情监测、舆情报告	不明	不明	不晚于 2013 年
南方舆情（南方舆情研究院）	南方报业传媒集团	省级	舆情监测、舆情预警、舆情分析、舆情应对、舆情培训、系统搭建	独立子公司	与邦富合作，使用邦富舆情监测系统	2014 年 4 月
广州广报数据科技有限公司	《广州日报》	市级	舆情监测	独立子公司	与甲骨文公司合作	2013 年 1 月
羊城晚报数字媒体有限公司	《羊城晚报》	省级	舆情监测	独立子公司	不明	该公司成立于 2010 年 10 月，其涉足舆情业务的时间不晚于 2014 年 11 月
华商舆情	华商网（华商传媒集团）	省级	海量监测、舆情专供、危机预警、智囊咨询、舆情研判、舆情报告、舆情培训	频道化运营	与技术公司合作	不明
大众网舆情（大众舆情中心）	大众网（大众报业集团）	省级	舆情监测、舆情报告、舆情分析、舆情内参	频道化运营	大众网舆情监测平台拥有完全自主知识产权，依托院士工作站和山东省新媒体研究中心	2012 年推出商业化舆情经营项目
南海网舆情（海南舆情研究中心）	南海网（海南日报报业集团）	省级	网络舆情报告、舆情实时预警、媒介素养培训、舆情咨询处置、舆情平台搭建、企业商情分析	频道化运营	与多家专业舆情监测公司合作	2014 年
河北舆情（河北新闻网舆情监测室、河北新闻网舆情监测中心）	河北新闻网（河北日报报业集团）	省级	舆情报告、舆情杂志、舆情培训、舆情咨询、舆情监测	频道化运营	河北新闻网舆情监测室研发并完善了具备个性化、垂直性监测功能的互联网舆情监测系统	不明
长江网舆情（长江日报、长江网舆情云服务平台）	长江网（长江日报报业集团）	省级	舆情信息专供、舆情信息对比、危机应对、舆情智库咨询、舆情分析报告、舆情素质培训	频道化运营	不明	2013 年 8 月 6 日
江西舆情在线（大江舆情中心）	大江网（江西日报报业集团）	省级	舆情监测系统、舆情信息专供、舆情信息对比、危机应对、舆情智库咨询、舆情分析报告、舆情素质培训	频道化运营	依托中科院智能信息处理重点实验室	2012 年 4 月 12 日

续表

舆情机构名称	所属母媒体名称	行政级别	产品与服务	运营结构形式	技术支持方式	时间
华龙网舆情	华龙网（重庆日报报业集团）	省级	舆情分析报告、舆情排行、数据库信息、舆情业务培训、舆情应急提示、舆情手机报	频道化运营	与技术公司合作	2007 年组建舆情小组，2010 年实现互联网技术化，2012 年推出定制化市场应用
荆楚网舆情（荆楚网舆情中心）	荆楚网（湖北日报传媒集团）	省级	舆情监测、舆情处置、危机公关、舆情培训	频道化运营	与烽火科技合作	2012 年
浙江舆情网（浙江在线舆情监测中心）	浙江在线（浙江日报报业集团）	省级	实时舆情监测即时预警、敏感舆情重点追踪、策划推广评估优化、危机公关协助处理、修复形象重塑声誉、高端培训人才储备	频道化运营	不明	2011 年 4 月
红网舆情频道（红网舆情中心）	湖南红网（湖南出版投资集团）	省级	舆情分析报告、舆情监测服务、舆情培训	频道化运营	不明	2013 年 7 月
山西新闻网舆情频道（山西新闻网舆情中心）	山西新闻网（山西日报报业集团）	省级	云平台舆情监测预警系统、舆情分析研究报告、舆情咨询调查、舆情分析培训	频道化运营	不明	2014 年
青岛新闻网舆情频道	青岛新闻网（青岛日报报业集团）	市级	网络舆情监测平台、微博舆情监测、舆情报告（日报、月报、专报）	频道化运营	携手北大方正，成功开发青岛新闻网互联网舆情监测平台	2012 年
胶东在线舆情（胶东在线舆情研究室）	胶东在线（烟台市广播电视局）	市级	舆情监测、舆情资讯、商情评估、品牌维护	频道化运营	中科院计算机研究所提供强大的技术支持	2014 年 5 月

上述 20 多家媒体类舆情组织，呈现 4 个主要特点：

其一，媒体类舆情组织以中央、省级媒体为主，地市级媒体较少，经营范围、规模与媒体权力层级挂钩。

从供应主体的行政级别来看，上述媒体类舆情组织涵盖了中央、省、市 3 级媒体。从数量来看，目前媒体类舆情服务机构以中央和省级为主，地市级较少，而根据已知的情况，经营范围、规模与媒体权力层级挂钩。少数几家中央级媒体创办的媒体类舆情机构，比如人民网、新华网，能够在全国范围内开展经营，其中人民网舆情营业规模已经上亿。与之对应，省、市级媒体创办的舆情机构则基本是在本省、本市范围内经营，它们的营业规模大的上千万，小的不过数十万。可以说舆情机构的经营范围、营业额与媒体类舆情组织母体的权力级别相对应，权力层级越高的媒体越有可能在更大的范围占据更大的舆情市场份额。与中央级媒体相比，地市级媒体舆情机构行政级别低，可服务的潜在用户少，在整个舆情市场中处于相对弱势的地位。

其二，新闻网站最早涉足舆情服务业并在媒体类舆情组织中占多数。

从成立时间上来看，媒体舆情业务的开展最早是从中央级媒体的增量部分开始，即从央媒旗下的新媒体网站开始，比如人民网、新华网，它们作为创新集团成为新闻媒体进军舆情产业的“引领者”。2008 年之后舆情市场快速规模化，涉足舆情服务业的新闻媒体也越来越多，在上述央媒下属网站开展舆情业务之后，省、市级媒体的新媒体网站作为追随者也相继开展舆情业务。目前来看，网站类舆情服务机构在媒体类舆情组织当中占多数。到了 2013 年前后，形势开始发生变化，南方报业传媒集团、广州日报社、羊城晚报社等少数几家传统纸媒机构也开始以独立子公司的形式经营舆情产业，媒体舆情业务呈现从媒体增量部分向存量空间扩展的趋势。

人民网、新华网等新闻网站之所以成为新闻媒体进军舆情产业的“引领者”，与其自身的“转企改制”进程密切相关。这些新闻网站自诞生以来，长期依赖财政拨款与母媒体的资金投入，自身赢利能力一直不足。“转企改制”前后，市场对新闻网站的经营提出了更高要求，作为企业，它们需要创造利润。市场经营压力的进一步增大，倒逼新闻网站去寻求政府拨款、广告收入以外的其他收益，丰富自身经营结构。在“转企改制”形势下，创新者肩负市场使命，率先涉足利润丰厚的舆情市场，以迎合市场需求，为政府等客户提供舆情服务。

其三，组织形式是从依附型组织向独立型组织发展。

从组织形式来看，虽然目前中央、省、市 3 级新闻媒体均已涉足舆情业务，但是它们大多以下属新闻网站作为舆情业务的载体，即新成立的舆情组织依附于新闻网站，在新闻网站之下，同时成立相应的舆情频道，“一套人马，两块牌子”。就数量最多的省级媒体类舆情机构而言，大众网舆情、南海网舆情、河北舆情、长江网舆情、江西舆情在线、浙江舆情网、华龙网舆情、荆楚网舆情、山西新闻网舆情等都隶属于各自区域内省级党报集团主办的省级新闻网站。在这些省级新闻网站旗下设立的舆情服务组织同时拥有并负责运营相应的舆情频道，舆情组织在新闻网站组织结构中的地位与网站其他频道基本相同，其与省级报业集团的母报、子报、相关部门基本没有交集，一般只是作为媒体集团下属新闻网站内部的一个依附性组织在新闻网站的频道层面进行运营。

比较来看，南方报业传媒集团则是地方省级党报集团中的“异数”，它突破了上述省级新闻网站频道化运营舆情业务的组织模式。具体而言，南方报业传媒集团高度重视舆情业务，它并没有将舆情业务仅定位为集团子网站的一项常规经营业务，而是将其上升到整个集团的高度，将舆情业务作为集团媒介融合转型的 3 大项目之一。在具体的组织形式上，虽然南方报业传媒集团也选择了旗下的新媒体公司作为孵化器孵化南方舆情项目，在其名下设立南方舆情事业部，但南方舆情事业部是一个独立组织，接受集团高层的直接领导，在整个集团层面开展舆情业务。南方报业传媒集团对舆情业务高度重视，南方舆情事业部的组织地位远非其他省级党报集团旗下子网站成立的依附型舆情组织可比。

其四，舆情产品生产采用“数据技术 + 专业分析”的方法。

就提供的产品、服务种类而言，媒体类舆情组织主要提供舆情监测、舆情分析报告、舆情应对处置建议、舆情培训 4 大类产品和服务，与以出售舆情监测系统为主的技术类舆情公司相比，媒体类舆情组织多出了舆情应对处置、舆情培训两类服务。

自动化舆情监测系统最早由技术类舆情公司开发，这也是它们的主营产品，我们可以将技术类舆情公司定义为“数据技术主导型”组织。媒体类舆情组织既出售技术系统，又提供智力分析内容，可视为“数据技术 + 专业分析”混合型组织。由于大多数新闻媒体本身并不具备进行舆情监测的技术能力，它们普遍选择与技术公司、科研机构进行合作，来弥补自身的技术短板，或直接购买其技术，或与其合作开发舆情系统。

在激烈的市场竞争当中，受人员构成（以技术研发类人才为主）、自身历史等多种因素的影响，技术类舆情公司一般无法实现对舆情数据的深度分析、解读，而媒体类舆情组织则凭借其人才资源、服务政府机构的经验使得“专业分析”成为其竞争优势。

第二节　媒体舆情组织的生产机制

传统报业通过报纸发行、广告销售、开展多元业务等来营利，舆情服务业则是通过出售舆情监测系统、舆情监测数据、舆情报告、舆情处置应对建议等来营利。媒体舆情组织在舆情产品种类上与其他舆情组织相比相差无几，其特殊之处在于其生产机制，鉴于舆情产品从本质上而言与新闻产品相似，也是一种组织化生产的信息产品，因此我们参照新闻生产的相关理论，以通过参与式观察与深度访谈获得的相关实证资料为基础，以南方舆情为个案，分析产品的类型、生产流程、生产时间安排等。

一、南方舆情的组织再造与资源配置

组织结构因组织战略、组织环境而变，当集团高层决定引入舆情项目之后，为配合这一新的集团战略，南方报业传媒集团在组织结构上作出了相应的调整。

首先，为开展舆情项目，南方报业传媒集团在舆情项目运营上采用南方舆情事业部与南方舆情研究院虚实结合的运作模式。它以旗下的全资子公司南方报业传媒集团新媒体公司作为孵化器，于 2014 年 4 月在其名下设南方舆情事业部，将其作为运营南方舆情项目的专职部门与中枢神经。在实体的南方舆情事业部之外，再虚设南方舆情研究院，对外宣传、与高校等机构进行合作等多以虚设的南方舆情研究院的名义进行。

需要指出的是，上述虚实结合的组织运作模式并非南方报业传媒集团首创。严格来说，所有媒体类舆情组织都是以营利为目的的商业公司，但是“两块牌子，一个班子”的组织模式却在媒体类舆情组织当中被广泛使用，南方报业传媒集团只是作为一个追随者因袭了该模式而已。

其次，在组织结构上，南方报业传媒集团在南方舆情事业部内部，成立产品、服务、技术、营运4大中心，建构出一种典型的直线职能制结构（Unitary Structure）（详见图9-1）。其中，产品中心作为舆情生产的核心部门，主要负责制定舆情产品的标准，进行日常舆情监测、预警以及舆情产品的数据收集、整理、分析及撰写。产品中心的员工作为舆情生产的主力基本上是通过内部调职、招聘等方式进入该部门，他们在事业部内部被称为“舆情分析师”。服务中心员工主要负责对接、反馈客户需求及投诉，他们是客户与产品中心之间的信息桥梁，同时还负责事业部与集团其他部门之间的协作沟通。技术中心主要负责舆情系统的日常维护，人员较少。营运中心是整个事业部的办公室，主要负责事业部内部后勤等日常事务。

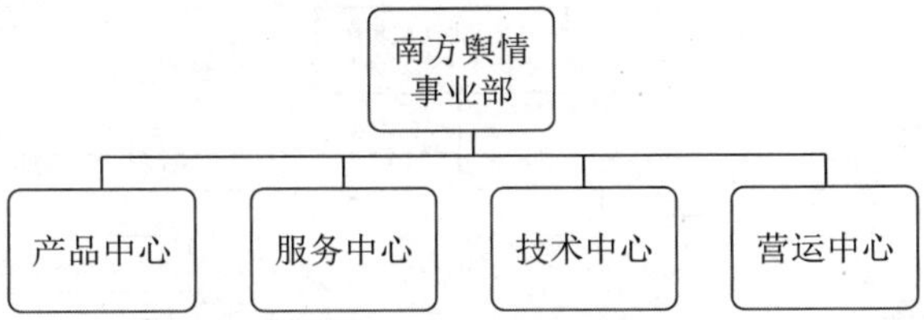

图9-1　南方舆情事业部组织结构图

在事业部内部组织结构上，南方舆情并没有成立专门的销售部门，其主要的销售任务被南方报业传媒集团转移到旗下各部门，就形式而言，生产中心与服务中心、技术中心、营运中心并列分离、组织地位对等，实现了生产与销售、服务的分离。

最后，在治理结构上，为推动南方舆情项目的有效运转，南方报业传媒集团在集团治理结构上进行了两项关键性调整。一是成立南方舆情项目小组。该项目小组由南方报业传媒集团管委会成员组成，其绕开南方报业新媒体公司以及南方报业传媒集团公司董事会，作为南方舆情事业部的最高领导机构统筹领导舆情项目。南方舆情事业部直接向该小组汇报工作。二是在事业部高层领导人的选择上采取“低位高配”的做法。集团管委会成员担任总经理，实际日常运转工作由南方舆情事业部副总经理负责。

从治理结构来看，南方舆情事业部在名义上隶属于南方报业传媒集团新媒体公司，该公司作为南方报业传媒集团公司旗下众多的全资子公司之一，接受南方报业传媒集团公司董事会的直接领导，其行政级别与南方都市报社同级。而实际上，在既有的集团治理结构之下，南方舆情事业部只是南方报业传媒集团下属的第4级组织（南方报业传媒集团管委会——南方报业传媒集团公司董事会——南方报业传媒集团新媒体公司——南方舆情事业部），在整个集团的组织结构当中层级较低，权力有限。

南方报业传媒集团管委会是南方报业传媒集团的最高权力机构，由其成员领衔的南方舆情项目小组，在集团当中的权力几乎与管委会无异。南方舆情事业部凭借舆情项目小组成员的个人权力，在南方报业传媒集团权力治理结构中的地位得以提升（详见图9-2）。同时，事业部高层领导人“低位高配”的做法，便于其调动其他部门资源。借助高层个人权力，南方舆情事业部在与南方日报社、南方都市报社等部门的沟通协作中处于一个相对有利的位置，这便于其调动其他部门资源。

在集团原有的组织治理结构当中，南方舆情事业部在名义上是南方报业传媒集团新媒体公司的下属事业部，应接受新媒体公司的直接治理（管理），其在整个集团组织结构当中地位较低，权力有限。但实际上，通过成立由集团管委会成员领衔的领导小组以及“低位高配”事业部总经理，南方舆情事业部从一个集团子公司的事业部跃升为一个由集团高层领导直接管理的集团事业部。在集团科层化的“人治型”权力治理结构之下，借助领导小组与集团高层个人权威与行政权力，南方舆情事业部在实际的运营过程中得以打破集团内部各组织机构之间的界限，进行有效的组织资源配置，将南方报业传媒集团的资源投入舆情生产、销售。

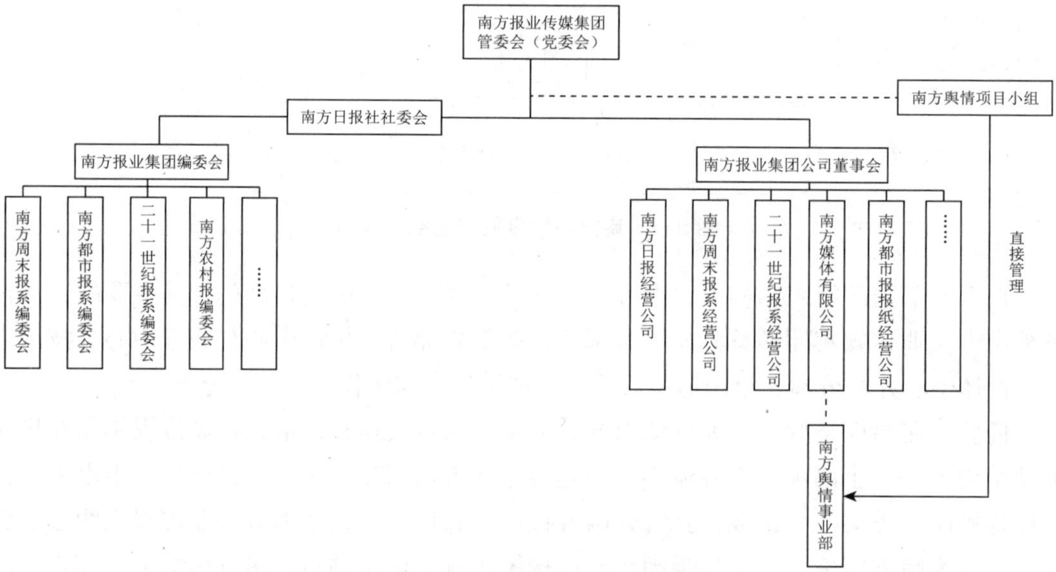

图 9-2　南方舆情事业部与母集团治理结构对接图

与传统的报业组织相比，南方舆情事业部体现出了与传统报业采编文化有所不同的互联网文化和思维。

第一，南方舆情事业部在组织管理结构设计上呈现出互联网公司化的商业服务导向，这突出体现在服务中心的成立上。过往传统报业组织虽然也设立了群工、外联等子部门，但是其内部封闭化的新闻生产体系，使得公众、广告商在常规情况下无法干预影响新闻生产，商业化服务导向并不显著。与之相比，南方舆情事业部高度重视客户，专门成立服务中心，客户的需求与意见以服务中心为中介可以直接影响生产中心的舆情生产，以客户满意为组织目标的服务导向显著。

第二，虽然在管理组织的结构形式上，南方舆情事业部生产与服务分离，但其在内部运行中实施互联网公司常规的项目管理制。南方舆情事业部通过引入互联网公司常用的项目小组负责制，打破了生产中心与服务中心之间的组织边界，其以专职舆情分析师为生产核心，由两大中心各自派出相应人员组成项目团队，共同负责相应的舆情客户，完成舆情生产任务。而且，项目负责制下的项目小组，其人员的组合和拆分也较为灵活，与互联网公司模式相近。

第三，从南方舆情事业部内部的办公布局与环境来看，它也不同于传统的报业组织而更接近于互联网公司。南方舆情事业部的4大中心共用南方报业大厦一间办公室。在办公室中间过道左右两边每排有3个工位，产品中心的专职舆情分析师（包括中心总监、副总监）主要在办公室前门左侧区域办公，亦有少数专职舆情分析师在办公室后门区域办公。服务中心的员工则集中在办公室前门右侧区域，技术中心、营运中心的人员集中在办公室的中后部区域。在办公室中部过道右侧区域还有一个张贴栏，张贴着值班安排、每月绩效排行、每月协同生产月报、集团嘉奖通知等。事业部所有的中层领导（各中心总监、副总监）都与普通员工在同一空间办公，并且其工位没有特殊标识。这种人员混合式的办公室的位序安排并没有显现出传统报业组织的上下层级关系，反而具有互联网公司的平等办公特点。

二、产品类型与生产流程

媒体类舆情组织作为商业组织，其根本目标是通过生产获得利润。从生产机制来看，南方舆情作为舆情产业的追随者，在“边调研、边研制、边生产、边推广”的不断摸索中，确定了产品类型与生产流程。

在经历早期的探索之后，南方舆情购买了邦富软件公司的“邦富网络舆情预警指挥快速反应系统”，并以该系统与南方舆情工作平台为核心，逐步构建了一套以产品类型为基准的分类生产体系。

就产品种类而言，南方舆情已可以提供个性定制、公共舆情和特色产品3类舆情产品，以及专属与增值两类舆情服务（见表9–2）。

个性定制类舆情产品是指南方舆情根据客户的个性化需求，为客户量身定制的舆情产品。在定制类舆情产品中常见且重要的是舆情专报、健康度报告以及定制报告，它们是南方舆情的主产品。

公共舆情类产品则是“面向所有客户、公众的泛舆情产品”，主要包括涉粤舆情眼、理论动态、舆情案例库等子产品。

南方舆情的特色产品主要包括举报投诉、网民言论。

南方舆情的产品一般通过PC页、移动版（手机）、纸质版传递，就实质而言，专属舆情分析服务针对的是产品生产完成之后的传送环节，其目的是将舆情产品、信息及时发送给客户。而增值服务主要包括舆情会商、舆情培训、系统搭建。这3种服务都是南方舆情承接客户需求，由南方舆情事业部加以组织，邀请兼职记者、专家、合作技术公司技术人员具体实施完成。其中，舆情会商与突发事件建议产品定位接近，都是针对突发的舆情事件，区别在于舆情会商一般由记者充当兼职舆情分析师直接与客户展开面对面交流，协助舆情事件解决，而突发事件建议则不要求记者到一线与客户面对面交流，由事业部产品中心的专职舆情分析师提供分析处理建议即可。从参与式观察的情况来看，舆情培训、系统搭建并不常见。

表 9-2 南方舆情产品名称及分类

产品、服务类别	子产品、服务名称
个性定制	舆情专报①、健康度报告②、定制报告③、突发事件建议④、舆情排行榜⑤、媒体关注⑥（包含国内与境外两种）、网民情绪⑦、领导动态⑧
公共舆情	涉粤舆情眼⑨、广东网民关注⑩、理论动态⑪、舆情案例库⑫
特色产品	举报投诉⑬、网络言论⑭
专属服务	专属舆情分析服务⑮
增值服务	舆情会商⑯、舆情培训⑰、系统搭建⑱

从我们了解的情况来看，南方舆情基本上因袭了以人民舆情为代表的媒体类舆情组织“数据＋人工分析”的产品体系。南方舆情在实践中建构了一个以价格为基准，呈金字塔型分布的等级化产品、服务体系（详见图 9-3）。位于底层的是公共舆情类产品，该类产品基本不包含人工分析内容，而以网上的事实信息为主要内容。中层则是个性化的定制类舆情产品，它以人工分析内容为特色，无论是资源的投入，还是人力的参与，其生产的完成都需要南方舆情事业部与集团其他部门通力合作。高层则是培训与系统搭建服务，该类服务已经扩展到日常的事件性的舆情监测应对之外，力图从源头开始提升客户内在的舆情应对处置、危机公关能力，其完成主要借助于集团外部的人力、技术资源，事业部在其中承担的是组织职能，而非生产职能。常规情况下，南方舆情可以为客户提供的产品、服务质量视客户出价高低而定，客户出价越高，其享受的产品、服务也就越好。

---

① 舆情专报包括舆情传播数据分析报告、舆情即时预警、每日舆情快报、每日舆情简报，是对单条舆情信息的预警、当日舆情事件的汇总或者舆情事件的分析报告。

② 健康度报告包括健康度周报、月报、季报、半年报、全年报，是针对用户的日常舆情、热点舆情的周期性报告及分析建议。

③ 项目组针对用户指定的重点事件、现象、话题、年度舆情提供的分析报告。

④ 项目组针对突发事件提供的舆情危机解决方案。

⑤ 一定周期内与用户相关的舆情事件传播指数排行。

⑥ 国内外媒体涉及用户的重要舆情信息。

⑦ 网民针对用户定制事件的情绪变化。

⑧ 省、市领导公开活动报道及出席会议信息。

⑨ 国内外媒体及南方报业传媒集团旗下媒体有关广东的重大报道或重大舆情信息。

⑩ 广东网民关注的新闻排行榜。

⑪ 国内外对中国当下政治、经济、文化、社会、法治，或有关广东以及具体用户职能范围内工作的理论研究、解读文章等。

⑫ 国内外重大舆情事件、涉广东重点舆情事件案例分析。

⑬ 涉及客户的相关举报投诉信息。

⑭ 涉及客户的重要言论、信息。

⑮ 专属舆情分析师一对一跟进服务，及时通过手机短信、微信、邮件推送重要信息。

⑯ 针对复杂舆情事件，舆情分析师、专家学者与客户面对面交流，协助事件解决。

⑰ 根据客户需求，知名专家、教授对客户进行课程式舆情培训。

⑱ 项目组根据客户需求将舆情监测系统搭建在用户的工作区域。

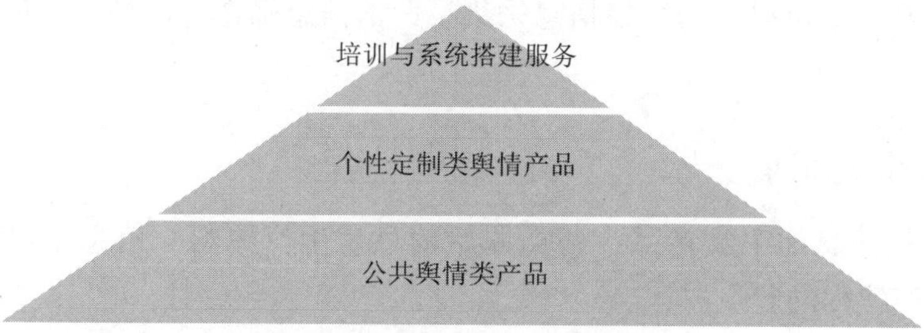

图 9–3　南方舆情产品、服务层次图

从产品的生产完成方式来看，南方舆情生产的舆情产品、服务基本可以分为两类。一是原生类舆情产品，其由南方舆情事业部产品中心的专职舆情分析师独立完成。二是合作类舆情产品，其由南方舆情事业部产品中心专职舆情分析师与集团记者等协同人员共同完成（详见表 9–3）。

上述个性定制类产品中的舆情专报由专职舆情分析师独立生产完成，健康度报告则由专职的舆情分析师与兼职的记者共同协作生产完成，而定制报告一般由南方舆情事业部委托给相应的记者生产，专职舆情分析师从旁协助。公共舆情类产品中的涉粤舆情眼、理论动态、舆情案例库分别由南方日报社要闻部、评论部提供内容，专职舆情分析师从中筛选或另行补充，广东网民关注则由南方舆情专职舆情分析师独立完成。除了舆情案例库是由南方舆情委托集团的记者、编辑专门撰写的原创内容以外，另外 3 种子产品都不是原创内容，而是由专职舆情分析师或协同人员根据已刊载的新闻报道生产的。公共舆情类产品在整个南方舆情产品序列中处于次要位置，亦非本章关注的内容。

南方舆情常见且重要的原生类舆情产品主要是举报投诉、网络言论以及舆情专报。由专职舆情分析师与集团内外协同人员共同完成的合作类舆情产品主要是健康度报告与定制报告，下文关于生产流程的叙述将主要围绕上述两类常见舆情产品展开。

表 9–3　原生、合作类产品分类表

产品、服务类别	子产品、服务名称
独立生产	举报投诉、网络言论、舆情专报、网民情绪、英文搜索、媒体关注（包含国内与境外两种）、舆情排行榜、领导动态、舆情指数、广东网民关注、突发事件应对建议
协作生产	健康度报告、定制报告、舆情案例库、理论动态、聚焦南方（涉粤舆情眼）、舆情会商

从产品、服务最终呈现的内容、形式来看，南方舆情的产品、服务包括事实信息类舆情产品、分析对策类产品、舆情培训和增值服务。

三、原生类舆情产品生产流程

正如上文所述，从生产方式来看，南方舆情的产品可以分为原生类舆情产品和合作类舆情产品。其中原生类舆情产品的生产者是专职舆情分析师，其生产流程与新闻生产流程[①]相近，基本上可以分为舆情信息采集、舆情信息筛选、舆情产品的制作和发送等环节。

（一）舆情信息采集

舆情产品是信息加工类产品。各类原始信息是生产原料，信息采集是获取生产原料，是整个生产流程的起点。

就舆情信息采集而言，目前市面上的大多数舆情公司舆情监测、采集的对象都是网络（线上）舆情信息，各家舆情公司使用的舆情软件虽然不同，但核心工作机制基本一致，即通过互联网信息采集技术及信息智能处理技术对海量网络信息进行自动抓取、采集、分类、主题监测、专题聚集，自动生成舆情报告和各种统计图表，从而满足客户的网络舆情监测需求。

南方舆情也不例外，其针对网络（线上）舆情信息的采集工作，主要依赖其从技术类舆情公司邦富手中购买的“邦富网络舆情预警指挥快速反应系统”。通过与邦富公司合作，其“能够实时监测境内外数十万个目标信源，全面覆盖新闻、论坛、博客、微博、微信等互联网及社交平台，数据采集频率最高可达分钟级别”。专职舆情分析师的主要工作之一就是使用邦富舆情软件，根据客户需求和实际情况设置调整关键词，更新需要监测的网站，通过关键词匹配自动抓取、归类，进而不间断地浏览和采集网络舆情信息。

（二）舆情信息筛选

邦富舆情系统每天都能够采集到海量的舆情信息，但并不是所有的舆情信息都适合被制作成舆情产品发送给客户，因此需要对采集到的舆情信息进行筛选。

在新闻生产过程中，新闻从业者按照适用性的考量框架对信源进行选择。与之同理，舆情分析师对于舆情信息的筛选同样是在一定的考量框架、标准下进行。

1. 组织标准：接近性与显著性原则

首先从制度化的组织要求来看，南方舆情事业部就舆情信息的筛选制定了《南方舆情信息筛选标准》，根据不同的产品类型，共制定了 9 条标准（详见表 9–4）。

表 9–4　南方舆情信息筛选标准

标准名称	适用产品	标准释义
关联标准	涉粤舆情眼、领导动态、媒体关注、举报投诉、网民言论、定制报告	与用户的日常工作内容、相关人员等存在直接关系、隐性关联、间接关联的信源
涉众标准	举报投诉、网民言论、聚焦南方	涉及面广、容易造成恶劣的社会影响及后果的信源，多为一些群体性事件信源

① 在新闻生产理论中，生产流程是媒介生产过程中各个工种的轻重缓急和先后顺序，一般而言新闻生产的过程可以分为新闻的采集、新闻的制作、新闻的发布三个环节。

续表

标准名称	适用产品	标准释义
影响程度标准	网民言论、举报投诉、媒体关注、聚焦南方	具有影响力的博主、名人、重要机构发布的涉及用户的言论、观点、政策法规；一些有影响力的个体行为
地域标准	舆情健康度报告、聚焦南方	发生在和用户相关的特定地域，并具有一定影响和重要意义的重大社会、政治、经济事件
服务标准	网民言论、举报投诉、媒体关注、领导动态、聚焦南方	对用户来说具有一定服务价值的信息，包括一些问政建议、主流声音等
监察标准	举报投诉、网民言论	网络及报料平台等特殊渠道中关于客户本身或其关注，甚至可能熟知的领导官员、下级官员的举报、传言
关注度标准	涉粤舆情眼、聚焦南方、媒体关注、举报投诉、网民言论	根据信源本身的外界关注度来判定信源价值的取舍
学习、参谋标准	理论动态、定制报告	一些重要人物的言论和观点，一些重大政策的解读，对用户有一定参考学习价值的信源
发酵指数标准	全部产品	一些具有话题争议性的社会事件，因为这类信源引发蝴蝶效应的可能性很大，事件二次发酵的系数高

尽管不同的标准对应不同的舆情产品，但是上述 9 条标准的核心原则主要有两个。一是接近性原则，主要包括内容接近性、地理相关性、利益接近性等，体现为关联标准、影响程度标准、地域标准、服务标准、监察标准等。二是显著性原则，主要包括消息来源的显著性、对客户影响的显著性，体现为涉众标准、影响程度、地域、监察、关注度、发酵指数标准等。归纳而言，南方舆情要求舆情分析师在筛选舆情信息时站在客户立场，充分考量信息来源，消息内容与客户的接近性、相关性，以及是否会对客户造成显著影响。

2. 分析师的个人判断

尽管组织针对信息筛选制定了明确的标准，但是舆情分析师在信息筛选过程中却拥有很大的自主权。舆情分析师们将信息筛选价值标准概括为笼统的“负面”，他们选择“负面”信息进行编辑之后发送给客户。

“负面”题材主要包括工人讨薪、维权，政府人员不当行为，社会治安管理等题材。就工人维权题材而言，典型如某市某镇一鞋厂员工反映，该厂一万多名员工因工厂没有为他们缴纳公积金和社保，打算上街堵路。而网友反映的某区派出所警务人员公车私用、赌博则是政府人员不当行为题材的典型代表。社会治安管理题材主要涉及人员意外死亡、卖淫、交通事故等，比如某中学一体育老师体罚学生致死未得到处理。

在上述 3 类“负面”题材信息当中，通常而言，“负面”程度最高的是讨薪、维权类信息，该类信息所反映的事件极有可能引发严重的群体性事件，造成社会的动荡不安。其次则是政府人员不当行为类信息，该类信息直接指向官员，有损党和政府的公众形象。再次则是社会治安管理类信息，该类信息指向影响公众日常生活的各类乱象，损害地方形象。

上述3类“负面”信息，给政府带来巨大压力，存在破坏客户所在地区、领域形象的风险。舆情分析师在信息筛选过程中发现上述题材内容，即时生产相应的舆情产品立即发送给客户，已经成为舆情生产的常态。

在信息筛选过程中，尽管组织制定了以接近性、显著性为核心原则的详细的组织标准，但在实际操作中，专职舆情分析师的个人判断成为决定信息筛选结果的决定性因素。从实践来看，专职舆情分析师主要按照“负面”、接近性、显著性等标准进行信息筛选。其中“负面”标准成为信息筛选最重要的标准，“负面”题材直接关乎社会稳定、政府形象与地方形象，会给政府带来直接的压力。在当前舆情客户对舆情信息普遍较为敏感、极度渴求的情况下，常规而言，专职舆情分析师对于“负面”的认定是偏宽松的。并非所有的“负面”信息都与客户有关，客户需要的是与其所在地域、领域相关的内容，这就要求按照接近性标准筛选信息。为了避免漏报风险，即便原始信息的显著程度、影响力有所欠缺，舆情分析师在符合前两条标准的情况下通常也会报送给客户，因此，相对而言，显著性在信息筛选中便成为较为次要的标准。

（三）舆情产品的制作和发送

在原生类舆情产品当中，举报投诉、网民言论、舆情预警、媒体关注、领导动态等的最终产品形态基本是单条的事实信息，舆情分析师在完成信息筛选工作之后，产品的生产便已基本完成，剩下的编辑制作环节主要完成的是文字、格式等的调整工作。

舆情编辑制作完成以后便进入最后的发送环节，工作人员在南方舆情工作平台上进行相应操作，产品会自动即时更新到客户专有的PC页，客户登录相应的账号就可以看到其购买的舆情产品具体内容。舆情产品还可以通过短信、邮件、电话、微信、纸质等多种方式传递，选择何种途径发送主要是应客户的要求而定。在产品发送环节，南方舆情追求及时性，为此其还推出了专属舆情分析服务，由专属舆情分析师一对一跟进服务，以便通过手机短信、微信、邮件及时推送重要信息。

在原生类舆情产品当中较为特殊的是舆情专报，其名下的子产品名目众多。其中舆情即时预警与上述举报投诉、网民言论相近，都是单条的事实信息类产品，生产流程基本一致。其他子产品如每日舆情快报、每日舆情简报名称虽有所差异，呈现内容却基本相同，都是客户购买的媒体关注、网民言论、举报投诉等产品每日内容的汇总，它们由舆情分析师人工汇总编辑完成，每天定时发送给客户。

综上所述，大多数独立生产类舆情产品的生产主要有5个步骤（详见图9-4）。第一步，工作人员输入（调整）关键词和待监测的网站/输入独家信源信息。第二步，舆情监测软件自动抓取、归类。第三步，系统自动计算分析/人工筛选。第四步，舆情分析师编辑制作/修改完善。第五步，工作人员将舆情产品发送给客户。

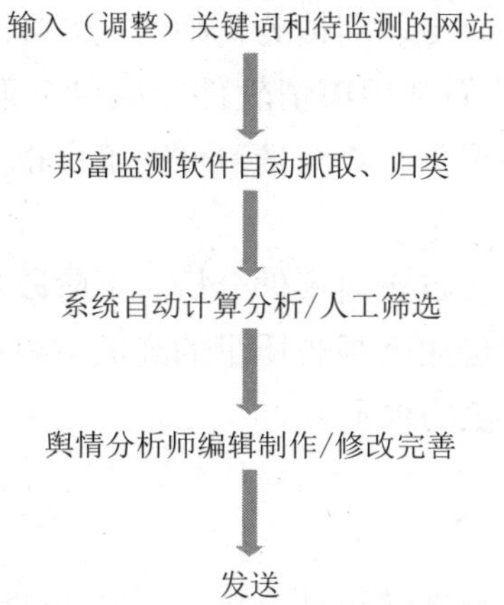

图 9-4　原生类舆情产品生产流程图

四、合作类舆情产品生产流程

在上述原生类舆情产品之外，舆情生产的另一重点便是合作类舆情产品，该类产品以健康度报告、定制报告为主。

（一）协同生产分工

南方舆情项目在设计之初就突出人工智力分析以区别于其他舆情公司，为此在集团的“软性要求”下，集团记者、编辑以“兼职舆情分析师”的身份参与到舆情生产当中，形成了一套“专职＋协同”的生产机制。

在该机制下，从生产的分工来看，高层的舆情事业部副总经理上接南方舆情项目小组以及事业部总经理，下对事业部全体员工，作为南方舆情日常生产的实际负责人，与集团其他部门领导层的对接工作主要由其负责。中层的产品中心的总监（副总监）除了安排全职舆情分析师的生产任务、进行舆情产品质量把关，还需安排具体的协同生产事宜，具体而言：一是按照对口原则，由他们联系对应协同部门负责人，通过部门负责人安排具体的协同生产任务给记者；二是自己直接联系相熟记者，安排协同生产任务。基层的专职舆情分析师则作为舆情生产的主力军，在完成前述原生类舆情产品生产任务的同时，还要与记者等合作，共同完成合作类舆情产品的生产。

（二）数据与人工分析内容撰写

从实际来看，在人员到位、职能分工明确的基础上，南方舆情事业部实际上建立了一个以产品内容层次为基础的协同生产流程，专职舆情分析师与记者各自负责舆情产品不同部分的生产。就健康度报告来说，从我们掌握的健康度报告文本来看，健康度报告已经形成了相当固定的文本框架。一份健康度报告通常由舆情概况（整体简略数据）、分析结果、详细数据、重点舆情事件分析、下阶段建议等部分组成。

在健康度报告的生产当中，专职舆情分析师的主要任务是提供舆情数据支持，撰写数据部分内容。具体而言，他们利用舆情软件完成单个重点事件传播数据的采集和分析，以及报告的撰写。常规情况下重点舆情事件的确定也是由他们与兼职舆情分析师共同完成。

重点舆情事件确定之后，重点舆情事件分析、下阶段建议等健康度报告的智力分析由兼职舆情分析师完成。一份健康度报告质量的高低主要取决于兼职舆情分析师撰写的重点舆情事件分析、下阶段建议的水平。

（三）修改把关

当兼职舆情分析师完成重点舆情事件分析、下阶段建议等内容的撰写之后，会将完成的健康度报告交由专职舆情分析师进行修改把关。在修改把关环节，专职舆情分析师关注的重点之一是报告内容是否具备服务客户意识。

专职舆情分析师完成修改把关之后，还要把报告交给产品中心副总监、总监进行二次质量审核，如无问题即可交付客户。至于健康度报告与定制报告的发送，与上述原生类舆情产品一样，既可更新至 PC 页，也可以纸质、邮件形式发送给客户。

与健康度报告相比，定制报告的内容框架更为灵活，生产流程也相近，但是产品质量对记者的依赖度更高。定制报告生产的一般过程是：南方舆情产品中心确定主题、事件，之后将相关工作委托给集团协同部门或者相熟记者；记者调研生产完成之后，专职舆情分析师撰写数据部分内容并加以修改；最后，部门相关负责人审核之后发送给客户。

综上所述，合作类舆情产品的生产主要有 6 个步骤（详见图 9-5）。第一步，生产任务安排。第二步，数据内容撰写。第三步，实地调研 / 人工分析内容撰写。第四步，舆情报告修改。第五步，内容审核。第六步，报告发送。其中的第二、第三步是一个双向过程，可以根据子产品类别的不同灵活变化。

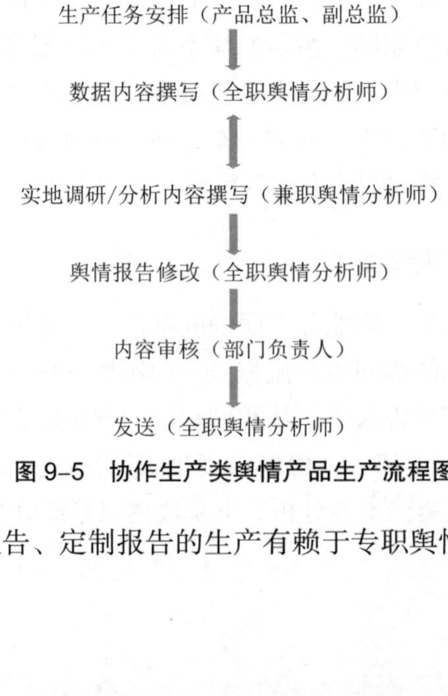

图 9-5 协作生产类舆情产品生产流程图

总的来看，健康度报告、定制报告的生产有赖于专职舆情分析师与兼职舆情分析师的通力合作，而兼职舆情分析师（记者）的分析、建议极大程度上决定了合作类舆情产品的质量水准。

五、多元化的截稿时间与舆情生产时间安排

（一）多元化的截稿时间

在传统报业当中，不同的新闻产品共有唯一的截稿时间，但是在舆情产品生产当中，不同的舆情产品却有着不同的截稿时间。网络言论、举报投诉、舆情预警等产品，在产品定位上强调即时更新。为应对该类产品生产的时间压力，舆情分析师在日常生产当中通常会将举报投诉、网络言论、舆情预警等产品置于优先地位，从实践来看，一般而言，上午上班之初、中段、午休之前、午休之后、下班之前都是生产网络言论、举报投诉等产品的高频时段。

突发事件建议、舆情会商，与网络言论、举报投诉、舆情预警相似，对生产的时效性也有着很高的要求。根据规定，一般而言，在客户启动突发事件应对之后两个小时，南方舆情就需要启动相应的流程为客户服务。

在上述产品之外，以每日舆情快报、舆情简报为代表的舆情专报类[①]产品则需在客户指定的时间内每日按时发送，从现实出发，各个客户要求发送每日舆情快报、简报的时间并不一致，但较为集中的时段是下午 4 点到 5 点。上述即时更新、每日定时发送类舆情产品给舆情分析师带来较大的时间压力。

合作类的健康度报告、定制报告也有截稿的时间要求。健康度报告分为周报、月报、季报、年报，以一段时间内的舆情数据为基础，周期性生产并提供给客户。产品性质决定健康度报告的生产一般被安排在周五、月末进行。如果舆情分析师负责的客户既购买了舆情周报，又购买了舆情月报，那么舆情分析师在月底工作便会异常繁重，既要保证即时更新、每日发送类舆情产品的生产，又面临同时完成舆情周报、舆情月报的压力，加班也就成为常态。需要指出的是，由于健康度报告是由专职舆情分析师和记者等共同完成，因此能否按时交付健康度报告还取决于记者的工作进度，催促协作的记者交稿是专职舆情分析师的经常性工作。

定制报告则需要在客户指定的时间内完成并发送给客户。与上述健康度报告一样，能否按时交付，主要取决于记者、编辑的工作效率与写作质量。

总的来看，南方舆情生产的主要产品从截稿时间来看，大体可以分为 4 类：即时更新类、每日定时类、周期更新类、指定时间交付类（详见表 9-5）。不同产品有着不同的截稿时间要求，实际上在南方舆情内部形成了一个多元化的循环截稿时间，而多元化的截稿时间的确定主要是依据客户的工作时间以及决策需求，而不是事件本身的属性，以“举报投诉”为例，舆情生产商之所以要求即时更新，主要是为了迎合客户对该类信息及时处理的现实需要。

---

① 排除单条的舆情预警。

表 9-5 舆情产品截稿时间类别表

生产的时间要求	主要产品名称
即时更新	举报投诉、网络言论、舆情预警、媒体关注、突发事件应对建议、舆情会商
每日定时	舆情专报（主要是每日舆情快报、简报、舆情事件分析报告）
周期更新	健康度报告
指定时间交付	定制报告

（二）舆情生产的时间安排

舆情产业的工作人员的工作时间与客户的办公时间基本一致。就南方舆情而言，产品中心的专职舆情分析师每天上午 8 点半至 9 点到岗上班，中午有 2 个小时的午休时间，大多数的白班舆情分析师下午 5 点半到 6 点下班，因为此时他们所服务的客户基本已下班。

为了满足客户 24 小时舆情监测的需求，应对突发舆情事件，白班舆情分析师下班之后，产品中心会安排一名夜班舆情分析师，其工作到晚上 11 点左右下班，次日早晨 7 点至 8 点半的早班也由该夜班舆情分析师负责。次日上午 8 点半以后，白班舆情分析师到岗上班，新的一天的节奏开始。

就白班舆情分析师常规的生产时间安排来看，由于举报投诉、网络言论等即时更新类舆情产品对时效性要求最高，因此在生产的时间安排上该类产品通常会被摆在优先位置。舆情分析师每天要不时查看舆情监测系统，查看的频率因人而异，一般而言，上午上班之初、上午中间时段、午休之前、午休之后、下班之前是查看的高频时段。在一天当中，白班舆情分析师通常在完成即时更新类舆情产品查看、生产之后的间歇时段，进行周期更新、指定时间交付类舆情产品的生产，在下午 4 点到 5 点之前，加紧每日定时类舆情产品的生产。通常在更新日期、指定日期之前的几日，健康度报告、定制报告在生产时间安排上会被优先考虑。

而从夜班舆情分析师的工作内容来看，他常规监测的是邦富舆情系统。夜班舆情分析师相当于报社的综合记者，他对各个客户的情况了解不深，因此无法准确判断单条舆情信息的性质、重要程度以及之前有无处理，因此他将其值班期间发现的，经初步判断需要即时告知客户的信息发送到产品中心的微信群，提醒负责为客户服务的舆情分析师进行判断、处理。如果事件性质严重，后者会立即处理，将信息通过短信等方式通知客户。如果事件性质一般，后者则会选择忽略或者次日再处理。

舆情的出现不分周末、节假日，因此产品中心在白夜班制度之外，针对周末、节假日也作了相应的安排。在周末，最初产品中心每日安排两名舆情分析师值班，后由于客户数量增加，工作任务加重，改为每日安排 3 名舆情分析师值班。在周末值班的舆情分析师通常需要完成 3 项生产任务。一是查看邦富舆情监测系统，完成网络言论、举报投诉等即时更新类舆情产品的生产。二是完成舆情专报类产品的生产发送，比如发送 XX 地每日舆情快报、XX 每日舆情快报等。三是应客户要求，完成重大舆情事件的监控与数据处理。即使是在五一、十一、春节这样的重要节日，产品中心也会安排相应人员值班，保证舆情监控、生产的延续。

最后，需要着重强调的是，一般情况下，夜班编辑、周末节假日值班人员每天在产品中心微信群发送舆情信息，以供不在岗的舆情分析师判断处理，如遇特殊情况，产品中心微信群可随时被激活。综上所述，南方舆情实际上建立了一个准 24 小时的舆情监测、生产体系（如图 9-6 所示）。

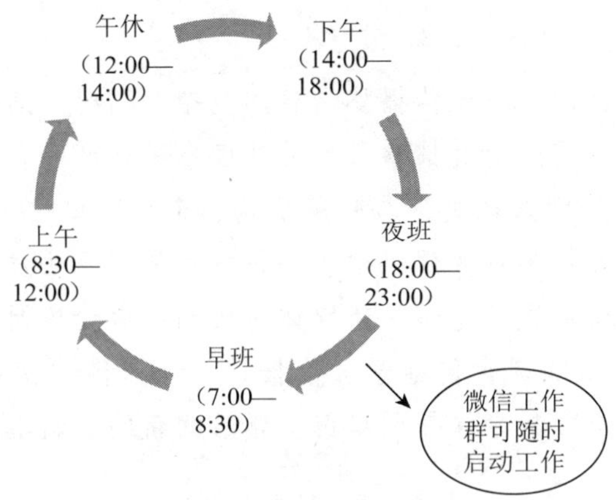

图 9-6　舆情生产时间

思考题

1. 简述我国媒体类舆情组织的发展特点。
2. 简述原生类舆情产品的生产流程。
3. 简述合作类舆情产品的生产流程。

后 记

新技术的快速发展，使得舆论传播格局日趋复杂。同时，随着社会的不断进步，民众的权利意识不断增强，民众对舆情事件的关注度也随之增高。南京师范大学新闻与传播学院开展舆情研析工作由来已久，与政府机构、企事业单位建立了较好的合作关系。近几年，在实践中，我们越来越发现以往的分析方式常常无法发掘舆情背后的深层次问题，因而，所提出的策略建议不能满足新媒体时代网络舆情应对的需求，导致建言资政效果大打折扣。为此，团队通过传播学、情报学、计算科学及心理学等交叉学科的融合，通过大数据的挖掘与分析来探寻网络舆情背后的新问题新现象，并试图去构建新的理论框架。

2021 年，学院成立了融媒传播与舆情治理研究中心，借此契机，团队希望出一套有关舆情分析与危机管理的教材，展示在舆论研究、计算传播等方向教学、科研、实践成果。更重要的是，团队希望以图书编写为纽带，将团队成员的力量更好地凝聚起来。在团队成员陈秀娟、吴小兰、周清清、岳丽欣、胡漠、刘自强、龚凯乐、王晗啸、吴涛等的共同努力下，我们首先推出了这本《网络舆情分析：案例与方法》，作为系列教材的开篇之作。

本书以实际应用为指向，共分四个篇章："基础篇"主要包括文本分析及语义角色标注等基础知识内容；"分析篇"围绕社交媒体用户信息传播行为、应急信息管理政策及舆情科学预警三个部分展开；"应用篇"着眼于 KNIME 工具的使用及网络谣言的相关议题；"拓展篇"是对研究范式变革以及媒体类舆情组织的探索和思考。

诚然，舆情分析是个苦差事，研究者对此要有发自内心的热爱，在日复一日的枯燥工作中找到乐趣。感谢团队的所有成员，他们学术视野开阔，跨学科研究成效明显，工作认真负责，给中心工作提供了强大的支撑。感谢所有参与中心舆情工作的同学，他们年轻睿智、无所畏惧，在实践中不断去提升敏锐的观察力和自我学习意识。

本书的顺利出版，离不开中国传媒大学出版社曾婧娴老师的辛勤付出，感谢她的督促和支持。

当前，技术不断迭代，新方法新范式不断出现，这对舆情分析是一大挑战。特别是随着智能传播时代的来临，人机交互日趋频繁，舆论场变得越来越复杂。如何精准地发现问题，找出规律，掌握相关事件中的公众情绪、价值判断和利益诉求，推导出较为准确的结论，对包括我们团队在内的所有从事这项工作的同仁提出了挑战。

希望读者对本书提出批评，对我们的工作给予建议和指导。

高山冰

2023年11月于仙林

图书在版编目(CIP)数据

网络舆情分析：案例与方法／高山冰主编. -- 北京：中国传媒大学出版社，2023. 12（2024.11重印）
ISBN 978-7-5657-3542-4

Ⅰ. ①网… Ⅱ. ①高… Ⅲ. ①互联网络—舆论—研究 Ⅳ. ①G206.2

中国国家版本馆 CIP 数据核字（2023）第 254802 号

网络舆情分析：案例与方法
WANGLUO YUQING FENXI: ANLI YU FANGFA

主　编	高山冰		
责任编辑	曾婧娴		
特约编辑	张金来		
责任印制	李志鹏		
封面设计	拓美设计		
出版发行	中国传媒大学出版社		
社　址	北京市朝阳区定福庄东街 1 号	**邮　编**	100024
电　话	86-10-65450528　65450532	**传　真**	65779405
网　址	http://cucp.cuc.edu.cn		
经　销	全国新华书店		
印　刷	三河市东方印刷有限公司		
开　本	787mm × 1092mm　1 / 16		
印　张	11.25		
字　数	246 千字		
版　次	2023 年 12 月第 1 版		
印　次	2024 年 11 月第 2 次印刷		
书　号	ISBN 978-7-5657-3542-4/G · 3542	**定　价**	49.00 元

本社法律顾问：北京嘉润律师事务所　郭建平